MICHAEL MARTIN

EIN WEG DES MENSCHEN ZU SICH SELBST

im Spiegel der Kunst

MICHAEL MARTIN

EIN WEG DES MENSCHEN ZU SICH SELBST

im Spiegel der Kunst

VERLAG AM GOETHEANUM

Einbandgestaltung von Gabriela de Carvalho unter Verwendung von Abbildungen aus dem vorliegenden Buch.

Satz: Heiko Hanekop
Druck und Bindung: Freiburger Graphische Betriebe

ISBN 3-7235-1158-9

Inhalt

Vorwort

Im folgenden wird ein Entwicklungsweg des Menschen gezeigt, der diesen von einem kosmisch orientierten Weltbild durch viele Kulturstufen auf die Erde herabführte. Erst hier kann er seine eigenständige Persönlichkeit voll zur Entfaltung bringen. Dadurch eröffnen sich ihm neue Wege zur Verbindung mit der geistigen Welt, wenn er bereit ist, ihr sein Bewußtsein aus eigener Kraft und Entscheidung zuzuwenden, ohne den Boden unter den Füßen zu verlieren und seine Aufgaben auf der Erde zu vernachlässigen. Wie individuell und gleichzeitig riskant dieser dritte Teil dieses Weges ist, weiß jeder, der mit offenen Augen und wachen Sinnen in der heutigen Welt steht.

Was soeben mit wenigen Sätzen rein gedanklich als eine Hypothese angesprochen wurde, läßt sich an alldem aufzeigen, was der Mensch aus seinen Tätigkeiten hinterläßt und schon vor Jahrtausenden hinterlassen hat. Solche «Wegweiser» sind die Mythen und Sagen, die Ausgrabungen alter Kulturen, die überlieferten Geschichtsereignisse, die technischen Erfindungen ebenso wie die Entwicklung der Mode alter Zeiten – um nur ganz wenige Beispiele zu nennen, die nach den verschiedensten Seiten hin erweitert werden können. Die Kunstwerke spielen dabei eine hervorragende Rolle. Denn in ihnen werden die Beziehungen des Menschen zu den übersinnlichen Welten unmittelbar sinnlich sichtbar, sogar «greifbar», wie in der Architektur und der Plastik. Es sind gleichsam Spiegelbilder dessen, was die Menschen früherer Zeiten in ihrer Seele äußerlich unsichtbar erlebten. Sie stehen wie Marksteine an den Seiten der Wege, die bis in unsere Gegenwart führen. Früher waren es noch in großen Zügen überschaubare Kulturepochen. Heute tritt das Individuelle in den Kunstwerken immer stärker in den Vordergrund, oft noch rätselvoller als zum Beispiel in Kunstwerken der vorgeschichtlichen Zeit.

Der in diesem Buch charakterisierte Weg kann deshalb auch nur «*Ein* Weg des Menschen zu sich selbst» sein. Er kann von jedem Menschen von den verschiedensten Lebensperspektiven aus ergänzt und erweitert werden, wie oben angedeutet wurde – ganz gleich, in welchen Beruf, in welche soziale Stellung und so weiter ihn sein Schicksal gestellt hat. In diesem Sinne möge der Leser sich durch nachfolgende Seiten anregen lassen, eigene Wahrnehmungen und Beobachtungen zu machen, die seinen eigenen Lebensweg bereichern und erweitern können.

Ein Dankeswort

Am Zustandekommen dieser Schrift haben helfend mitgewirkt:

Arbeitskreis der Werklehrer im Bund der Freien Waldorfschulen, Wolfgang Brügel, Maria Buhl, Irina Dshioewi, Reinhart Fiedler, Ingrid Gross, Cornelia Haendler, Atsuko Kato, Elke Kreitlow, Ute Labonde, Maria Martin, Barbara und Nico Meyer, Joseph Morel, Peter Philipp, Johannes Schmid, Alma Schmidt, Bruno Weiß, Bertha Wolf, Peter Wolf, Rudolf Zimmer.

Für ihre Mitarbeit bei der Gestaltung des Textes, bei der Herstellung und Auswahl der Abbildungen, für die Drucklegung, die Hilfe bei der Finanzierung der kostspieligen Farbdrucke und schließlich für die Herausgabe sei allen Beteiligten ein herzlicher Dank ausgesprochen.

Nürnberg, im Sommer 2002 *Michael Martin*

Beginn

Es gibt eine unendliche Vielzahl von Wegen,
die den Menschen leiten können, sich selbst zu finden.

Die Selbstbiographien, die heute den Markt überschwemmen, sind ein Ausdruck dafür, wie jeder seinen Schicksalsweg geht oder gegangen ist: der eine geradenwegs auf sein Ziel zu, der andere in endlosen Windungen, fortdauernd auf der Suche nach seinem eigenen Wesen. Was ist überhaupt «mein eigenes Wesen?» Ist es das, was ich bin – oder das, was noch vor mir steht, was ich sein möchte? Jeder, der um Selbsterkenntnis ringt, wird diese beiden Seiten in seinem Wesen als Erreichtes oder noch nicht Erreichtes erfahren haben. Dazu gehört unabdingbar das, was sich als Ge-*Wesenes* mit mir verbunden hat und durch diese Dreiheit erst zur Einheit meines Wesens führen kann: Ich bin das, was ich geworden bin und noch werden möchte!

Nicht nur der einzelne, sondern auch die Völker, ja, die ganze Menschheit lebt in solchen Entwicklungsströmen. Man kann auf vielfältige Weise ihre Wege verfolgen. Auch in der Kunst zeigen sie sich. Nur ist die Kunst nicht aus *äußeren Lebensnotwendigkeiten* entstanden wie die Technik, sondern sie ist Ausdruck *innerer Erlebnisse* des Menschen, die genau so real sind wie etwa dessen leibliche Bedürfnisse, ohne daß man sie mit Augen sehen oder mit Händen greifen könnte.

Ein Kunstwerk ist Spiegel dessen, was in der Seele des Menschen vorgeht, der es geschaffen hat. Das war vor Jahrtausenden nicht anders. Wie man bei Ausgrabungen auf Gegenstände stößt, mit denen in alten Zeiten die Menschen lebten, so findet man Kunstwerke, die genauso das Leben von der seelisch-geistigen Seite her gestützt und getragen haben. Sind solche Götterbilder aus ihrer Phantasie entsprungen, sind es Einbildungen oder Wahrnehmungen? Wir Heutigen müssen den Glauben zu Hilfe nehmen, wenn wir etwa an Engel denken, weil wir sie mit den Augen nicht wahrnehmen können. Aber es gibt auch in unserer Welt sehr vieles, was für die Sinne unsichtbar und trotzdem reales Erlebnis ist. Das beginnt schon in unserer alltäglichsten Nähe. Denn in jedem Gespräch wende ich mich an das Wesen des Menschen, der mir zuhört, und nicht an sein Fleisch, seine Knochen oder Nerven, die mir, in eine Gestalt geprägt, gegenüberstehen.

Die Gestalt ist der äußere Spiegel seines inneren Wesens, das sich durch jene ausspricht. Und durch die verschiedenen Haltungen, Bewegungen, die Mimik und Sprache kommen seine Gefühle, seine Willensrichtungen oder Gedanken zum Ausdruck, während das Wesen des Menschen sich dahinter verbirgt, unsichtbar bleibt. Macht man sich solche und ähnliche *Wahr*nehmungen immer mehr bewußt, so tritt zu der sichtbaren Umgebung eine unsichtbare, aber ebenso wirkliche Welt, die mit der äußerlich wahrgenommenen aufs innigste verwoben ist.

Für die frühen Völker ist diese geistige Welt neben der sichtbaren offensichtlich unmittelbare Anschauung gewesen, die sie in einer bildhaften Art dargestellt haben. In Urzeiten war sie ihnen mit ihren Göttern, Naturwesen, Dämonen noch realer als die sinnliche Welt. Vieles davon ist uns heute nicht mehr verständlich, weil unser Blick immer stärker von äußeren Tatsachen gefesselt wird. Damals aber hatte das Verhältnis des Menschen zu der ihn umgebenden geistigen Welt hohe Bedeutung; alles Geschehen in der sinnlichen Welt wurde durch die Priester auf die geistige Welt gerichtet und bezogen. In Gebet und Kultus begegnen sich beide: der Mensch als Erdenwesen und die Welt der Götter.

Wie der Mensch allmählich aus der Führung der Götter entlassen wurde und sein eigenes Wesen ergreift, soll im folgenden anhand seiner eigenen Äußerungen durch die Kunstwerke sichtbar werden.

Anbetung

Wenn sich heute ein Mensch im Gebet Gott zuneigen will, muß er die äußere Welt, in der er mit seinem Körper lebt, verlassen und seine Seele in die unsichtbare Welt erheben, in der er sich Gott nähern kann.

Er muß einen Schritt tun auf eine höhere Ebene, die außerhalb des alltäglichen Lebens liegt. Bei der «Anbetung des Kindes» von Fra Angelico (1387–1455) kommen beide Bereiche deutlich zum Ausdruck (Abb. 1). Mensch und Engel sind dem Kinde, das in der Mitte am Boden liegt, in stiller Andacht hingegeben – selbst die Tiere fügen sich harmonisch in die Stimmung mit ein –, und alles wird eingehüllt in die ruhigen Formen des Stalles und der Felsen. Auf der äußeren Ebene hat der Maler größte Zurückhaltung geübt, und um so stärker wird der Betrachter von der hingebenden Ruhe, die das ganze Bild erfüllt, auf die seelische Ebene in die Nähe des Göttlichen erhoben.

In uralten Zeiten konnte man das in dieser Weise nicht darstellen. Auch heute wird man wieder andere Mittel suchen, um solchen Erlebnissen künstlerischen Ausdruck zu geben, die die Seelen der Menschen bewegen und verändern. Dadurch kann der Weg sichtbar werden, der sie durch die Jahrtausende über Höhen und Tiefen ihres Schicksals geführt hat, und Fragen nach neuen Zielen können gestellt werden.

In dieser Absicht wenden wir den Blick nun zurück in die Zeit, deren steinerne Zeugen uns eher fremd erscheinen und eine Sprache sprechen, die wir kaum noch verstehen. Die zwölf Beter aus Tell Asmar (Akkad/Mesopotamien) wurden wie besonders sorgsam gehütete Heiligtümer in einem Versteck unter dem Fußboden des Abba-Tempels gefunden (Abb. 2 und 3). Mit magischer Kraft wird unser Blick zuerst auf die starren, aus Muscheln und

Abb. 1 Fra Angelico (1387–1455), Anbetung des Kindes

Lapislazuli eingesetzten Augen gezogen, bevor wir wahrnehmen, wie verschiedenartig die Gestalten trotz ihrer geometrisierenden Formen gebildet sind. Wohin blicken sie? Warum sind die Augen so weit aufgerissen – erschrocken, fragend, staunend, wartend?

Wir können auf unsere Fragen nur Antworten erhoffen, wenn wir versuchen, gleichsam selber in eine solche Gestalt hineinzuschlüpfen: Welche Stimmungen werden in uns geweckt, wenn wir *sie selber* werden? Wir reißen die Augen auf, so weit es möglich ist, und heben das Kinn an. Dadurch streckt sich unsere Gestalt. Wir stehen zwar fest auf beiden Bei-

Abb. 2
Die 12 Beter aus Tell Asmar (Mesopotamien), Alabaster, 3. Jahrtausend v. Chr.

Abb. 3
Zwei Beter aus der Gruppe

nen, lösen uns aber doch durch unseren Blick vom Boden los, der sich nicht etwa auf einen fernen Punkt konzentriert, sondern in alle Richtungen des Raumes hinaus weitet, als ob er den ganzen Umkreis miteinbeziehen wollte. Wir kreuzen dabei nicht die Augachsen, wie es sonst unbewußt beim Sehen eines Gegenstandes der Fall ist, denn es ist kein Festpunkt am Himmel, auf den sie sich richten könnten. Nun falten wir die Hände so, wie es die Betergestalten tun – nicht bequem die Arme hängen lassend, sondern sie frei vom Körper lösend –, und heben die Hände an: und nun erst empfinden wir, wie nichts von Lässigkeit in diesen Gestalten lebt, sondern wie

Abb. 4
Der kahle Beter aus Tell Asmar (Mesopotamien), Augen aus Muschel und schwarzem Kalkstein

Abb. 5
Sitzender Beter aus El-Obed (Mesopotamien), Trachyt, um 2500–2360

↓
Abb. 6
Weihbild des Fürsten Gudea von Lagash, Diorit, etwa 2100 v. Chr.

eine nicht sportlich übertriebene, doch aktiv erscheinende Spannung den ganzen Körper durchzieht, die von einer ruhigen Einatmung mitgetragen wird. Der Blick sucht nichts in der irdischen Welt, sondern sammelt wie eine Linse die göttliche Sphäre aus der Weite des Kosmos und spiegelt sie in die eigene Seele. Dabei sind die Hände in Ruhe gehalten – und wir verstehen, warum die Beter so unscheinbare Hände haben, wie kleine Kinder, deren überirdisch erglänzenden Augen man es beim Aufwachen ansieht, daß sie während des Schlafes in einer höheren

Abb. 7
Symbolsockel Tukultininurtas I. (Assur), Gipsstein, um 1080 v. Chr.

Abb. 8
Assyrischer Großer im Gebet vor Aschschur, Assur, Schmelzziegelgemälde, 7. Jh. v. Chr.

Welt weilten. Dazu braucht man die Hände nicht. Manche verwandte Plastiken gibt es, etwa in anderer Haltung, zum Beispiel im Sitzen oder in anderer Kleidung, in anderem Werkmaterial (Abb. 4 und 5). Aber die *innere* Stimmung ist dieselbe – bis dann später eine Handgeste auftauchte, die aus einer offenbar veränderten Haltung dem Gotte gegenüber entstanden war.

Zuvor blicken wir noch einmal zurück auf die zusammengefalteten Hände des Fürsten Gudea (Abb. 6), die sich seit Entstehung der «zwölf Beter» über etwa 500 Jahre zu einer fast naturalistischen Gestaltung weiterentwickelt hatten. Will man das Ineinandergreifen der Hände nachahmen, merkt man, daß es nicht einfach ist, ihre rechtwinklige Lage zueinander zu erreichen. Waren die Hände der Menschen damals anders? Es gehörte sicher zu den kultischen *Hand*lungen hinzu, auch die Hände in eine strenge Ordnung einzubinden, in der sich die ganze Gestalt befindet. Nun aber werden die Hände aktiv in den Gebetsritus mit eingesetzt: die rechte Hand ist erhoben (Abb. 7), aber sie öffnet sich nicht freudig dem Gotte, sondern bleibt in der geschlossenen Faust mit Ausnahme des Zeigefingers, der in die Richtung deutet, aus der die göttliche Hilfe erwartet wird. Führt man selber eine solche Geste aus, so erlebt man, wie sich darin eine starke Zurückhaltung, ja sogar eine gewisse Antipathie kundtut, die sagen will: Ich fürchte deinen Zorn und deine Rache! Erfährt man dann aus der Geschichte dieser kriegerischen Völker, mit welcher unnachgiebiger Brutalität sie gegeneinander wüteten, wundert es einen nicht mehr, daß sie in ihren Gebeten bestrebt waren, mit der geöffneten linken Hand die guten Gaben ihres Gottes zu empfangen, mit der rechten aber alle Übel von sich zurückzuweisen, die er ihnen in drohendem Grolle entgegenschleudern könnte (Abb. 8).

Abb. 9
Weibliches Idol, Kykladen, Marmor,
1. Hälfte des 3. Jahrtausends v. Chr.

Abb. 10
Idol, Mähren, Ton, um 2000–1600

Unter den zahlreichen Kleinplastiken der Vorzeit befinden sich auch solche, die eine starke innere Verwandtschaft mit den mesopotamischen Betern aufweisen. Gemeinsam ist ihnen die Hinwendung zum Kosmos, der zur Höhe gerichtete Blick, die Weite der sich dem Gotte öffnenden Seelen. Verschiedenartig ist die Haltung der Arme – die Hände fehlen zumeist. Und doch spricht aus jeder Gestalt die hingebende Sehnsucht zu den Göttern, die aus der Höhe Hilfe gewähren. Man findet sie auch in mannigfaltigen anderen Gestaltungen; aber das Wesentliche ist für uns, daß sich das Motiv der Anbetung

Abb. 11
Idol, Mähren, Ton, um 2000–1600

nicht nur in östlichen Kulturen vorfindet, sondern in derselben Grundhaltung auch in europäischen Ländern, wie die Abbildungen zeigen. Die Entwicklung geht dahin, daß die jüngeren Figuren (Abb. 15) dem Menschenbild näherkommen als die älteren, die gelegentlich noch die überbetonten, geweiteten Augen haben (Abb. 13) oder auf die Augen überhaupt verzichten, weil das gesamte Haupt die Blickrichtung zur Höhe übernommen hat.

Abb. 12
Vorgeschichtliches Tonidol, um 3000 v. Chr.

Abb. 13
Zwei weibliche Idole, Nordsyrien, Ton, 3. Jahrtausend v. Chr.

Abb. 14
Zwei weibliche Idole, Griechenland, Ton, 1300–1100 v. Chr.

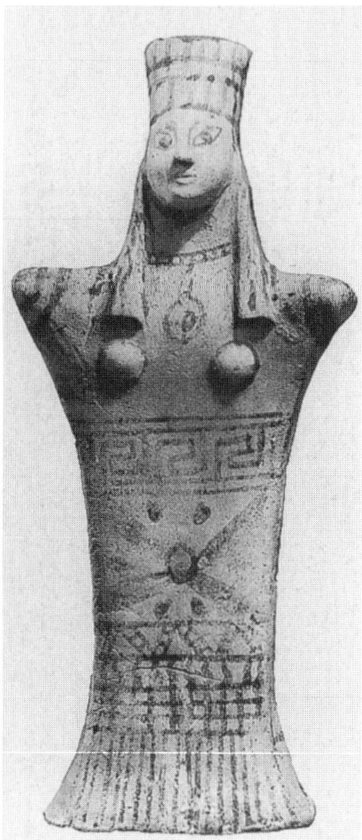

Abb. 15
Weibliches Idol, Griechenland, Ton, um 500 v. Chr.

Hände sprechen eine bedeutsame Sprache; wenn sie bei einer Plastik fehlen oder streng an den Körper gelegt sind, entsteht der Eindruck zurückhaltender Erwartung und Bereitschaft, das aufzunehmen, was durch das *Haupt* in einer übersinnlichen Sphäre erlebt wird (Abb. 16). Wie anders ist der Eindruck, wenn der Priester die Arme vom Körper löst und durch die geöffneten, dem Gott entgegengehaltenen Hände gleichsam einen Raum schafft, in den der Gott seine Offenbarungen hineinlegen kann (Abb. 17). Dieser gewaltige Schritt wird in der ägyptischen Kultur zur Wirklichkeit, ohne daß die alte Überlieferung des gesammelten Blickes, des erhobenen Hauptes aufgegeben worden wäre. Ja, der Blick zum

Abb. 16
Kniender Priester, Kalkstein, 26. Dyn., um 550 v. Chr.

Abb. 17
Kniender Priester, 26. Dyn., um 550 v. Chr.

Abb. 18
Taltempel des Königs Chefren in Gise, Granit, 4. Dyn. (2550–2450), Wiederherstellung

Abb. 19
König Chefren mit dem Falken, aus Gise, Diorit, aus dem Totentempel des Königs bei Gise (Abb. 18), 4. Dyn. (2550–2450)

Kosmos wird mit elementarer Wucht gesteigert, wenn eine ganze Reihe solcher königlichen Gestalten in einem Tempel aufgestellt wird (Abb. 18). Aus diesem Tempel stammt die Statue des Königs Chefren (Abb. 19), der zugleich mit dem Blick in die Weite die Götterworte vernimmt, die ihm durch den Horusfalken eingegeben werden.

Zwischen diesen Gegensätzen der Bindung durch die Strenge des Blicks und der Befreiung der gebundenen Hände entfaltet sich in der ägyptischen Kultur eine große Vielfalt, in der man dem angebeteten Gott entgegengetreten ist. Man sollte selbst die Ausdruckskraft der eigenen Hände an sich erfahren und sich bewußt werden, welche Seelenstimmungen sich in ihnen ausdrücken lassen. Man wird erstaunliche Erfahrungen dabei machen und überrascht sein, welche Fülle an Gefühlen in den Handgesten verborgen ist. Die senkrecht erhobene, straff gehaltene Handfläche zum Beispiel gebietet dem Gegenübertretenden Halt; wird sie ein wenig gelockert, entsteht ein freundliches Öffnen und Entgegengehen, getragen von sympathischen Gefühlskräften, und je höher die Hand gehalten wird, desto stärker wird ihr Ausdruck, der sich bis zum Erschrecken steigern läßt. Die Beter halten ihre Arme streng in Körpernähe (Abb. 20) oder weit ausgestreckt (Abb. 21) oder in einer als «klassische Hal-

Abb. 20
Betende, Wandmalerei, 18. Dyn. (1555–1330)

←
Abb. 21
Aus dem Grab des Prinzen Amenherkhepeshef. Sein Vater Ramses III. vor Göttin Isis

→
Abb. 22
Die Göttin Isis, Tal der Königinnen, 20. Dyn. (1200–1085)

Abb. 23
Der königliche Schreiber Ptahmose, Kalkstein, 18. Dyn. (1555–1330)

Abb. 24
Stelenpfeiler, Kalkstein, 19. Dyn., um 1250 v. Chr.

tung» bezeichneten Geste, wie sie der königliche Schreiber Ptahmose in einer wunderbar zartfühlenden Art im Gebet dem Gott der Toten zuwendet (Abb. 23). Dieses Relief ist so gestaltet, daß das Auge des Betrachters auf Arme und Hände zu geführt wird, die zum eindeutigen Träger der Gefühlskräfte des Anbetenden geworden sind. Der Stelenpfeiler (Abb. 24) auf quadratischem Grundriß ist vierseitig ausgebildet und umgreift in Texten und Bildern der vier Pfeilerseiten den Kreislauf der Sonne, die auf jeder Seite, ihrer kosmischen Wanderung gemäß, in ehrfurchtsvoller Haltung angebetet wird.

Wenden wir den Blick zu den nachfolgenden Kulturen des südlichen Europa, so finden wir bei den Griechen und Römern fortgesetzt, was sich in Ägypten entwickelt hatte. Trotz der Verschiedenartigkeit der Völker ist die Grundhaltung der Anbetung mit den erhobenen Armen geblieben – und doch wird durch die Veränderung ihres Ausdrucks eine tiefgreifende Wandlung bemerkbar.

Abb. 25 Betender Knabe, Bronze, Schule des Lysippos, 4. Jh. v. Chr. oder später

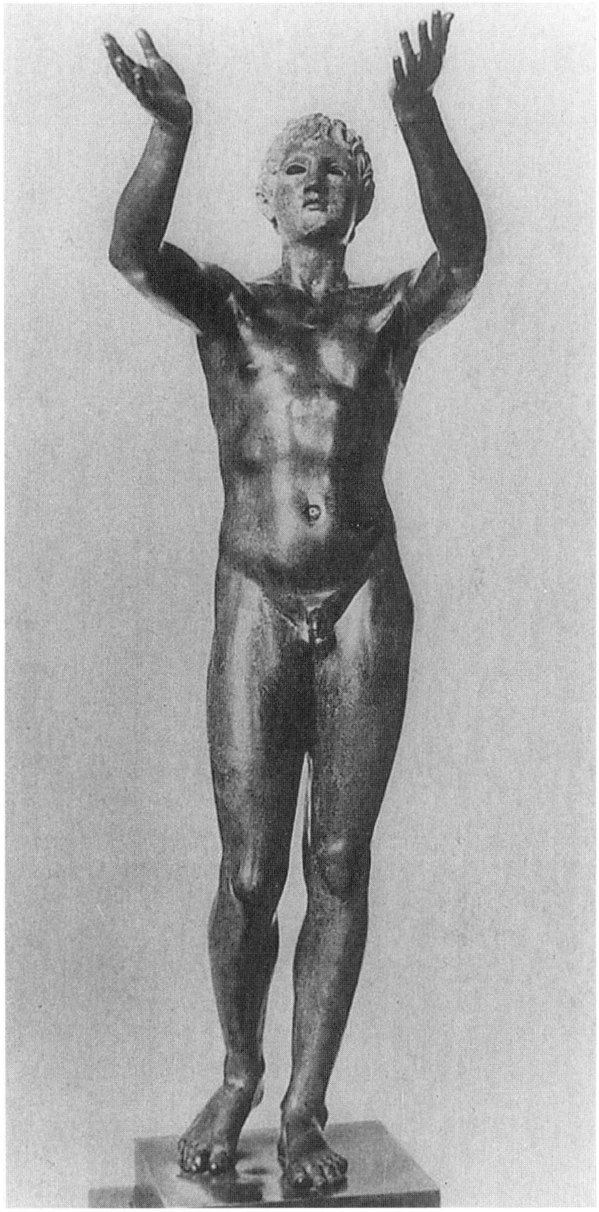

Im Gegensatz zu den Ägyptern gibt es nur wenige griechische Darstellungen der Anbetung. Die wohl bekannteste unter ihnen ist die Bronzeplastik des Betenden Knaben (Abb. 25). Sie stammt aus der späten Blütezeit griechischer Plastik und hat ein eigenartiges Schicksal hinter sich: Bis zur Renaissance war sie nur als Torso erhalten. Im 16./17. Jahrhundert wurden die Arme falsch ergänzt und die Oberfläche von Restauratorenhand gewaltsam überarbeitet, wie es in Beschreibungen heißt.[1] Und doch kommt in ihr das Verhältnis der Griechen zu ihren Göttern in überzeugender Weise zum Ausdruck, als der Höhepunkt ihrer Kultur überschritten und diese in die späte Reifezeit übergegangen war. Denn diese Gestalt ist noch ganz von der Hingabe an ihre Götter erfüllt. Nicht nur das Haupt wendet sich ihnen zu, sondern bis zu den Fußsohlen, unterstützt von der rhythmischen Bewegung des Körpers durch den Kontrapost, ist die Erhebung zum Kosmos in lebendiger Schwerelosigkeit spürbar. Belebt man die Haltung der Arme durch Nachahmung so, wie wir es schon bei den vorausgehenden Plastiken versucht haben (s. S. 17), dann wird deutlich, wie diese Geste nicht so sehr ein *Entgegenstrecken* zum Ausdruck bringt, sondern ein *Hereinholen* dessen, mit dem man sich verbinden möchte, zu dem man Sehnsucht empfindet.

Denn es ist die Zeit, in der sich die Menschen mehr und mehr von ihren Göttern verlassen fühlten. Diese hatten sich auf Erden mit ihnen verbunden, um ihnen ihr köstlichstes Gut zu schenken: das Gefühl eigener Kraft, den Funken der Persönlichkeit, die selbständig, von ihnen unabhängig, individuelle Gedanken bilden und Gefühle entwickeln kann.[2] Aber dieses Geschenk machte notwendig, daß sie sich gleichzeitig in ihren Kosmos zurückziehen mußten. Das spiegelt sich in der Geburt der Tragödie: Fortschritt und Not zugleich. Gott-menschlich erscheint die Plastik seither in der Klassik. Diese Schicksalssituation stellt den Menschen auf die Erde.

Der Betende Knabe ist wie ein Rückblick in die vergangene Welt, wie ein Ausatmen, das aber neue Kräfte zur Geburt bringen will:

Das Leben, es wird heller um mich,
das Leben, es wird schwerer für mich,
das Leben, es wird reicher in mir.[3]

Rudolf Steiner

Vergleicht man den Betenden Knaben mit der etruskischen und der römischen Beterin (Abb. 26 und 27), so wird der *Erdenabstieg* von der griechischen zur etruskisch-römischen Kultur anschaubar. Die beiden Beterinnen stehen trotz des Kontrapostes fest auf der Erde, der Blick ist mehr auf ein Gegenüber gerichtet, das im Irdischen zu finden ist, worauf auch die Hände der Römerin hinweisen. Trotz der feingliedrigen Ausgestaltung ihres Gewandes wirkt die Gestalt erdenschwer und diesseitig; im Kosmos wird der Gott nicht mehr gesucht – und die zerfallende römische Kultur findet ihn im Cäsar, der göttliche Verehrung genießt und angebetet wird. Der Grieche hat mit den Göttern gelebt, die zu ihm herabgestiegen sind. Die unmittelbare Begegnung ist in der bildenden Kunst vielfältig dargestellt worden. Der Gott offenbart sich in Wind und Wellen, im Opferrauch, im Wald oder auf der Höhe des Olymp. Der Mensch erlebte sich vom Gott erfüllt und heiligte die Stätten, wo er ihm begegnete, durch das Emporheben beider Hände oder nur der rechten Hand mit einer ehrfürchtigen Neigung des Hauptes (Abb. 28).

Abb. 26
Etruskische Beterin, Bronze, 4. Jh. v. Chr.

In dem Zeitenstrom, der von Assur über Ägypten und Griechenland nach Rom führt, offenbart sich durch die Darstellungen der Anbetung ein Weg, auf dem sich die Geistwesen des Kosmos mehr und mehr dem Menschen zuneigen, um ihn mit eigener Urteilskraft zu begaben. Nun muß er lernen, aus eigener Verantwortung zu handeln, denn die Götter hatten ihn verlassen:

Mich täuscht Apoll, der Sehergott, durch seinen Spruch.
Weit weg von Hellas trieb er mich durch List und Trug,
Weil er sich schämte seines früher'n Sehersspruchs,
Ihm wohl vertrauend und auf sein Gebot erschlug die
[Mutter ich ...[4]

Orestes

Erschütternde Schicksale haben die Griechen in der klassischen Zeit der Tragödien im 5. Jahrhundert v. Chr. durchleiden müssen. Sie sind in zahlreichen Sagen überliefert. Die Erinnyen verfolgten den Schuldigen, auch wenn er, wie Orestes, auf Geheiß des Apollon seine Mutter tötete. Damals entstand etwas noch nie Dagewesenes: Athene selbst begründete auf dem Areshügel in Athen ein Gericht, in dem Götter und Menschen ohne Unterschied in den Parteien vertreten waren: die Rachegöttinnen als Ankläger, Orestes und Apollon als die Angeklagten, und die vornehmsten Bürger Athens warfen die Stimmsteine in die Urne, um über Recht oder Unrecht zu entscheiden. Daß Athene dann den Ausschlag gab, indem sie zuletzt ihren Stein zugunsten des Orestes einwarf, war vielleicht ein Zugeständnis an die Allmacht der Götter, die eigentlich schon der Vergangenheit angehörte. Denn die aufkeimende Kraft des Ich war gefordert, zwischen den Gegensätzen zu entscheiden, um dem Gewissen im eigenen Herzen Recht zukommen zu lassen.

So war der Weg freigegeben für den Blick auf die Erde. Diese Aufgabe fiel den Römern zu, die die ersten echten Erdenbürger geworden sind. Sie suchten den Gott nicht mehr in den Urfernen des Kosmos. Der Gott Mars war ihr Schutzpatron, dessen Stärke sie befähigte, ihre Grenzen zu erweitern und sich darin zu behaupten: Es waren *Personen*, durch deren Grenzen etwas von ihrem Ich-Wesen hindurchtönte (persona = Maske des Schauspielers), das sich unter der Maske verbarg.

Abb. 27
Römische Beterin, sogen. Livia, Marmor, 1. Jh. n. Chr.

Es war dann die Aufgabe der Römer, das Rechtsbewußtsein ohne Einbeziehung der Götter zu entwickeln, was sie mit größter Gründlichkeit durchführten, besonders im Hinblick auf den irdischen Besitz. Das bedeutete eine Stärkung der Grenzen zwischen Mein und Dein, zwischen dem Ich und dem Umkreis. Auf dieser Eingrenzung des eigenen Ich fußt das römische Sprichwort «Si vis pacem, para bellum» («Wenn du Frieden willst, rüste zum Krieg»), das auch heute noch die Völker beherrscht, bis zum Drang zur «Raketenabwehr aus dem Weltall». Es ist kein Wunder, daß religiöse Strömungen dieses Ich als Verderben bringende Eigenheit des Menschen ablehnen. «Je mehr aber der Mensch in allem, was er denkt, schaut, fühlt, liebt und haßt, als er selbst dabei ist, diese Bewußtheit des Daseins als Auszeichnung und Auftrag empfindet, je mehr er sich in allem Tun und Treiben als verantwortlich weiß, um so rascher gelangt er dahin, das Ich großzuschreiben … Alles, was er auffaßt und anfaßt, ist schon von vornherein verdorben. Der Weg des Menschen zu sich selbst – dieser ebenso abenteuerliche wie gefährliche Weg – hat sich als abschüssig erwiesen» (1970[5]). So ist es zweifellos – wenn man bedenkt, was heute in Wirtschaft, Sport oder Politik – nur um einiges Wesentliche herauszugreifen – vor sich geht. Damit wäre allerdings das Verhältnis des Menschen zu den geistigen Welten und unser Weg der Anbetung beendet; denn diese Charakterisierung des Ich schließt den Blick zu Gott aus.

Bei dieser Einseitigkeit bleiben wir aber nicht stehen. Die «Person» des Menschen «als individuelles geistiges Wesen, in seiner spezifischen Eigenart als Träger eines einheitlichen, bewußten Ichs»[6] kann eine ganz andersartige Fähigkeit entwickeln, die der Erde ein genau entgegengesetztes Gesicht zu geben vermag: die selbstlose Hingabe durch die Liebe zum anderen, zur Erde, zum Kosmos. Dieser im Ich liegende Keim kann geweckt werden und das Leben des Menschen vollständig *umwenden* – das Wort *verändern* reicht dafür nicht aus:

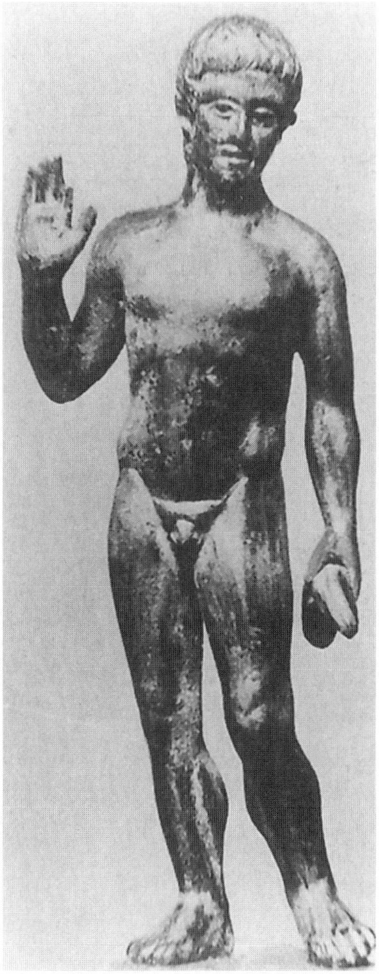

Abb. 28
Betender Athlet, Bronze,
um 450 v. Chr., Griechenland

Nehmen wir an, der Christus Jesus wäre nicht auf die Erde gekommen. Was würde da geschehen sein? Da wäre die Menschheitsentwickelung so fortgeschritten, daß das Ich voll herausgekommen wäre. ... Der Mensch wäre ein selbständiges Ich geworden, aber ein Ich, das den Menschen immer mehr zum Egoismus geführt hätte, das immer mehr dazu geführt hätte, die Liebe auf der Erde ersterben zu machen, die Liebe auf der Erde verschwinden zu machen. Ichs wären die Menschen auch geworden, aber ganz egoistische Ichs. Das ist das Wesentliche. ... Diesem Ich den Inhalt zu geben, dieses Ich nach und nach zu einer solchen Entwickelung anzutreiben, daß es von sich aus jene Kraft ausströmt, die wir die Kraft der Liebe nennen, das war die Tat des Christus auf der Erde. Wie ein leeres Gefäß wäre das Ich ohne den Christus geworden; wie ein sich immer mehr und mehr mit Liebe erfüllendes Gefäß steht das Ich da durch die Erscheinung des Christus.[7]

Bewegt man diese Worte ernsthaft in sich, wird sich ein neues Tor öffnen, das zu dem Ich führt, das nicht in einem Abgrund endet, sondern neue Ziele und eine neue Zukunft vor sich sieht.

Alte Prophezeiungen haben auf die Geburt des Christus hingewiesen. Durch ihn ist ein tiefgreifender Einschnitt in das Zeitgeschehen erfolgt. Neue Offenbarungen ertönten aus der Höhe des Himmels, die den Menschen Frieden verheißen – wenn sie selber bereit sind, durch guten Willen daran mitzuwirken.

Im heidnischen Rom wurden die Toten verbrannt. Die ersten Christen bestatteten sie in den Katakomben, den unterirdischen Grabstätten. Der heilige Johannes Chrysostomos (etwa 345–407) sagte in einer seiner Predigten: «‹Schlafkammer› wird diese Stätte genannt, damit du daraus merkest, daß die Toten und dort Beigesetzten nicht gestorben sind, sondern nur schlafen.» Denn die Überreste der Leiber galten als Unterpfand des künftigen Lebens in der Auf-

Abb. 30
Die verstorbene Grata als Betende,
Katakombe der Vigna Massimo, Mitte 4. Jh.

←
Abb. 29
Verstorbene als Betende, Kallistuskatakombe,
Ende 3. Jh. n. Chr.

erstehung. Vergleicht man die betenden Gestalten (Abb. 26, 27, 28) aus den Jahrhunderten vor Christi Geburt mit den Beterinnen aus der nachchristlichen Zeit (Abb. 29, 30, 31), so sieht man, daß alle einer alten Tradition folgen: das sind die geöffneten, ausgestreckten Hände. Aber wie verschiedenartig sind die inneren Erlebnisse der Menschengestalten, die jede zu ihrer besonderen Haltung veranlaßt! Aus den vorchristlichen spricht die Schwere des Verlassenseins, der Einsamkeit. Bei den christlichen dringt die Freude und Zuversicht durch, daß das Leben nach dem Tode nicht verloren ist. Für die Griechen war der Gedanke an den Tod ein niederdrückendes Erlebnis. «Lieber ein Bettler auf der Erde als ein König im Reiche der Schatten» – in diesem Sprichwort wird das Alleinsein auf der Erde erschütternd ausgedrückt.[8] Müssen wir ewig im Reich der Finsternis verweilen? Aber Christus überwand den Tod, öffnete die Tore der Unterwelt und brachte Erlösung. Obwohl in den späteren Jahrhunderten die Geste des Gebetes mehr festgelegt war (Abb. 32, 33), bewahrte sie durch die geöffneten Arme die Bereit-

Abb. 31
Verstorbene als Braut Christi, Priscilla-Katakombe, Rom, 2. Hälfte des 3. Jh.

→
Abb. 32
Bischof Apollinaris, Basilika S. Apollinare in Classe, Mosaik, 6. Jh.

schaft, den Christus in die Seele aufzunehmen. Wie eine Schale formten sich Arme und Hände, um ihn zu empfangen. Christus war ihren Herzen nah.

Im weiteren Verlauf der Zeit wurde der Ausdruck der Hände stets bedeutender. Es drückten sich in ihren vielgestaltigen Haltungen die Seelenregungen immer individueller aus. Denn der Gottessohn hatte unter den Menschen gelebt, ist ihnen von Angesicht zu Angesicht begegnet, stand mitten unter ihnen, sprach mit ihnen, handelte für sie. Das waren Erlebnisse, die nicht in Tempeln, bei den Opfern oder in heiligen Versammlungen stattfanden, sondern im alltäglichen Leben. Nun wurde die geistige Welt durch die Gegenwart des Christus aufs innigste mit der Erde selbst verbunden, wie es bisher in der Geschichte der Menschheit noch nicht dagewesen war.

Abb. 34
Der auferstandene Christus und Maria Magdalena, aus einem Reliquienkasten, Oberitalien, um 360/370

← *Abb. 33*
Muttergottes im Gebet, Ravenna, Mosaik, Anfang 12. Jh.

Die Bildwerke in den Kirchen und die vielen Evangelienbücher, die von den Mönchen geschrieben und gemalt wurden, geben ein reiches Zeugnis von dem Leben des Christus unter den Menschen, seinen Taten und Leiden. Durch die Nähe der Begegnung entsteht ein *Zwischen-Raum*, der, künstlerisch gesehen, durch die Arme und Hände überbrückt, erfüllt wird. Wer die Sprache der Hände und der Körperhaltung versteht, erfährt, was im Innern der Beteiligten vor sich geht. Das *Gegenüber-Stehen* früherer Zeiten wird überwunden, verschmilzt zu innerer Einheit von Gott und Mensch. An einigen Beispielen soll gezeigt werden, wie individuell diese Begegnungen sind und wie dadurch die Grenzen zwischen Gebet, Verehrung, Sehnsucht, Dank und so weiter aufgelöst wurden. Ein Bild von einem Reliquienschrein der Spätantike zeigt die Erscheinung des Christus nach der Auferstehung (Abb. 34). In dem Stil der Darstellung erlebt man noch den Römer. Die Hände erinnern an den Bauern, der das Land bearbeitet; aber trotz ihrer groben Art sind sie die Träger der Gefühle beider Gestalten, die den Raum zwischen ihnen mit Leben erfüllen und sie miteinander verbinden: ein heiliger Augenblick, der einer Anbetung gleichkommt.

Sehr eindrucksvoll charakterisiert das Bild von der «Verklärung Christi» die Überwindung der Gegensätze zwischen dem Diesseits und dem Jenseits

Abb. 35
Die Verklärung Christi, Evangeliar Otto III., um 1000

Abb. 36
Die Fußwaschung, Evangeliar Otto III., um 1000

(Abb. 35) in einer Art heiligen Handlung: Die vielen übereinandergeschichteten Erdhügel schließen nach oben ihre Formen ab – der Himmel strahlt aus den wolkigen Gebilden seine Feuerflammen zur Erde herab. Aus ihnen ertönt das Flammenwort Gottes, der in der Hand das flammende Kreuz auf das Haupt des verklärten Christus herniedersenkt und damit bekundet: «Dieser ist mein geliebter Sohn, an dem Ich mein Wohlgefallen habe; ihn sollt ihr hören.» Im Erdbereich sind die Jünger zurückgeblieben, die unter der Führung des Christus den hohen Berg erstiegen haben und nun in ehrfürchtiger, erschrockener Haltung die gewaltige himmlische Offenbarung entgegennehmen. Zwischen Himmel und Erde, vor dem Goldhintergrund, stehen Moses und Elias in anbetender Öffnung ihrer Herzen; zwischen ihnen Christus, der durch seine Gebetshaltung den Himmel aufschließt und durch Haupt und Füße die seit dem Schöpfungstag entstandenen Ur-Gegensätze zwischen Himmel und Erde verbindet. Immer sind es die Hände, die von einer zur nächsten Stufe – zuerst flehend, dann den Herzraum öffnend, dann den Himmel aufschließend, zuletzt das Wort herabtragend – Ausdruck der wirkenden seelischen und geistigen Kräfte des Geschehens sind.

Während die «Verklärung» eine Art heiliger Offenbarung beschreibt, die zur Einweihung führt, versetzt uns das Bild der «Fußwaschung» mitten in den Kreis der Jünger, die sich um Christus versammelt haben (Abb. 36). Die flehend emporgestreckten

Abb. 37
Die Verkündigung an die Hirten,
Perikopenbuch Heinrich II., um 1012

Arme des Jüngers werden von dem durch die Arme des Christus gebildeten Herzraum aufgenommen, und von der weisenden Geste seiner rechten Hand strömen heilende Kräfte in die Gestalt des Jüngers ein. Es ist wie ein Prozeß des Aufwachens, der der Fußwaschung vorausgeht, damit dann die beim nachfolgenden Abendmahl ausgesprochenen Worte nicht vergessen werden: «So sollt auch ihr einander die Füße waschen.»

Nun folgen Bilder, die zeigen, wie auch die Hierarchien der Engel als Boten Gottes dem Menschen in unmittelbarer Nähe gegenübertreten. Daß sie als Vermittler zwischen Himmel und Erde angesehen wurden, zeigt «Die Verkündigung an die Hirten» (Abb. 37), wo das Haupt des Engels in der rosafarbenen Sphäre des Hintergrundes gemalt ist, die Füße dagegen auf der Erde aufstehen. Die mittlere Sphäre, in der sich die empfangende Geste des Menschen und die gewährende, mitteilende des Engels begegnen, ist das sonnenhafte Gold, das der Herzsphäre nahesteht.

Eine Gebärde der nahen Berührung, die sich durch Jahrhunderte erhalten hat, ist die der «Heiligen» (Abb. 38). Die eine Hand öffnet sich empfangend, die andere ist wie zum Gruß erhoben; beide bekunden so die Bereitschaft der Seele, dem anderen zu begegnen, auch wenn er, wie es hier der Fall ist, äußerlich nicht *anwesend* ist. Der Blick der Heiligen zeugt von einem *inneren* Erlebnis, das von der schalenartigen Raumform, die die Gestalt umhüllt, noch bekräftigt wird.

Abb. 38
Heilige,
um 1070,
Münster/
Westfalen

In ähnlicher Geste begegnen uns zahlreiche Verkündigungen der Geburt Jesu an Maria, die durch den Maler und den Stil ihrer Zeit doch wiederum sehr individuell erscheinen (Abb. 39, 40, 41). Immer ist es ein *innerer* Raum, der zwischen beiden Gestalten eine ergreifende, dramatisch erfüllte Einheit bildet, die die Aufmerksamkeit des Betrachters auf sich lenkt.

Die schwäbische Arbeit aus Gengenbach (Abb. 40) erweitert diesen Raum, in den der Engel die Taube des Heiligen Geistes miteinbezieht, die sich auf Maria herniedersenkt und auf den eigentlichen Mittelpunkt des Raumes weist: die schützende Leibeshülle, gebildet durch die Handgebärde und die geschwungenen Gewandfalten der Maria. Aus letzteren entsteht auch wie von selbst das kreuzartige Zeichen im Hintergrund der Innenform.

Immer irdischer erscheint der himmlische Bote; er ist von dem Menschen, dem er die göttliche Botschaft überbringt, nicht mehr zu unterscheiden – mit Ausnahme der Flügel, die ihn noch als Bewohner einer anderen Welt ausweisen. So nahe ist das Himmelreich dem Menschen gekommen, daß es sich die Hülle sucht, um unter den Menschen leben zu können; es will selber Mensch sein. Das Gebet, das früher zwischen der menschlichen und der göttlichen Welt vermittelt hat, ist zum Gespräch geworden.

Abb. 39
Die Verkündigung an Maria, Trierer Arbeit (?), Einzelblatt, Ende 10. Jh.

Abb. 40
Die Verkündigung an Maria, Evangelienbuch aus Gengenbach, schwäbische Arbeit, Mitte 12. Jh.

Abb. 41
Verkündigung an Maria, Kölner Meister, um 1330

Abb. 42
Geburt Christi, Meister von Hohenfurth, um 1350

Ein Höhepunkt der Einwohnung des Göttlichen im Menschen findet seinen Ausdruck in dem Bilde der Muttergottes, die den neugeborenen Knaben voll innigster Liebe in ihren Herzbereich einschließt (Abb. 42). Die *leibliche* Mutterhülle hat sich in eine *seelische* Hülle verwandelt. Wieder wird sie im wesentlichen von der Haltung der Arme und der Hände gebildet, in die sich die Gewandfalten harmonisch einfügen. Die rechte Hand von Mutter und Kind greifen vertrauensvoll ineinander – doch Marias Blick ist ernst, in eine ferne Zukunft gerichtet.

Schauen wir zurück auf den Beginn unseres Weges, so fällt es vielleicht schwer, die starren Betergestalten von Tell Asmar (Abb. 2, 3) mit ihren geweiteten Augen und den unwesentlichen, fast fehlenden Händen anzusehen. Aber wir ahnen dabei die ungeheuren Ereignisse, die in den etwa vier Jahrtausenden stattgefunden haben, bis es möglich war, ein solches Bild wie das von der Mutter Gottes mit dem Kind (Abb. 42) zu malen. Früher haben sich die Menschen im Kosmos unter ihren Göttern erlebt. Nun konnten sie den Christus als Gottes Sohn in sich selbst finden – wenn sie bereit dazu waren, den Weg zu ihm zu gehen. Das aber hängt von jedem einzelnen ab; er muß aus eigener Kraft den Willen dazu aufbringen:

Wird Christus tausendmal zu Bethlehem geboren
und nicht in dir, du bleibst noch ewiglich verloren.
Angelus Silesius (1624–1677)

Abb. 43
Anbetung der Könige,
Sacramentarium
Hadrianum, Fulda,
11. Jh.

Abb. 44
Anbetung der Könige,
Matthäus-Evangelium,
Bamberg, 12. Jh.

Ist unser Ziel nun erreicht, der Weg des Menschen zu sich selbst gefunden – oder gibt es noch höhere Stufen der Vereinigung, die sich in den Darstellungen späterer Jahrhunderte niedergeschlagen haben? Ein bestimmtes Motiv kann uns eine Hilfe sein, noch weiter bis in den Beginn der Neuzeit vorzudringen. Es ist ein Weg, den wir in der Malerei verfolgen können; er führt uns von einer gewissen Bewegung zur Ruhe und gewährt uns damit einen Blick in einen weiteren bedeutenden Entwicklungsabschnitt der Geschichte.

Folgt man den Evangelienberichten, so tut sich der Himmel auf, und die Engel verkünden den Hirten die Geburt des Jesuskindes – und die Hirten begeben sich eilends auf den Weg zur Krippe. Später folgen die Könige der Aufforderung des Sternes. Alles ist in freudiger Erregung und Bewegung, weil die lange ersehnte Verheißung nun eingetreten ist. In den mannigfaltigen Darstellungen des Mittelalters bis in das 14. Jahrhundert hinein spiegelt sich in den bewegten Gestalten, wovon die Seelen erfüllt sind; ja, man kann sagen, daß die Menschen selber durch und durch seelische Bewegung sind, die dem Kind entgegenstrebt, und das Kind antwortet mit derselben Sehnsucht, lange bevor die Könige es erreicht haben. Die Hände der Maria, des Kindes und der Könige verweben sich so ineinander, daß sie eine flutende, bewegte Einheit bilden (Abb. 45, 46). Auch die Christgeburt mit den Hirten ist rundum bewegt (Abb. 47) – selbst das Kind strebt zur Mutter hin trotz seiner Windeln, in die es fest eingebunden ist. Lediglich Joseph sinnt mit träumendem Blick zu den Engeln hinauf, ruhig in sich versunken.

Abb. 45
Anbetung der Könige, Florenz, Bargello-Diptychon, um 1390

Diese seelisch bewegten, für uns Heutige eher abstrakten Bilder nehmen mit dem beginnenden 15. Jahrhundert einen ganz anderen Charakter an. Nicht nur, daß uns die menschlichen Gestalten in einer dem natürlichen Vorbild abgeschauten Art gegenübertreten, sondern ebenso durch ihre besondere Haltung, die sich nicht in äußerer Körperbewegung auslebt, sondern eine stark nach innen gewendete Besinnlichkeit verrät. Die Hirten, die Könige *sind da*, sie spüren die Heiligkeit, die den Raum durchweht, und stimmen in sie mit ein. Auch das Kind auf dem Schoß der Mutter ist zurückhaltend in seinen Bewegungen oder liegt einfach am Boden, und Ochs und Esel nehmen andächtig Anteil (Abb. 48–51).

Und noch etwas sehr Bedeutsames kommt hinzu: die feierliche, ehrfürchtige Stimmung wird getragen

Abb. 46
Anbetung der Könige,
Wernigeroder Altar,
Ende 14. Jh.

Abb. 47 Christi Geburt, 1. Speyerer Evangelistar , Ende 12. Jh.

durch die gefalteten Hände einzelner Anwesender. Die Hände zusammenzufalten heißt einen inneren Raum bilden, der nach außen weitgehend abgeschlossen und in seiner Mitte von frommer Selbstlosigkeit erfüllt ist. Diese Herzenskraft kann sich demjenigen gegenüber öffnen, dem die Anbetung gilt. Sie wird zum Tor, in welches die Lichtkraft der göttlichen Liebe einströmen kann. Auch den Armen kommt dabei eine hohe Bedeutung zu. Sie führen beide Hände vor dem Körper zusammen; anders könnten sie nicht gefaltet sein. Dadurch tritt Ruhe und vollkommene Symmetrie in der Gestalt ein, die den Armen fremd ist, wenn sie tätig sind. Dasselbe gilt auch für die Hände. Diese Ruhe und Zuneigung wird nochmals betont durch das Knien auf der Erde; es ist äußeres Bild der *Andacht*, der hingebenden Liebe.

Vergleicht man nun die Abbildungen 45 und 46 miteinander, so sieht man (Abb. 45), wie die drei Könige aus dem Schreiten in das Knien übergehen, aber der rechte im Knien noch nicht zur Ruhe ge-

Abb. 48
Aus der Anbetung der Hirten, Bernardino Luini, 2. Hälfte des 15. Jh.

Abb. 49
Aus der Anbetung der Könige, Bernardino Luini, 2. Hälfte des 15. Jh.

kommen ist; wie die linke Hand schon den Fuß des Knaben zum Kuß an den Mund heranführt, während die rechte noch dabei ist, die Krone abzulegen. Die fließenden Falten der Gewänder bringen denn auch die sitzenden Gestalten in Bewegung – *alles* fließt! Bei Abbildung 46 wird das anders. Das Schreiten ist ruhiger, zurückhaltender; und doch ist die Gruppe mit Maria und dem Kind ein einziges Ineinanderströmen von Gestalten, Gewändern und Gliedern.

In den Abbildungen 48–51 ist der äußere Weg zur Krippe beendet. Er *wendet sich nun nach innen,* unterstützt von den knienden, anbetenden Gestalten. Meister Hans und der Meister des Albrecht-Altars zeigen diese Wendung in hoher Vollendung (Abb. 52, 53[9]). Die Ähnlichkeit in der Komposition regt uns an, Maria und die Engel, um das Kind gruppiert, in ihrer so verschiedenartigen Gebärdensprache wahrzunehmen – und wir erkennen, wie die Ähnlichkeit nur eine kompositorische, keineswegs aber eine

Abb. 50
Anbetung der Hirten, Altartafel, Mainfranken, um 1470–1480

Abb. 51
Anbetung der Könige, Altartafel, Mainfranken, um 1470–1480

stimmungsmäßige ist. Die eine läßt hingebungsvolle Gemütskräfte aufkommen, die in die Stille führen (Abb. 52), die andere regt eher zu einem herzigen Gesänglein an, um das Kind heiter zu stimmen (Abb. 53). Keine der Gebärden gleicht der anderen – jede will dem Kind etwas anderes sagen. Die über der Brust gekreuzten Hände der Maria sind gut zu verstehen, wenn man sie nachahmt; die rechte Hand liegt bewahrend auf dem Herzen, die linke öffnet diesen Raum behutsam und bietet dem Kind Einlaß, das mit träumenden Augen zur Mutter aufblickt. Ähnliche Gebetsgesten sind uns auch in den Darstellungen der Verkündigung (Abb. 39–41) begegnet.

Im Laufe des 15. Jahrhunderts findet man in der Fülle der Geburtsdarstellungen immer wieder Szenen mit der betenden Maria, kniend, in der Haltung der Andacht gegenüber dem Kind, das merkwürdigerweise mehr in den Hintergrund zurückgesetzt ist

Abb. 52
Die Geburt Christi,
Meister Hans, um 1435

↘
Abb. 53
Die Geburt Christi,
Meister des
Albrecht-Altars,
um 1438/39

und trotzdem wach zu seiner Mutter emporschaut (Abb. 54, 55). Die perspektivische Gestaltung des Umkreises ist zwar nicht konstruiert, aber der damaligen aufgeweckten Wahrnehmungsfähigkeit entsprechend gemalt, daß man nicht daran denken kann, es handele sich hier um Zufälligkeiten oder um die Unfähigkeit der Maler.

Es gibt aber auch Bilder, in denen Maria und Joseph mit dem Kind ganz in den Vordergrund gerückt sind, wie auf der Zeichnung von Martin Schongauer (Abb. 56), hier mit dem Kind im Mittelpunkt der Gruppe. Aber alles andere ist zurückgedrängt in den Hintergrund; man kann in der rechten oberen Ecke gerade noch die Schafe, aber kaum mehr den Hirten mit dem Engel erkennen. Hauptsächlich sind es Ochs und Esel, die den Betrachter auf das Thema des Bildes hinweisen. Wollte Schongauer damit sagen, daß das Wichtigste der Christgeburt das *innere* Erlebnis sei und daß man das Bild von allem «Beiwerk» befreien müsse, um diesen Hauptgedanken wirklich sichtbar zu machen? Wollten das auch die andern Maler, die die andächtige Maria in die Mitte des Vordergrundes gesetzt haben?

Abb. 54
Die Anbetung der Hirten, der Meister des Hausbesuches, tätig um 1464

Abb. 55
Die Geburt Christi, Stefan Lochner (um 1410–1451)

Noch ergreifender wird für uns das Bild vom Meister des St. Sebastian (Abb. 57), das Ochs und Esel hinter eine alte Holztür verbannt und auch das auf dem kalten Steinboden auf einer Handvoll Stroh und einem Laken gebettete Kind so zurückversetzt, daß Maria und Joseph, beide kniend, in tiefer Nachdenklichkeit in sich allein versunken sind – und das innere Erlebnis um so heller aufleuchtet:

Halt an, wo läufst du hin, der Himmel ist in dir;
Suchst du Gott anderswo, du fehlst ihn für und für.
Angelus Silesius

Erst, wenn wir versuchen, diesem Erleben in seiner ganzen Tiefe nachzuspüren, wird uns der Weg bewußt, der von den alten Assyrern und Ägyptern bis hierher geführt hat.

↑
Abb. 56
Die Geburt Christi,
Rötelzeichnung,
Martin Schongauer
(etwa 1425–1491)

Abb. 57
Anbetung des Kindes,
Meister des St. Sebastian,
um 1490/95

Die Andacht

Ein Kapitel Anthroposophie

Im Verlauf der Zeit fanden in den Weihnachtsdarstellungen wesentliche Veränderungen statt. Tief einschneidend war die Entwicklung, die von der *Bewegung zur Ruhe* führte, vom Erleben der *Zeit* zum *Stillstand im Raum.* Die Menschengestalten kamen aus der seelischen Erregung in die Besinnung im Innern der Seele. Und damit veränderte sich entsprechend die Haltung ihrer Gestalt. Diese Veränderungen vollzogen sich im beginnenden 15. Jahrhundert. In dieser Zeit entstanden auch in großer Zahl die Anbetungen, in denen das Kind immer mehr zurücktritt und die andächtige Gebetshaltung der Maria oder auch der Engel, der Hirten und Könige den Raum durchdringt und mit ehrfürchtiger Stimmung erfüllt. Der Meister von Wittingau (Abb. 58) gehört zu den seltenen Ausnahmen; er hat schon um 1380 die Maria in der «klassischen» Andachtshaltung dargestellt. Alle anderen hier abgebildeten Gemälde sind erst im 15. Jahrhundert entstanden.

Nun ist man heute leicht geneigt, das Auftreten einer bestimmten Art der Darstellung wie eine «Mode» anzusehen; aber damals, im Beginn der Neuzeit, war das äußere Bild noch der Spiegel dessen, was die Menschen innerlich ergriffen hat, ja, oftmals waren es *Leitbilder,* die dem Menschen eine Lebensrichtung geben wollten. Dann hatte ein solches Motiv eine zielgerichtete Aufgabe, eine Mission zu erfüllen. So war es auch hier.

Rudolf Steiner hat im Jahre 1909 im Zusammenhang mit grundlegenden Vorträgen geisteswissenschaftlichen Inhaltes auch über «Die Mission der Andacht» gesprochen.[10] Er beschreibt, wie wir durch die Wahrnehmung und die Empfindungsfähigkeit unserer Seele etwas von der Sinneswelt erfahren und uns über sie Gedanken machen können. Auf dieser Grundlage können wir uns ein umfangreiches Wissen über die Welt der äußeren Erscheinun-

Abb. 58
Christi Geburt, Meister von Wittingau, um 1380

gen bilden. Diese geben uns selbst die Anregungen dazu, ihre un-endliche Vielgestaltigkeit wahrzunehmen und über sie nachzudenken.

Anders ist es aber mit dem Übersinnlichen, mit dem wir auch fortwährend in Berührung kommen. Denn äußerlich gesehen, ist es ja für den Menschen nicht da. Haben wir nun das Verlangen, uns auch dem Übersinnlichen zu nähern und es in Gedanken erkenntnismäßig zu erfassen, so brauchen wir außer dem Denken noch andere Organe, die uns eine Wahrnehmung im Geistbereich erschließen, weil unsere Sinnesorgane, mit denen wir unsere sinnliche Umwelt aufnehmen können, dazu nicht fähig sind. «Von innen muß der Impuls dazu ausgehen. Dieser Impuls, der von innen ausgeht, muß das Denken anregen, muß das Denken durchströmen und durchsetzen; wenn aber ein solcher Impuls von der Seele ausgehen soll, so kann er nur von den Kräften ausgehen, die in der Seele sind, und das sind Gefühl und Wille außer dem Denken. Und wenn das Denken sich nicht anregen läßt von den beiden, wird es nie getrieben in eine übersinnliche Welt» (Rudolf Steiner).

Abb. 59
Christi Geburt, Kirchenväteraltar, Hersbruck, 1450

Zuerst muß sich eine Hülle der *Liebe* um das Unbekannte bilden, das der Gedanke erforschen will; und der Wille muß sich in *Ergebenheit* dem Übersinnlichen nähern und sein eigenes egoistisches Wollen opfern in vertrauender Hingabe. Dann erst kann das Denken seine Lichtkraft entfalten und bewußt machen, was das unbekannte Übersinnliche offenbaren will. Dieses Ineinanderwirken von Denken, Fühlen und Wollen unter der wachbewußten Führung des Ich des Menschen bezeichnet Rudolf Steiner als das, was wir gewöhnlich unter dem Begriff der «Andacht» kennen, allerdings in einer mehr gefühlsmäßigen Neigung zu dem unbekannten Übersinnlichen, dem unsere Andacht beim Gebet gilt. Das, was als unbewußte Sehnsucht nach der übersinnlichen göttlichen Welt in unserer Seele lebt, soll in wachbewußter Klarheit in uns aufleuchten und uns mit dem Übersinnlichen vereinen.

Diese höchste Steigerung unserer Seelenkräfte durch das Ich nennt Rudolf Steiner die «Bewußtseinsseele», die zu Beginn des 15. Jahrhunderts sich in den Menschen zu regen beginnt. – «Niemals wird die Bewußtseinsseele zu einem Wissen kommen auch über ein äußeres Ding, wenn sie sich diesem Ding nicht mit *Liebe* und *Ergebenheit* nähert; denn unsere Seele geht vorüber an den Dingen, denen sie sich nicht nähert mit Liebe und Ergebenheit oder mit anderen Worten *in Andacht*. Diese ist der Führer zur Erkenntnis, zum Wissen des Unbekannten.» Mit diesen Sätzen dringt Rudolf Steiner tief in das heutige Zeitgeschehen vor; denn heute gilt die Andacht eben nur als religiöses Gefühl dem Gotte gegenüber. Was früher noch im alltäglichen Leben der Menschen als Frommheit pulsierte, soll heute aus bewußter Seelenwirksamkeit neue Tore zum Geistigen öffnen, die sich besonders in den letzten Jahrhunderten mehr und mehr verschlossen haben. Die Andacht soll nicht nur äußere Dinge und Vorgänge beschreiben, sondern ihre inneren Kräfte und Antriebe durchschaubar machen und zu den geistigen Wesen vordringen, die sie bewirken. Durch die Andacht, die die Liebe und Ergebenheit der Seele in den Erkenntnisverlauf mit einbringt, kann die Welt*anschauung* zur Welt*durchschauung* fortschreiten – neue Ziele, die im Beginn des 15. Jahrhunderts aufkeimen. Aber «es darf keine blinde, unbewußt wir-

Abb. 60
Verehrung des Christkindes, Meister Fancke, Thomasaltar, nach 1400

kende Andacht herangezogen werden. Es muß mit der Pflege der Andacht die Pflege eines *gesunden Selbstgefühls* einhergehen.»

Schaut man zurück auf die Darstellungen der Christgeburt, die an unserem Blick vorübergezogen sind, so kann man etwas von diesem Schritt zur wachen Bewußtheit und zum «gesunden Selbstgefühl» wahrnehmen. Auffallend ist, wie diese neue Zeit etwa im ersten Drittel des 15. Jahrhunderts Gestalt annimmt in den so zahlreichen Haltungen der Andacht. Rudolf Steiner beschreibt sie in seinem Vortrag genauso, ohne auf diese künstlerischen Darstellungen hinzuweisen. Auch in den zahlreichen Kunstvorträgen, die er in den Jahren 1916/17 gehalten hat, erwähnt er dieses Motiv nicht. Er charakterisiert es hier in dem genannten Vortrag nur zielgerichtet auf unsere heutige Zeit. Und dabei offenbart sich noch etwas Besonderes: er geht auf die drei Gesten ein, die die menschliche Gestalt durch die Stimmung der Andacht annimmt. Es ist stets die Haltung, die vom Ich ausgeht, sich aber nicht betont als Ich herausheben und auf sich aufmerksam machen will: Das Ich bringt das Opfer der Bescheidenheit und Zurückhaltung – «Nicht ich, sondern der Christus in mir». So neigt sich das Haupt, während es sein Ich-Gefühl im Denken zügelt, es falten sich die Hände in herzlicher Besonnenheit, und es beugen sich die Knie in hingebungsvoller Zurückhaltung. Durch diese Läuterung der eigenen Seelenkräfte bis in die Haltung des Leibes hinein geschieht etwas außerordentlich Bedeutsames: Es fließen dem Menschen durch seine Opferkraft neue Kräfte zu, die sein Ich stärken; was es hingibt, wird ihm vielfältig wiedergeschenkt. In der Andacht erleben wir das Geheimnis der Geburt eines Ich-Gefühls, das niemals zerstörerisch wirken, sondern nur heilsam das Leben durchdringen und unserer Zeit eine neue Richtung geben kann.

Das Porträt im 15. Jahrhundert

Das Porträt als äußerer Ausdruck des individuellen Wesens des Menschen hat eine lange und bewegte Entwicklung hinter sich. Man kann einen solchen Werdegang nicht einfach festlegen. Ist es die Wiedergabe des äußeren Erscheinungsbildes eines Menschen oder der Ausdruck seines Charakters oder seiner typischen Seelenregungen? Wir wissen, wie stark sich der Ausdruck der Seele im Antlitz verändern kann durch die Stimmungen, die den Menschen augenblicklich erfüllen und sich in der wechselnden äußeren Erscheinung des Gesichtsausdrukkes kundtun. Ein schwieriger Auftrag! Wird man darüber hinaus in den Bildnissen einer Zeit gemeinsame Merkmale wahrnehmen, so wird sich darin

Abb. 61
Die Grablegung und die Marien am Grabe, Psalter Ingeborgs, gegen 1200

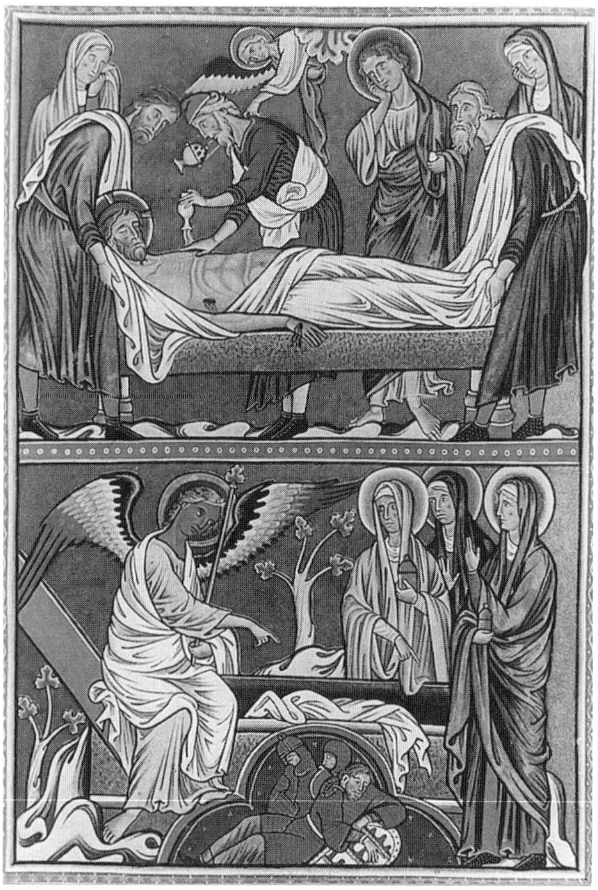

Abb. 62
Kreuzigung Christi, Ausschnitt, Westfalen, um 1340

Abb. 63
Die Anbetung des Kindes, Portinari-Altar, Hugo van der Goes (um 1440–1482)

↓
Abb. 64 Detail aus Abb. 63 / die Hirten

etwas von dem Zeitenstrom offenbaren, in dem die Menschen gelebt haben. Nur dieser Gesichtspunkt kann uns leiten, wenn wir den Blick noch einmal zurückwenden zu den Jahrhunderten, die dem 15. Jahrhundert vorausgehen, um den inneren Umschwung noch deutlicher wahrzunehmen, der danach stattgefunden hat.

Betrachten wir das Ostergeschehen in Abb. 61 und 62, so sehen wir bewegte Bilder mit sehr verschiedenen Gestalten. Sie drücken nicht nur ihre Tätigkeiten, sondern auch ihre Gefühle durch ihre Körperhaltungen und -bewegungen aus, wobei die einzelnen Gestalten sich durch nichts anderes unterscheiden als durch ihre Gewänder und den Haarwuchs des Hauptes. Der Gesichtsausdruck, in dem sich gerade der individuelle Ausdruck des Menschen konzentriert, ist bei jeder Gestalt der gleiche, ob es sich nun um ein weibliches, ein männliches oder himmlisches Wesen handelt. Denn nichts anderes als die ehrfürchtige, von Schmerz erfüllte Trauer sollte in den Bildern wirksam werden. In den vorausgegangenen Abbildungen der Verkündigung und Christgeburt der alten Miniaturen zeigt sich dieselbe Erscheinung.

Abb. 65
Die Anbetung der Heiligen Drei Könige, Stefan Lochner, Köln, um 1440

↓
Abb. 66
Die Könige Melchior und Balthasar, Detail aus Abb. 65

Sobald wir weitergehen und sehen, wie die *seelische Bewegung im Raum zum Stillstand* kommt, verändert sich das Bild, und die Bewegung der Gestalten verwandelt sich in tiefe *Innerlichkeit.* Der Raum wird zur Hülle der seelischen Stimmung, die sich in jede einzelne Gestalt zurückzieht und sich dort individualisiert (Abb. 63). Trotzdem ist ein *gemeinsamer* seelischer Grundton unverkennbar (Abb. 64).

Bei dem Dreikönigsaltar von *Stephan Lochner* (Abb. 65, 66) beeindruckt die äußere Einheit der Gestaltung, obwohl jede Persönlichkeit durch die äußere Pracht der Kleidung von der anderen unterschieden ist. Vergleicht man ihre Antlitze, so sieht man mit Erstaunen, daß sie alle zusammen seelisch gesehen wie Brüder sind. Auch der Chor der Engel (Abb. 67) bildet einen wunderbaren Chor einzelner Wesen – Einheit und Individuation zugleich, nicht anders als Geschwister in seelischem Einklang.

Abb. 67
Singende Engel aus dem Genter Altar von Jan van Eyck, 1432

↓
Abb. 68
Die Anbetung der Könige, Hans Suess von Kulmbach, 1511

In dem Gemälde von *Hans Sueß von Kulmbach* (Abb. 68) fällt sogleich etwas anderes auf: Der Blick irrt über das Bild und sucht seinen Mittelpunkt, das Kind. Erst später bemerkt man die mächtige Säule, die den Schwerpunkt der reichhaltigen Ausgestaltung bildet. Darunter sitzt das Kind auf dem Schoß der Mutter und greift mit beiden Händen in die Schale nach dem Schatz, den der ehrfürchtig kniende König ihm darbringt. Die heilige Mutter wendet ihre Aufmerksamkeit gleichzeitig dem Mohrenkönig zu, dessen fremdartiges Aussehen sie mehr zu interessieren scheint, während Joseph aufmerksam den Fremdlingen zuhört, die ihm vielleicht Erlebnisse ihrer weiten Reise schildern. Unser Auge hat schon das Gefolge wahrgenommen, das sich rechts in den Hintergrund verliert, und das Kamel zwischen den Szenen mit Dienern und Berittenen erspäht, die sich in den Vordergrund drängen und das Kind fast vergessen machen. Was ist geschehen? Die Individualisierung der Menschen löst das Bild in einzelne Bereiche auf, wodurch es seinen inneren Zusammenhang zu verlieren droht.

Albrecht Dürer hat auf seinem Holzschnitt offenbar absichtlich den Platz unterhalb des Joseph für die Engelchen freigelassen (Abb. 69), die eifrig und vergnügt die langen Holzspäne einsammeln und in einen großen Korb stecken, die Joseph mit seiner Axt aus einem Holzgestell herausgeschlagen hat. Welch munteres Treiben! Maria sitzt neben der Krippe. Für sie ist fast kein Platz auf dem Blatt geblieben. Sie spinnt am Rocken, während sich große, feierlich gekleidete Engel um sie scharen. Engel, Gottvater und der Heilige Geist am Himmel: wie können sie sich in dieser bürgerlich-irdischen Umgebung überhaupt

Abb. 69
Die Rast der heiligen Familie in Ägypten, Albrecht Dürer, Holzschnitt aus dem Marienleben, 1501–1511

Abb. 70
Heilige Familie, Ruhe auf der Flucht, Lukas Cranach d. Ä. (1472–1553)

einfinden? Ist etwa die Unterschrift verfehlt? Kann diese reizende alltägliche Schau mit ihrer fränkischen Umgebung in Ägypten stattfinden? Oder hatte Dürer nur nicht gewagt, diese ohne einen heiligen Titel darzustellen – oder wollte er die Allgegenwart Gottes und seiner Engel unter den Menschen auf Erden zeigen?

Lukas Cranach hat die Einheit seiner Komposition über dasselbe Thema gewahrt (Abb. 70). Es finden sich aber beim genaueren Betrachten Szenen, die durch ihren individuellen Charakter als einzelne Bilder dargestellt werden könnten: Da ist die Gruppe der musizierenden Engel, die zwei Engel an der

Abb. 71
Ausschnitt aus Abb. 70

↓
Abb. 72
Ausschnitt aus Abb. 70

Quelle oder das heilige Kind, das verlangend nach den Beeren greift, die ihm ein Engel zureicht. Für die jugendliche Muttergottes scheint das aber alles nicht so wichtig zu sein wie der Betrachter des Gemäldes, den sie mit fragendem, etwas begehrlichem Blick anschaut: Wer bist du? Kennen wir uns vielleicht? Auch Joseph wird in diese Frage mit hineingezogen, so daß das gesamte Bild dadurch eine andere Richtung bekommt: vom Rastplatz auf der Flucht weg in die Gegenwart der Menschen, die dem Bild gegenüberstehen. Es entsteht ein Ich-Du-Verhältnis, das in der Begegnung mit dem anderen den eigenen inneren Wesenskern sucht, wie es Albrecht Dürer in dem be-

Abb. 73
Albrecht Dürer, Selbstbildnis, 1500

kannten Selbstbildnis ohne alles Beiwerk vorgestellt hat (Abb. 73).

Die «Anbetung» vom Bladelinaltar des *Rogier van der Weyden* (Abb. 74) zeigt uns eine von tiefer Frömmigkeit erfüllte Einheit der drei in Andacht versunkenen Menschen. Sie ist so wirksam, daß dem Betrachter vielleicht erst spät auffällt, wie der in Schwarz gekleidete Mann (möglicherweise ein Stifter) äußerlich gesehen dem Kinde nicht zugewendet ist. Er kniet zwar im Kreis um das Kind, findet es aber allein im Gebet; der Umkreis ist für ihn gar nicht da.

Ein kleiner Schritt weiter führt uns zu dem Mann, der aus der Dunkelheit des Hintergrundes heraustritt mit andächtig erhobenem Haupt – allein und einsam, aber im Herzen reich im Zeichen des Rosenkranzes, den er in den gefalteten Händen hält: ein Mensch, der sein Ich im eigenen Innern gefunden hat und in sich selber ruht. Das spricht aus ihm selbst; das muß auf dem Bild durch keinerlei Beifü-

Abb. 74
Anbetung des Kindes, Bladelinaltar von Rogier van der Weyden (1399 oder 1400–1464), Spätzeit

Abb. 75
Bildnis Philippe de Croy, Rogier van der Weyden, Mitte 15. Jh.

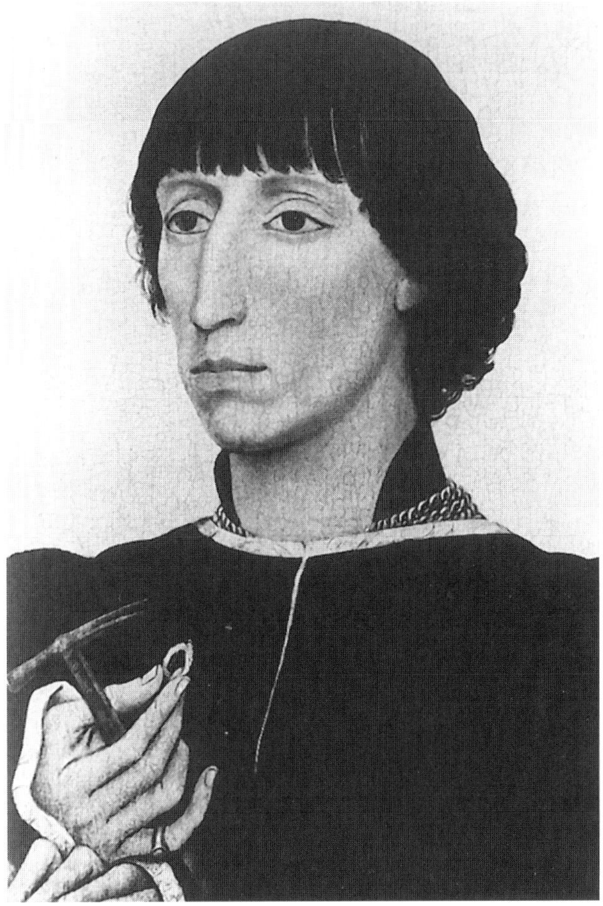

Abb. 76
Italienischer Edelmann, Rogier van der Weyden, spätes 15. Jh.

gungen erst verständlich gemacht werden: ein Bildnis, ein *Porträt*. «Was Rogier aufspürte, war das verborgene Ankerwerfen der freien Persönlichkeit in einer Welt heiligster Innerlichkeit», so drückte es Ernst Buschor zu dem Bildnis des italienischen Edelmannes aus (Abb. 76), der zum Zeichen seines Standes als Goldschmied den Hammer und ein Kleinod in der Hand hält.[11] Diese Worte kann man wohl auf alle Bildnisse beziehen, die im 15. Jahrhundert gemalt worden sind. Der Ernst, der fast ohne Ausnahme aus ihnen spricht, ist Bürge dafür.

Die Kunst, das Bildnis aus einem dunklen Hintergrund heraustreten zu lassen, erreichte seinen Höhepunkt in den zahllosen Bildnissen von *Rembrandt* (1606–1669). Man hat den Eindruck, daß die Dunkelheit etwas freigibt, was in ihr verborgen lebte, aber noch keine Gestalt angenommen hatte. Man empfindet sie als den Urgrund, aus dem die Welt seit dem ersten Schöpfungstag entstanden war. Aus dieser quellenden Dunkelheit trat das Ich des Menschen im Porträt an das Tageslicht – nicht als das Ich, das durch seinen Egoismus alles zerstört, sondern

Abb. 77
Bildnis einer Dame, Rogier van der Weyden, 1. Hälfte des 15. Jh.

Abb. 78
Bildnis eines Unbekannten, Albrecht Dürer, 1524

als die Möglichkeit, von Mensch zu Mensch durch die Liebe, getragen von dem «guten Willen», Bande zu knüpfen, wie es in der Andacht zum göttlichen Kinde vorgelebt wurde. Warum schauen so viele Bildnisse dieser Zeit den Betrachter oft fragend, immer mit tiefem Ernst an, wenn nicht aus diesem Grunde?

Es gibt auch Gemälde, die einen Innenraum darstellen, aus dem sich der Blick in die weite Ferne einer Landschaft eröffnet (Abb. 81), oder die das Bildnis selbst in die freie Landschaft versetzen. Insbesondere in den ersteren spiegelt sich, rein menschlich gesehen, deutlich die Entwicklungsstufe wider, in der sich die Menschen damals im 15./16. Jahrhundert befanden.

Wir sind ja schon oft genug auf den Innenraum aufmerksam geworden, in dem sich die Ich-Geburt wie in einer embryonalen Hülle vorbereitet. Mit dem *Blick nach innen* verwandelt sich aber auch der *Blick nach draußen*. Das Verhältnis des Menschen zu seiner Umwelt verändert sich; er sieht die Natur mit anderen Augen an, so wie er sich selbst in der Reife-

Abb. 79
Selbstbildnis, Lukas Cranach d. Ä., 1550

Abb. 80
Saskia mit roter Blume, Rembrandt, 1641

zeit der Jugend als einen anderen erkennt, als er früher in seiner Kindheit war. Wie ein unbewußt empfundenes Bild der Reifezeit mutet daher ein solches Selbstbildnis im *Innenraum* an mit dem Durchblick in die weite Ferne der *Außenwelt*. Das Ich kann sich nur in einer Polarität, in der Spannung zwischen Gegensätzen finden. Es ist nie einfach «da», sondern es entsteht und vergeht in dramatischem Ringen um den Ausgleich der Seelenkräfte, hier eben in der Polarität von Innen und Außen. In den vier Porträts (Abb. 73, 79, 80, 81) kommt noch etwas sehr Bedeutendes hinzu: Dadurch, daß die Dargestellten den Betrachter unmittelbar anschauen, wird dieser selbst in das Bild miteinbezogen, er wird selbst zum Vordergrund des Bildes. Der Tiefenraum erweitert sich durch dieses Ich-Du-Verhältnis, dem sich der Betrachter nicht entziehen kann durch die magische Wirkung dessen, der ihn anblickt. Eigentlich kann man ein solches Bild nur vom Standort des Malers aus anschauen, vor allem dann, wenn sich der Blick in perspektivisch dargestellten Landschaften verliert. Denn wenn man zur Seite geht, müßten sich die Raumverhältnisse untereinander verschieben. Und es ist eigentlich gar nicht möglich, daß mehrere Menschen ein solches Porträt *zugleich* betrachten, denn *jeder* wird von ihm gleichzeitig angeschaut – was äußerlich gesehen gar nicht möglich ist. Was mag es mit diesem wahrnehmenden Gegenüberstehen auf sich haben, das uns so rätselvoll erscheint und uns doch so fesseln kann? Wer blickt uns da an?

Rudolf Steiner gibt aus seinen geisteswissenschaftlichen Forschungen ganz neuartige Ergänzungen zu der alten, gebräuchlichen Sinneslehre, die uns, wenn auch hier nur ganz unvollständig dargestellt, auf neue, erhellende Gedanken bringen kann[12]: «Wirklich, der *ganze* Mensch als Wahrnehmungsorgan gefaßt, insofern er hier sinnlich-physisch gestaltet ist, ist Wahrnehmungsorgan für das Ich des Andern. Gewissermaßen könnte man auch sagen: Wahrnehmungsorgan für das Ich des Andern ist der Kopf, insofern er den ganzen Menschen an sich anhängen hat und seine Wahrnehmungsfähigkeit für das Ich den ganzen Menschen durchstrahlt. Der Mensch, insofern er ruhig ist, insofern er die ruhige Menschengestalt ist mit dem Kopf als Mittelpunkt gewissermaßen, ist Wahrnehmungsorgan für das Ich des andern Menschen.»

Abb. 81 Selbstbildnis, Albrecht Dürer, 1498

In einem anderen Zusammenhang spricht Rudolf Steiner davon, wie die Kräfte der Sympathie und Antipathie bei dem gegenseitigen Erkennen im wahrnehmenden Gegenüberstehen eine wichtige Hilfe leisten. Willi Aeppli, der sich mit diesem Thema eingehend befaßt hat, beschreibt es anschaulicher, als wenn man diesen Abschnitt aus dem Zusammenhang des Vortrages herauslösen würde[13]: «Damit ich an das Wesen des anderen Menschen herankommen kann, benütze ich, mir unbewußt, die Kräfte der Sympathie. Nun darf ich aber keineswegs im Wesen des anderen Menschen hängenbleiben, mich in ihm verlieren. Ich muß wieder zurückkommen, zu mir selbst. Das ist nur dadurch möglich, daß jetzt der Gegenpol der Sympathiekräfte tätig ist, nämlich die Antipathie, die mich wieder zu mir selbst zurückführt. Beide Kräfte, Sympathie und Antipathie, dürfen bei der Ich-Wahrnehmung ihre ‹Kompetenzen› nicht überschreiten. Fängt die Antipathie in voreiliger und gleichsam illegaler Weise zu wirken an, ist mir der andere Mensch also von vorneherein antipathisch, so nehme ich mir jede Möglichkeit, etwas von seinem Wesen zu erfahren. Weniger schlimm ist, wenn die Sympathie übermächtig wird, was etwa einem höchsten Grad der Verliebtheit entsprechen könnte, die mich, wenigstens für eine gewisse Zeit nicht, zu mir selbst kommen ließe.»

Auf diesem Hintergrund kann man den Ernst begreifen, der aus den Porträts dieser Zeit spricht; es ist ein Suchen in den Tiefen der Seele nach dem Wesen des anderen, nicht etwa ein seichtes vorüberhuschendes Bekanntmachen. Lerne ich doch auch mich selber kennen, wenn ich einem mir bisher Unbekannten gegenübertrete und mit ihm in ein Gespräch komme.

In dem Bildnis *Dürers* (Abb. 81) stellt sich der Maler dem Betrachter selbst vor; die Schrift unter dem Fenster lautet:

1498

Das malt Ich nach meiner gestalt
Ich war sex und zwonzig Jor alt

Albrecht Dürer

Daß er das Ich groß geschrieben hat, läßt ahnen, welche Bedeutung es für ihn hatte. Aus der Art, wie er die beiden Hände miteinander verschränkt hält, geht hervor, daß er nicht etwa hochmütig ist. Ehrfürchtige Frömmigkeit Gott gegenüber und andererseits hingebende Liebe zu allem, was aus der Schöpfung Gottes in der Natur hervorgegangen ist, hat ihn zeit seines Lebens erfüllt.

Der Weg in die Schwere

am Beispiel der Architektur

Es mag verwundern, warum ein solches Kapitel folgt, nachdem wir uns vorher dem einzigartigen Höhepunkt der menschlichen Entwicklung durch das Erwachen des Ich zugewendet hatten, das im Porträt seinen Ausdruck findet.

Die Schwere hat für den Menschen schon als leibliche Gegebenheit eine weit größere Bedeutung, als man sich dessen gewöhnlich bewußt wird. Schon das Kleinkind in der Wiege hat einen harten Kampf mit der Körperschwere zu bestehen, wenn es, auf dem Bauche liegend, das Köpfchen heben und einen kurzen Blick auf seine Umgebung werfen will. Wie steigert sich dann die Anstrengung, bis es gelernt hat, sich willenshaft aufzurichten und seinen Körper selbst ins Gleichgewicht und in Bewegung zu bringen! Sieghafte Freude durchströmt das Kind – und erst dann kann es sich später in traumhafter Weise als ein Ich empfinden und aussprechen.

Auch im Reifealter, der Zeit der «Erdenreife», muß das Kind, das nun in das Jugendalter hineinwächst, gegen die Zunahme des Körpergewichtes angehen. Ein zuerst mehr im Leiblichen gegründeter Wille muß sich regen, um mit der Schwere fertigzuwerden und sie ins richtige Lot zu bringen. Rudolf Steiner hat in seiner auf Geisteswissenschaft beruhenden «Menschenkunde» viel darüber gesprochen und wichtigste Hinweise zu ihrer Bewältigung gegeben.[14] Ein Kernsatz, der dem Erzieher das Verständnis der Reifezeit erschließen kann, ist dieser: «Wodurch wird der Wille regsam? Dadurch, daß die Seele Schwere fühlt durch den Leib.»[15] Der Leib muß schwer werden, damit die Seele den Eigenwillen entwickeln kann, die Schwere zu überwinden, und lernt, mit ihr umzugehen, sie in den Griff zu bekommen. Das kann durch vielfältige Bewegung in Schule und Elternhaus geschehen, nur nicht durch das Sitzen vor dem Computer oder Fernseher. In der körperlichen Bewegung entwickelt sich der erste Keim des Ich, der im Laufe des dritten Jahrsiebts allmählich die Seele durchdringt und in einem urteilsfähigen lebendigen Denken fortlebt.

Als das individuelle Porträt entstand, hat sich gleichzeitig ein *Hang zur Schwere* geltend gemacht. Wer geht und sich bewegt oder körperlich arbeitet, überwindet die Schwere. Wer im Raum stehen

Abb. 82
Blick auf das Ulmer Münster von Westen, gegründet 1377, Turm 1845–1890 nach altem Plan erbaut

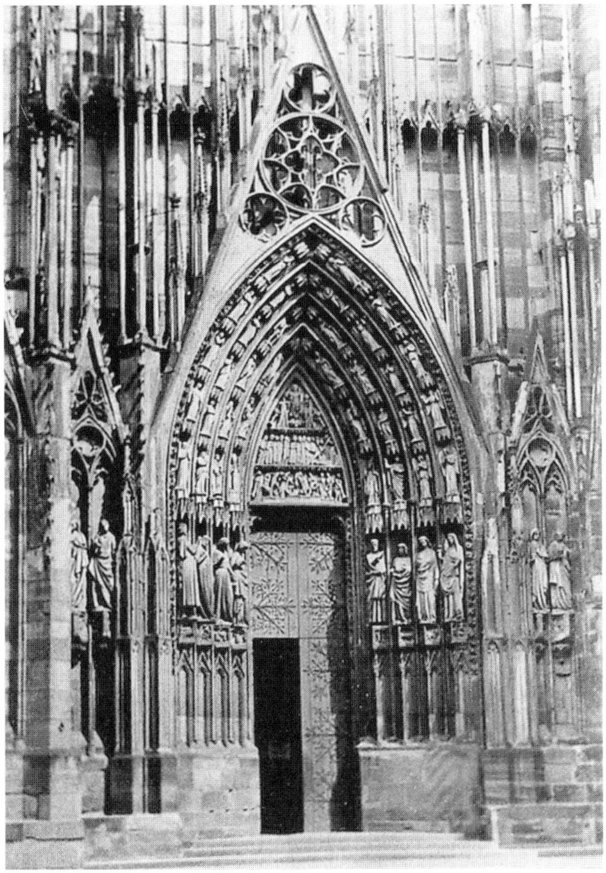

Abb. 83
Straßburger Münster, Westfassade, Baubeginn 1276

Abb. 84
St. Lorenzkirche, Nürnberg, Westportal, um 1355/60

bleibt, zur Ruhe kommt, ist mehr der Schwere hingegeben. Anders ist Verinnerlichung kaum möglich. Gleichzeitig wird die Sicht frei für die Erde. Dazu hat die Baukunst der erwachenden Neuzeit Wesentliches beigetragen. Auf diese oft sehr geringfügigen Ansätze möchte folgender Abschnitt aufmerksam machen.

Nürnberg hat an der reinen Himmelssehnsucht, die sich in den aufstrebenden Bauwerken der Hochgotik (um 1250–1400) offenbart, nie wirklichen Anteil gehabt. Um einen Eindruck davon zu vermitteln, seien hier zwei Abbildungen vom Ulmer und Straßburger Münster, zwei charakteristische Bauten aus dieser Zeit, eingefügt. Die Turmspitze, die nach alten Plänen erst 1845–1890 errichtet wurde, reißt den Blick in schwindelnde Höhen hinauf (Abb. 82). Mit 161 Metern ist es der höchste Kirchturm, der je gebaut wurde – Zeugnis einer Zeit, in der das Göttliche in der Seelentiefe aufdämmerte, gleichzeitig aber der Himmel mit seiner geistig-göttlichen Welt verblaßte und der Schmerz über den Verlust die Sehnsucht nach den Höhen weckte.

Vergleicht man die beiden Portale aus Straßburg und Nürnberg (Abb. 83 und 84), so wird trotz mancher äußeren Ähnlichkeit der Unterschied deutlich, der sie grundsätzlich voneinander trennt: einerseits der schmale, bis in die Spitze des Wimperges hinaufdrängende Eingang, der das Haupt des Eintre-

Abb. 85
St. Sebalduskirche, Nürnberg, Marienpforte, bis 1330 erbaut

Abb. 86
St. Sebalduskirche, Nürnberg, Brautpforte, bis 1330 erbaut

tenden emporziehen möchte – andererseits das eher zu bedächtigem Betreten einladende breite Portal, das dicht über der Spitze der Laibung durch einen waagrechten Abschluß begrenzt wird. Einerseits die in Maßwerk, Nischen mit Heiligen, mit freistehenden Rippen aufgelöste Wand – andererseits die glatte, ungeschmückte Wand und darüber eine breite Brüstung mit dem Wappen von Nürnberg. Dort die in Licht und Schatten vibrierende Aufwärtsbewegung – hier die ruhige Sammlung auf die Kreuzigung und das Jüngste Gericht über dem Eingang und darüber die waagrecht gezogene Grenze, die eine aufstrebende, von der Schwere befreiende Stimmung nicht zuläßt.

Diese *Waagrechte,* unterstützt von den breiteren Proportionen der Türen, findet sich bei allen Portalen der Nürnberger Kirchen. Sie sind mehr oder weniger betont und bilden zum Beispiel bei der Marienpforte (Abb. 85) ein aus der Fassade der Wand hervortretendes Rechteck, das eine gewisse Eingrenzung sehr deutlich macht. Auch die obere Bedachung der Brautpforte (Abb. 86) ist keine Kriegsfolge; sie findet sich genauso auf der Malerei des Jahres 1577 (Abb. 105). Am reinsten kommt dieses Thema am Westportal der Jakobskirche zum Ausdruck (Abb. 88): Wir beten zu Gott – aber wir finden ihn in uns selbst, nicht in einer fernen Welt.

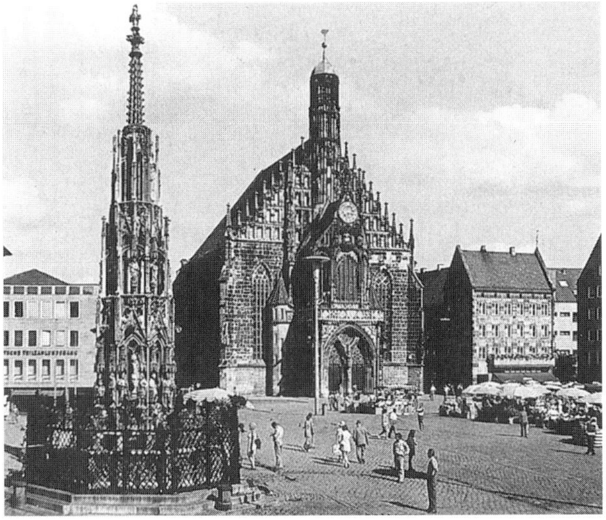

An der Nordseite der Jakobskirche befindet sich eine schmucklose, hohe Eingangspforte, die in ihren klaren, reinen Formen ein hohes Maß an Harmonie zum Ausdruck bringt (Abb. 89). Ihr verwandt erscheint eine kleine Nebenpforte in der «Kaiserstallung», die zuerst als Kornspeicher erbaut wurde (Abb. 90). Sie ist auch in die glatte Wand eingelassen, aber breiter in den Proportionen und von einer Rippe umschlossen – in der ein neues Motiv sichtbar wird: in der Spitze des Bogens kreuzen sich die Rippen und brechen danach ab. Dieses Motiv wird weiterentwickelt in dem Portal des alten Rathauses (Abb. 91). Die senkrechten Rippen biegen nicht in den Bogen mit ein, sondern führen senkrecht nach oben weiter und kreuzen sich mit den Rippen, die

Abb. 87
Frauenkirche, Nürnberg, vollendet 1355, am Hauptmarkt mit dem Schönen Brunnen. Breit hingelagerte Grundform

Abb. 88
Jakobskirche, Nürnberg, Westportal, spätes 14./15. Jh.

Abb. 89
Jakobskirche, Nürnberg, Nordeingang, spätes 14./15. Jh.

durch die Spitze des Bogens gehen. Dann kann man, wie es die Zeichnungen zeigen (Abb. 92a und b), aus diesem linearen Gerüst ein Rechteck bilden, von dem das ganze Portal wie gestützt oder getragen wird. Man findet solche Rechtecke an Kirchenportalen auch durchgehend «gestaltet», zum Beispiel im Südportal der Stadtkirche von Vaihingen/Enz (um 1513, Abb. 92b). Diese Einbindungen in ein *Rechteck* führen einen anderen Weg als die nach oben weisenden *Spitzbögen!*

Abb. 90
Kaiserstallung, Nürnberg, Ostpforte, um 1495 erbaut als Kornspeicher

Abb. 91
Altes Rathaus, Nürnberg, etwa Anfang des 16. Jh.

Dazu kommt in der Abbildung 91 noch ein neues Motiv: das über der Tür befindliche Giebelfeld, das von einem flachen in den Türrahmen eingespannten Bogen getragen wird. Wie kann ein so flacher Bogen, der aus lauter einzelnen Sandsteinen zusammengesetzt ist und keine Verstärkung etwa durch verborgene Metallstützen hat, überhaupt halten? Durch die schräg geschnittenen Steine kann der Bogen, der von oben mit Druck belastet wird, nicht nach unten durchbrechen. Der Druck weicht auf die seitlich stützenden Steine aus, wodurch ein *waagrechtes* Kräfteverhältnis von Stütze und Last entsteht (Abb. 93). Rundbogen und Spitzbogen drücken im wesentlichen ihre Last *von oben nach unten*. Der «Flachbogen» preßt sich *waagrecht* zwischen die ihn stützenden Seitenwände ein. Und diese Flach-, Stich- oder Segmentbögen finden in der beginnenden Neuzeit immer größere Verbreitung.

Abb. 92a und b
Türlaibung mit überkreuzten Rippen, Spätgotik (etwa 1400–1525)

Abb. 93
Flachbogen, Renaissance

Ein weiteres neues Stilmerkmal taucht in dieser Zeit auf. Wir können es an einigen Portalen der Lorenzkirche gut studieren: Die Spitzbögen an der später vorgebauten Eingangshalle der Brautpforte können sich nur in der Mitte steil aufgerichtet behaupten; rechts und links davon werden sie von oben herablastenden Kräften eingedrückt und bilden den von einer Fiale gekrönten *Kielbogen* (Abb. 94, 95). Wieder sind es Schwerekräfte, die hier ansetzen, und an den waagrechten Abgrenzungen oben wird unerbittlich festgehalten. Das zeigen die zwei

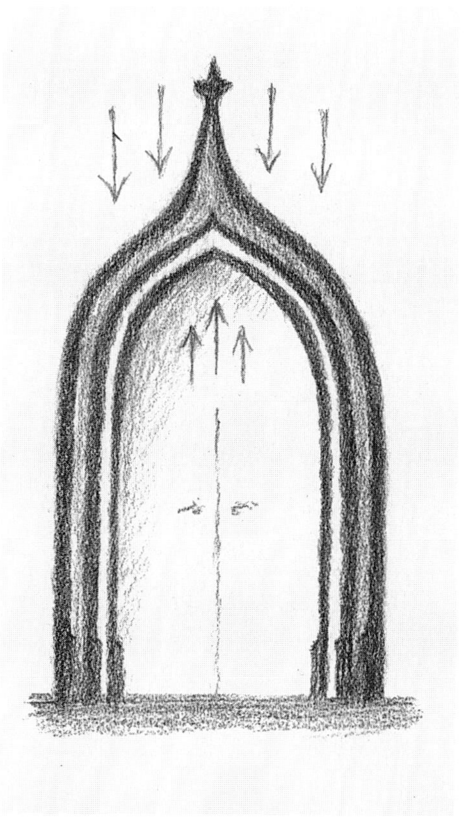

Abb. 95
Kielbogen, mit Fiale, um 1500

Abb. 94
St. Lorenzkirche, Nürnberg, Brautpforte, zwischen 1439 und 1477

Abb. 96 St. Lorenzkirche, Nürnberg, Südpforte

nachfolgenden Abbildungen noch bis zur Schmerzgrenze gesteigert: mitten durch die Spitze des Kielbogens und durch die beiden Fialen, die das Portal seitlich abschließen wollen, schneidet die Waagrechte (Abb. 96), und das Portal (Abb. 97) kann seine Spitze nur andeuten und wird von der Waagrechten ohne Rücksicht niedergedrückt. Es ist erstaunlich, wie frei trotzdem der Bogen von Seite zu Seite hinüberschwingt.

↓
Abb. 97 St. Lorenzkirche, Nürnberg, Nordportal

Abb. 98
St. Lorenzkirche, Nürnberg, Südwestportal

Das letzte hier gezeigte Portal der Lorenzkirche (Abb. 98) bringt dann in einer Art freundlicher Harmonie den breit gelagerten Eingang mit dem um 1400 noch üblichen *Spitzbogen,* von einer *Kielbogen*-artigen Spitze mit Kreuzblume gekrönt. Darüber ein *Flachbogen,* auf dem ein ganzes *waagrecht* ausgerichtetes Geschoß mit Fenstern gelagert ist, die sogenannte «Schmidmayer-Empore», und somit erscheint hier die ganze Stilentwicklung vom Aufstreben bis zur hingelagerten Waagrechten in eins zusammengefaßt. Die nächsten zwei Abbildungen 99 und 100 zeigen verschiedenartige Ausgestaltungen des Bogens im Stadttor und Burgtor mit den mächtig beherrschenden Wappen des Reiches und der

Abb. 99
Neutor, Nürnberg, 1559

↓
Abb. 100
Kaiserburg, Nürnberg,
Hoftor, 1562

Stadt Nürnberg. Erst im Barock (etwa 1675–1770) wurde dann der Flachbogen bis an die äußerste Grenze des möglichen der waagrechten Geraden angenähert.

In der Spätgotik (1400–1525) folgt der gesamte Innenraum der Kirchen diesem Entwicklungsgang. Die Seitenschiffe, die bisher zu beiden Seiten des Mittelschiffes niedriger gehalten waren (Abb. 101) und dadurch das Aufstreben des Raumes in der Mitte wesentlich unterstützen konnten, nehmen nun die gleiche Höhe des Mittelschiffes an (Abb. 102). Eine mächtige Halle entsteht, die sich zu weiten scheint, weil nun die Fenster auch herabgezogen werden und durch ihr farbiges Glas den Raum mit

einer durchseelten Stimmung erfüllen. Seitenschiffe und Mittelschiff werden oft gleich breit, tragen «gleichberechtigt» das einheitliche Gewölbe. Das schmale Mittelschiff, das die Gläubigen zum Altar hinzog, verwandelt sich in den Raum, in den man einkehrt, *um da zu sein* – um zu verweilen –, nicht um einen Weg zu gehen.

In der Sebalduskirche ist der Übergang vom *Raum des Weges* zum *Raum der Ruhe* zu Stein geworden (Abb. 103). Sie wurde in der zweiten Hälfte des 13. Jahrhunderts begonnen und etwa 100 Jahre später erweitert durch den Hallenchor (Abb. 104). Die «Zeitenwende» ist in dem Grundriß gut zu erkennen. Die Außenansicht (Abb. 105) zeigt in den Dachformen noch deutlicher die Wendung: links neben den Türmen der alte Stil einer dreischiffigen Basilika. Auf der linken Seite anschließend der riesig erscheinende Dachstuhl des später erbauten «Versammlungssaales» der Gemeinde: der Hallenchor.

Abb. 101
Querschnitt durch eine dreischiffige Kathedrale des 14. Jh.

Abb. 102
Querschnitt durch eine Hallenkirche des 15. Jh.

Abb. 103
St. Sebald, Nürnberg, Hallenchor, erbaut 1361–1379

↓
Abb. 105
St. Sebald, Nürnberg, von Nordwesten. Deckfarbenmalerei von 1577

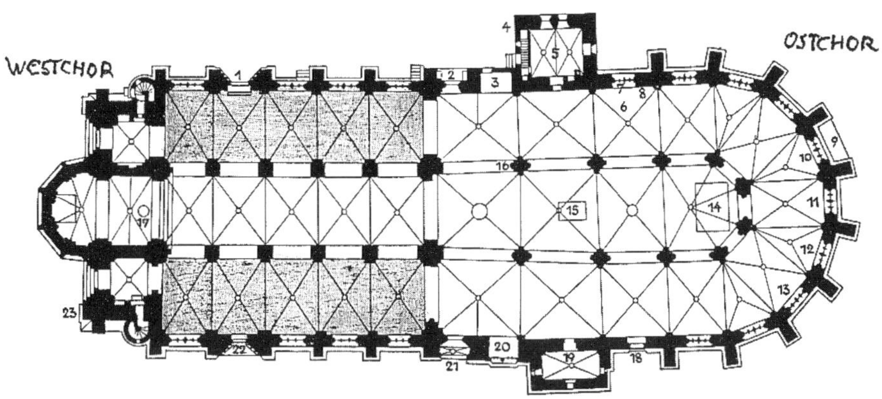

Abb. 104
St. Sebald, Nürnberg, Grundriß.
Die grau gezeichneten Seitenschiffe sind niedriger als das Mittelschiff, welches die gleiche Höhe hat wie die Halle des Ostchores

Man kann an solchen unscheinbaren Stilmerkmalen manches ablesen, was aus dem damaligen Lebensgefühl der Menschen entsprungen ist – woran man heute vielleicht achtlos vorübergeht. Was bedeutet schon die Form, die Schwere oder die Anziehungskraft der Erde für uns? Und doch sind es Grundelemente unserer Welt, ohne die unser Dasein ganz gewiß sehr anders aussehen würde. Sie spielen in unser Leben herein, tragen es, verändern es womöglich – und doch kommt es uns selten oder nie zum Bewußtsein.

So ist es auch mit der Substanz der Erde, rein stofflich gesehen, auf der wir stehen, die uns überall in allen Gegenständen umgibt. Je dichter dieser irdische Stoff ist, desto fester ist die Abgrenzung seiner Form. Im wässerigen Zustand ist das nicht gegeben; da verschwimmen die Formen oder verändern zumindest ihre Grenzen leichter, wie zum Beispiel beim knetbaren Ton. Das Kind kann erst geboren werden, wenn es sich gegen seine mütterliche, schützende Hülle abgrenzen kann und seine Knochen fest genug sind, um den eigenen Leib stützen und tragen zu können. Dadurch wird er schwer. Die *abgegrenzte Form* des Menschen ist eine äußere Grundlage seines Ich-Gefühls.

Dieses schlägt sich im Porträt nieder, das sein Gegenüber, den Betrachter des Bildnisses, mit der Frage anspricht: Wer bin ich eigentlich – und wer bist du? Wie eng dieser Zusammenhang zwischen der Schwere, der Form und dem Menschen ist, beschreibt Rudolf Steiner in einem Vortrag, der vom Verhältnis zwischen Sonne, Mond und ihrem Einfluß auf Erde und Mensch handelt, das weit über das hinausgeht, was hier berichtet werden kann. Es soll aber das, was unmittelbar unsere Fragen betrifft, hier wiedergegeben werden[16]: «Wenn man untersucht, was schwer ist, dasjenige, was mit alldem zusammenhängt, wodurch wir eine gewisse Schwere haben, wenn wir uns auf die Waagschale stellen, so ist das nicht bloß eine Gravitation, die Newton beschrieben hat, sondern das ist zu gleicher Zeit alles dasjenige, was wir als hereinspielend erleben in unser moralisches Leben … Wir Menschen hätten etwas ganz Bestimmtes nicht, wenn wir nicht unter dem Einfluß dieser selbständig werden wollenden Erdenkräfte lebten: Wir hätten das Selbständigkeitsgefühl nicht. Könnten Sie, ohne durch die Erdenschwere niedergezogen zu werden, mit den Elementen sausen, Sie kämen nie zur Selbständigkeit. Nur dadurch, daß Sie stets von der Erde angezogen werden – wenn ich diesen Ausdruck gebrauchen darf, aber als den Ausdruck einer Tatsache, nicht einer Theorie –, dadurch entwickelt sich die Selbständigkeit.»

Warum zeigen die meisten Porträts aus dem 15./16. Jahrhundert diesen ergreifenden Ernst in ihrem Antlitz? Er ist Ausdruck des Gefühls der Eigenverantwortung, das mit dem Bewußtsein der Selbständigkeit im Menschen der Neuzeit aufsteigt. In der Selbständigkeit ruht der Keim der Freiheit, und in der Freiheit lebt die Entscheidung für das, was man tut, und darin liegt die Verantwortung für den guten oder bösen Willen in unseren Handlungen. So greifen Schwere – Selbständigkeit – Eigenwille – Moral ineinander, wie es Rudolf Steiner andeutet.

Es sind kosmische Einwirkungen auf die Erde, die Rudolf Steiner hier nennt. Solche gehen nicht nur von den Planeten aus, sondern auch von den Fixsternen des Tierkreises. In alten Zeiten waren sie schon als Quellen geistiger Kräfte bekannt, die aus den Geistwesen der Hierarchien entspringen. Je stärker die Menschen ihre Aufmerksamkeit ausschließlich der Erde zuwandten, desto mehr verdunkelte sich der Blick zu den Sternen und ihren Wesenheiten. Heute ist er durch Rudolf Steiner neu geweckt worden, ohne sich in mystische Räume zu verlieren.

Folgt man dem Lauf des «Platonischen Weltenjahres», nach dem die Sternbilder des Tierkreises in zwölf gleiche Abschnitte gegliedert sind, so beginnt im Jahr 1413 die «Fische-Zeit», in der der Frühlingspunkt der Sonne das Zentrum des Sternbildes der Fische erreicht, die gewissermaßen ihre Kräfte der Erde zuwenden. Die «Fische» wiederum haben eine besondere Beziehung zu den Füßen des Menschen. Deshalb sind sie in den Jahreskalendern des Mittelalters nicht nur den einzelnen Monaten, sondern oft auch den Füßen des Menschen zugewiesen (Abb. 106). Wir sind also wieder bei einer sehr realen Beziehung des Menschen zur Erde angelangt! Dabei werden auch die Hände als die auf der Erde Rührigen und Tätigen miteinbezogen.

Diese Einwirkungen des Kosmos müssen den Menschen in keine Abhängigkeiten zwingen, die unseren Beobachtungen zur Entwicklung der Handlungsfreiheit widersprechen. Denn das Wetter hat zum Beispiel auch heute noch eine oft unberechenbare Laune, wenn ich mit dem Fahrrad fortfahren will und es gerade jetzt zu regnen beginnt. Aber es bleibt meiner Freiheit überlassen, entweder in die Nässe aufzubrechen oder zu Hause im Trockenen zu bleiben. Wesentlich stärker werden die Einflüsse von Tag und Nacht oder Sommer und Winter – und jeder weiß, wie stark die Seele in ihrem Wechsel mitschwingt und davon betroffen ist. Wie sollte der Mensch nicht auch von den geistigen Kräften des Kosmos und ihren göttlichen Wesen berührt und angesprochen werden?

Abb. 106
Tierkreiszeichen-Mann, aus «Teutscher Kalender» 1498, gedruckt von Johann Scheffler, Ulm

Der Blick auf die Erde

Kunst und Handwerk in Nürnberg

In Nürnberg waren diese erwachenden «Erdenkräfte» besonders frisch und regsam. Wir haben das bereits an den Bauformen abgelesen, die den inneren Blick des Menschen auf die Erde gewiesen haben. Nürnberg gewann im 14. und 15. Jahrhundert mehr und mehr Ansehen durch das Aufblühen seiner Wirtschaft, das auf den Leistungen der Handwerker und Kaufleute beruhte. Letztere kannten die Straßen von Venedig bis Lübeck und von Flandern bis Polen und bildeten den Wohlstand der Patrizier. Denn kluger Umgang mit Geld war eine der wichtigsten Grundlagen für die Machtstellung, die die Patrizier im Rat der Stadt Nürnberg ausübten. Die Handwer-

Abb. 107 Betende Maria, Albrecht Dürer, 1518

Abb. 108 Akelei, Albrecht Dürer, Aquarell, 1502

Abb. 109 Eichhörnchen, Albrecht Dürer, Deckfarbenmalerei, 1512

Abb. 110
Michaels Kampf mit dem Drachen,
Albrecht Dürer, Holzschnitt, 1498
(Apokalypse)

ker hatten keinen Anteil daran. Sie gaben sich den Stoffen der Erde hin und verwandelten sie zu kunstvollen Gegenständen, die weit im Umkreis bekannt und geschätzt waren: «Nürnberger Tand geht durch alle Land» – so sagte ein altes Sprichwort. Reichtum und geschickte Handhabe des Werkzeuges sind beide auf die Hinwendung zur Erde zurückzuführen. Das Handwerk wurde stark vom Künstlerischen getragen. Das Künstlerische aber führt immer über das rein Nützliche hinaus und bezieht ein Übersinnliches mit ein oder empfängt von ihm den Antrieb, tätig zu sein.

Als den hervorragensten Vertreter solcher Kunst kann man *Albrecht Dürer* nennen (1471–1528), dessen Schaffen einerseits ganz in der inneren Haltung der Andacht dem Göttlichen gegenüberstand, dessen Blick jedoch gleichzeitig die mit Augen wahrnehmbare Welt durch das neu erwachte Bewußtsein der Natur gegenüber erfaßte und in seinen Gemälden und Graphiken meisterhaft darstellte. Sein ganzes Leben war erfüllt von dem niemals ruhenden Bemühen, in aller Bescheidenheit an sich selbst zu arbeiten, und er unternahm es unentwegt, der Darstellung des Menschen, der Sinneswelt und der In-

Abb. 111
Beweinung Christi, Albrecht Dürer, um 1500

nenwelt immer wieder neue Möglichkeiten abzuringen. Dazu kam noch eine reiche gedankliche Tätigkeit: Er verfaßte eine «Unterweisung der Messung» für den Umgang mit «Zirkel und Richtscheit», eine «Befestigungslehre», Berichte über seine Reisen nach den Niederlanden und Italien und vieles andere und schrieb zuletzt als erster deutscher Künstler die vier Bücher über die Proportion (Abb. 112), eine Theorie über die bildende Kunst.[17] So steht ein Mensch vor uns als das unerreichte Vorbild der neuen Zeit, die im Jahr 1413 – kosmisch-astronomisch gesehen – ihren Anfang genommen hat. Die zwei Tafeln der «Vier Apostel» (Abb. 113) sind ein bedeutender Ausdruck dafür. Zusammen mit dem nachfolgenden Vers von Albrecht Dürer zeigen sie die tiefe menschliche Verantwortung, die er in sich trug:

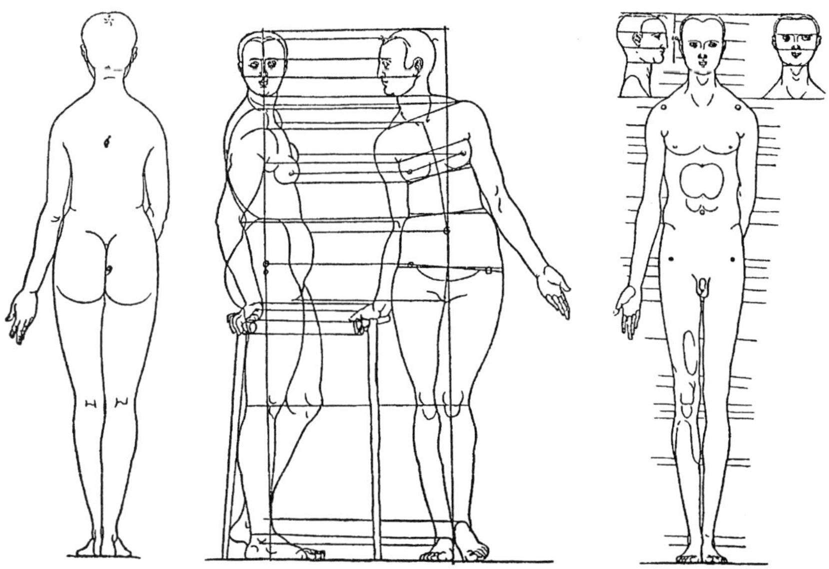

Abb. 112a
Holzschnitte der Proportionslehre, Albrecht Dürer, 1528

Abb. 112b
Holzschnitte der Proportionslehre, Albrecht Dürer, 1528

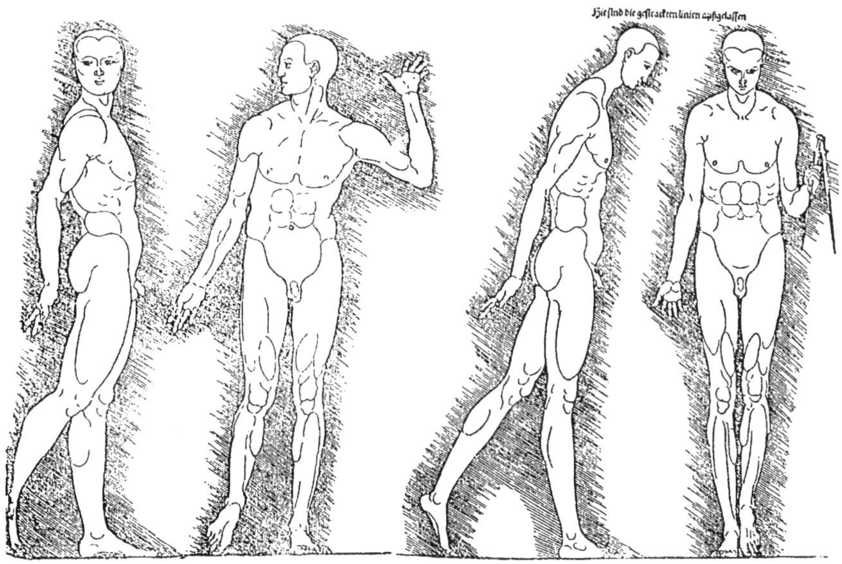

O lebendiger Gottes-Suhn,
Herr Jesus Christus, mit was Thun
Gingst du so duldig mit Demut,
Do du dein Kreuz trugst in deinem Blut!
Durch das bitt ich dich: gib mir Geduld
Wider das Übel, das ich hab verschuldt.

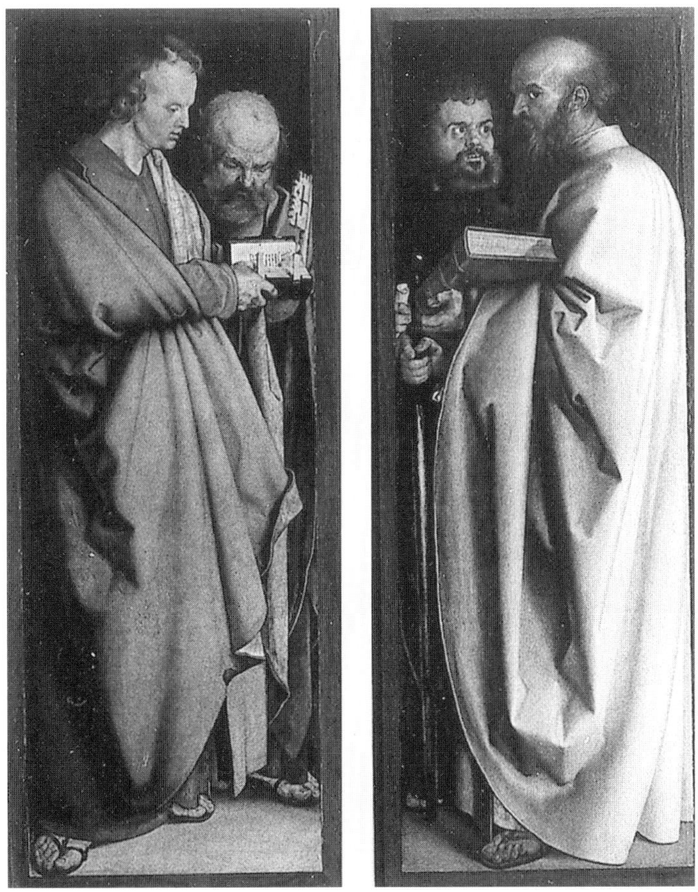

Abb. 113
Vier Apostel (Johannes und Petrus / Paulus und Markus), Albrecht Dürer, 1526

Abb. 114 St. Sebald, Nürnberg, Bildnis Peter Vischers vom Sebaldusgrab, vollendet 1519

Es wäre reizvoll, einen weiteren Umkreis aus Nürnbergs Kunst zu Beginn der Neuzeit in unsere Betrachtungen miteinzubeziehen. Welcher Reichtum der inneren Frömmigkeit und Hingabe an die übersinnliche Welt würde sich offenbaren! Und andererseits der unbestechlich scharfe Blick bis in die unscheinbarsten Erscheinungen der Natur, die mit aller Liebe und Sorgfalt in der Graphik, Malerei und Plastik wiedergegeben wurden.[18] Wollen wir aber den begonnenen Weg fortführen, so können wir nur einzelne Marksteine setzen, um die Richtung nicht zu verlieren, die uns bis hierher geleitet hat. Deshalb werden wir jetzt aus der unerschöpflichen Vielgestaltigkeit des Handwerks nur weniges betrachten, um anzudeuten, wie erfindungsreich und wach sich die Menschen in die Gesetze der Natur vertieften, um aus ihr Nutzen für die Bedürfnisse des Lebens zu ziehen.

Allein das Aufzählen der metallverarbeitenden Handwerke, die einen wichtigen Schwerpunkt in Nürnberg bildeten, ist aufwendig: Es gab Messer- und Klingenschmiede, Zinngießer, Waffen- und Zirkelschmiede, Kupferschmiede, Drahtzieher, Rot-, Gelb- und Messinggießer; «letztere waren samt all ihren Messing verarbeitenden Untergruppen einst das bedeutendste Metallhandwerk Nürnbergs. Die Stadt selbst unterhielt seit dem 16. Jahrhundert eine der vielen Rotschmiedmühlen mit 21 von der Pegnitz getriebenen Rädern und vielen Übersetzungen mit Drechsel-, Schleif- und Polierscheiben für die Feinbearbeitung des Messings. Die gesamte Einrichtung war strenges Geheimnis, der Zutritt jedem Fremden bei Strafe verboten. Aus dieser örtlichen Spezialität entwickelte sich unter anderem der durch die Familie *Peter Vischer* (um 1460–1529) berühmt gewordene Kunstguß, eine Tradition, die durch fünf Jahrhunderte reichte» (Eugen Kusch – Abb. 114). Dazu kommen die Plattner und Harnischmacher, die weit über die Grenzen hinaus ihre Panzer lieferten, die mit größter Genauigkeit körpergerecht gefertigt waren; dazu die Schwertfeger, Geschützgießer und Büchsenmacher zur Herstellung von Geschützen und «Donnerbüchsen».

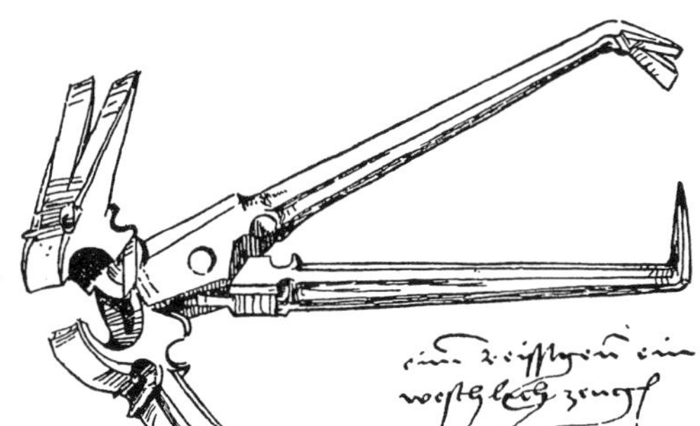

Abb. 115
Kombination von
Hammer, Zange, Greifdorn und Nagelheber.
Aus dem Büchlein des Martin Löffelholz von 1505

Das ist nur eine kleine Auswahl, zu der eine große Zahl anderer Handwerker hinzukommt, Spielwarenhersteller oder die Holz- und Beindrechsler, die Kandelgießer, Schreiner und Gürtler, Alabasterer und Wachsbossierer oder der Posaunen- und Trompetenmacher *Hans Meuschel,* der besondere Berühmtheit erlangte, weil er für verschiedene Fürsten arbeitete und 1520 von Papst Leo X. als Fachberater für das vatikanische Orchester nach Rom berufen wurde. Vermutlich wurden auch der Schraubstock und die Hobelbank in Nürnberg ersonnen, und einen weiteren Schwerpunkt bildete die erste deutsche «Papierfabrik» mit 18 Stampfern in der Hadermühle an der Pegnitz (Abb. 117). Das hatte einen günstigen Einfluß auf den Buchdruck, der mit der ersten Nürnberger Werkstatt im Jahre 1470 durch einen Gesellen von Johann Gutenberg begründet wurde und dann unter der Leitung von *Anton Koberger* weit im Umkreis die größte Bedeutung gewann. In seiner Werkstätte sollen bis zu 100 Gesellen täglich an 24 Pressen gearbeitet haben, was für die damalige Zeit aufsehenerregend war. Die Gehilfen druckten nicht nur, sondern erstellten das ganze Buch vom Setzen der Lettern bis zum Einband, verpackten es schließlich in Ballen und verschickten diese in die eigenen Niederlagen in Paris, Lyon, Toulouse, Venedig und Mailand, in Krakau, Lemberg, Lübeck und in anderen Städten. Nürnberg hat auf diese Weise entscheidend dazu beigetragen, die heute noch grundlegende Idee über die damalige Kulturwelt zu verbreiten, wie man durch punktuelle Gebilde – gleich den Lettern der Schrift – unendlich viele Bilder zusammensetzen kann.

Eine bedeutende Erfindung der Feinmechanik war die Taschenuhr, die auf *Peter Henlein* zurückgeht (Abb. 118[19]). Bisher waren die Uhren an einen festen Ort gebunden. Die Sonnenuhren wurden allmählich von den mechanischen Räderuhren abgelöst; die ersteren banden die Zeit an den Stand der Sonne, die letzteren durch ihren Gewichtsantrieb vermittels der Schwere an den Mittelpunkt der Erde. Diese Räderuhren mit ablaufendem Gewicht kamen erst im 13. Jahrhundert auf; das «Männlein-

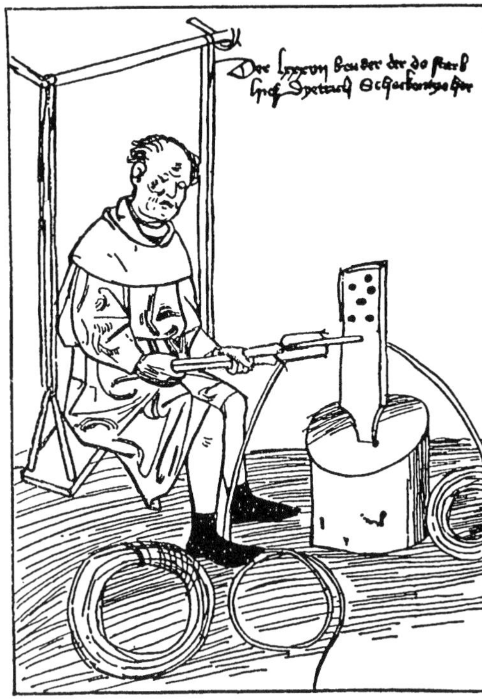

Abb. 116 Bild eines Drahtziehers auf der Schaukel. Aus dem Hausbuch der Mendelschen Zwölfbrüder-Stiftung

Abb. 117 Die Hadermühle an der Pegnitz – erste deutsche Papiermühle Ulman Stromers. Aus der Schedelschen Weltchronik 1493

Abb. 118
Älteste Taschenuhr, der Inschrift nach 1510 von Peter Henleins eigener Hand gefertigt

laufen» an der Nürnberger Frauenkirche rechnet man zu den ältesten Werken (entstanden nach 1350, im Jahr 1509 mit den kunstvollen beweglichen Figuren ausgestattet, Abb. 119). Dann wurde die Abhängigkeit von Sonne und Erde überwunden durch die Taschenuhr, die in jeder Lage getragen werden konnte und zu jeder Tageszeit die Stunde angab (Minutenzeiger kamen erst Ende des 17. Jahrhunderts auf). Sie ist eine Art Sinnbild für die Freiheit des Menschen, der sich immer mehr von den natürlichen Bindungen an den Kosmos löste.

In diesen Zusammenhang gehört auch das bewegte Leben des Seefahrers *Martin Behaim* (1459–1507), der in Nürnberg das Licht der Welt erblickte und während eines Aufenthaltes in seiner Heimatstadt im Jahre 1492 den ältesten erhaltenen Globus konstruierte (Abb. 120) – im selben Jahre also, in dem *Christoph Columbus* seine Seefahrt nach dem unbekannten Westen jenseits des Ozeans unternahm und zuerst in Haiti landete.

Es mag vielleicht ungewohnt klingen: Die architektonischen Stilelemente des 15./16. Jahrhunderts lösen sich von dem Kräfteverhältnis zwischen Oben und Unten und verweisen auf das Erleben der *Waagrechten,* die in die Weite des *Erdenumkreises* ausgerichtet ist. Genauso erlebt der Mensch unbewußt die *Erdoberfläche* durch die Taschenuhr und den Globus; er umgreift, bildlich gesprochen, die Erdoberfläche,

Abb. 119
Das «Männleinlaufen», Kunstuhr an der Frauenkirche, Nürnberg, nach 1350

auf der er sich befindet, als seine Heimat. Es ist nicht Columbus allein, der dem unwiderstehlichen Drang seines Schicksals nachfolgte; denn viele wagemutige Europäer vernahmen den inneren Ruf, die Erde als Kugelgestalt zu entdecken, bis zu dem Spanier *Magellan,* dessen Schiff von 1519 bis 1522 den ganzen Erdball umsegelte.

Im Jahr 1413 begann, ideell gesehen, die «Fische-Zeit», die in den Willenskräften lebt und das Bewußtsein des Menschen auf die Erde lenkt. Es entwickelte sich daraus die *Erdenintelligenz,* die den Blick auch zum Kosmos wendete und zu der Überzeugung führte, daß sich die Erde als Kugel um die Sonne bewegt. *Nikolaus Kopernikus* (1473–1543) hat diese seine Überzeugung kurz vor dem Tode in seinem Hauptwerk über die «Umdrehungen der Himmelskörper» niedergelegt. Das Werk erschien als Druck in Nürnberg mit einem Vorwort aus anderer Hand, in dem die feste Überzeugung des Kopernikus mehr als spielerische Hypothese dargestellt wurde. Im Jahre 1616 wurde es dann auf den Index gesetzt und leitete damit den eigentlichen Kampf um die neue Weltanschauung ein.

So kreuzten sich damals in Nürnberg viele Fäden und verspannen sich zu einem schicksalhaften Geflecht, das gute Grundlagen für die Zukunft bot, aber auch manche schwere Aufgaben stellte, denen Nürnberg in den folgenden Jahrhunderten nicht gewachsen war. Denn der Blick auf die Erde ist faszinierend und ihre materielle Anziehungskraft groß.

Abb. 120
Der älteste Erdglobus von Martin Behaim, Nürnberg, 1491/92

Der Weg, den wir verfolgt haben, hat sich geteilt. Zuerst hat er zur «Andacht» geführt, zuletzt zur Erde – in der Hoffnung, daß sich beide zusammenfinden werden. Es kann gar nicht anders sein: In dem Augenblick, wo ein Innenraum entsteht, muß er sich von einem Außenraum abgrenzen. Es kommt darauf an, zu sehen, daß es nicht nur Gegensätze sind, sondern daß eins durch das andere bedingt ist und jedes dem anderen seine Eigenheit verdankt. Durch diese Erkenntnis wird es möglich, das Äußere in dem Inneren, das Innere in dem Äußeren zu finden; eine neue Einheit entsteht.

Erkenne dich selbst,
Und du findest die Geheimnisse der Welt.
Beschaue die Welt,
Und du findest die Geheimnisse des Selbst.
Rudolf Steiner

Die Wahrnehmung des Schattens

Nachdem der Weg, der zur Selbständigkeit des Menschen führt, unseren Blick auf die Erde gelenkt hat und wir erfahren haben, wie die mit ihr verbundenen Tätigkeiten dazu einen wesentlichen Beitrag leisten und wie selbst die Formen der Architektur das Wirken der Erdenschwere zum Ausdruck bringen (s. S. 54f.), wird es uns nicht wundern, daß auch noch weitere Elemente unseres Daseins diese Entwicklung unterstützen.

Wohl selten wird man sich bewußt, wie stark die Dunkelheit in das alltägliche Leben eingreift und es beeinflußt; denn die Dunkelheit, die durch den Gang der Gestirne und ihr Verhältnis zur Erde hervorgerufen wird, ist längst durch künstliche Beleuchtung überwunden worden. Wo erleben wir heute noch die Dunkelheit der Nacht? Wo wir auch sind, leuchten Lampen, weil «Dunkelheit» unserer Kultur nur hinderlich erscheint. Dadurch droht der Rhythmus von Tag und Nacht immer mehr verlorenzugehen. Dieser Verlust bedeutet für uns das Verkümmern einer der wichtigsten Lebensgrundlagen; denn wir werden aufgefordert, fortwährend wach zu sein. Im Wach-Sein können wir alle Gegenstände erkennen und begrifflich benennen. In der Dunkelheit werden sie unkenntlich, sie verschwimmen, lösen sich in großflächige, sehr oft unbestimmbare Gestaltungen auf – wir tauchen in eine ganz andere Welt ein. Wir werden heute ängstlich, wenn wir in solche «Begriffslosigkeit» versinken sollen – wir sind beruhigt, wenn alles ringsum erhellt ist.

Durch die Wachheit in der irdischen Welt ist uns aber das Bewußtsein für die geistige Welt mit ihren göttlichen Wesen immer mehr verlorengegangen. Was wir heute so erleben, hat seine Wurzeln im Beginn des 15. Jahrhunderts, in dieser Zeit, die schon von verschiedenen Seiten unsere Aufmerksamkeit auf sich gelenkt hat.

Abb. 121
Jane Seymour, Gemahlin Heinrichs VIII. von England, Hans Holbein d. J., 1536

Wie aus einem tiefen Schlaf erwachte die Menschheit der beginnenden Neuzeit und gab sich mit der größten Begeisterung der sinnlichen Wahrnehmung einer irdischen Welt hin, die ihr der äußeren Erscheinung nach bisher noch fern war. Die Porträts, die sie hervorgebracht hat, steigen aus der Dunkelheit ans Licht; hinter der unbestechlichen Genauigkeit der äußeren Erscheinung verbirgt sich das tiefere Wesen des Menschen (Abb. 121), oder er bildet den Vordergrund einer Landschaft, die den Blick des Betrachters in die Weite eines irdischen Himmels lenkt, der den beseelt wirkenden Goldhintergrund des Mittelalters überwunden und abgelegt hat (Abb. 122). In die äußere Formung des Porträts aber prägt sich der Charakter der Persönlichkeit ein – mag sie auch noch so naturalistisch wiedergegeben sein. Nochmals sei an den Menschen als individuelles Wesen erinnert, das im Porträt seinen Ausdruck als geistiges Ich findet (s. S. 21). In der Form seines physischen Leibes nimmt das Ich äußere Gestalt an, so wie jede Gestaltbildung unserer Erde eine mehr oder minder nach außen abgegrenzte Form bildet.

Abb. 122
Bildnis eines jungen Mannes (Albrecht Dürer?), Anton Neubauer (?), 16./17. Jh.

Diese Formbildung wird im Tageslicht wesentlich gesteigert durch ihren Schatten, wenn es sich um eine dreidimensionale Form handelt. Eine Plastik, die von allen Seiten gleichmäßig beleuchtet wird, verliert durch den fehlenden Schatten ihren Ausdruck und vermag dem betrachtenden Auge nichts auszusagen. Und wie wird ihr Ausdruck erst gesteigert durch wechselndes Sonnenlicht im Wandel der Tageszeiten oder des Wetters! So wird die Plastik den Raum mitgestalten, in dem sie sich befindet.

Denkt man sich eine runde plastische Form auf die Maße unseres Erdballs vergrößert, so würde sich ihr Schatten zu dem erweitern, was wir als «Nacht» bezeichnen. Denn die Nacht ist nichts anderes als die «Schattenseite» unserer Erde. Umgekehrt aber können wir sagen: Jeder Schatten eines festen Ge-

Abb. 123
Körperschatten und Schlagschatten

genstandes auf unserem Planeten ist ein zusammengezogener Nachtzustand, der unlösbar mit jenem verbunden ist. Je heller der Tag, desto klarer der Schatten!

Diese Wahrnehmung trifft auch für die Bewußtseinswandlung zu, die wir verfolgen. Mit der wachen Blickrichtung zur Erde und der Entdeckung ihrer unendlichen Vielgestaltigkeit regt sich gleichzeitig wie eine Art Gegenpol die Erfahrung des Schattens, der die Gegenstände als *Körperschatten* deutlicher vollplastisch heraushebt und sie durch den *Schlagschatten* fest in den umgebenden Raum einbindet (Abb. 123). In der Malerei kann man dieses Erwachen für die Dunkelheit des Schattens gut verfolgen. «Vom Geistigen aus gesehen führt der Weg nach unten, ins *Dunkle,* aus der Lichtheimat heraus; im Hinblick auf die zu gewinnende Sinneswelt aber führt er ins *Lichte,* ins helle Erden-, Tages- und Gegenstandsbewußtsein.»[20]

Abb. 124
Ernte, ägyptisches Fresko, 19. Dyn. (1345–1200)

Abb. 125
Die blauen Hofdamen,
Knossos (Kreta),
Anfang des 16. Jh. v. Chr.

Zwei Beispiele mögen zeigen, wie den frühen Kulturen der Schatten noch fremd war (Abb. 124, 125). Obwohl dunkle Farben schon im alten Ägypten längst bekannt waren, wobei auch das Schwarz nicht fehlte, wurde keine dieser Farben als *Schattenfarbe* etwa für Gewandfalten auf einer der zahlreichen Fresken verwendet. Erst in Griechenland erwachte das Bewußtsein für den Schatten, als sich die alles erschütternde Wandlung im tiefsten Innern der Menschen vollzog (s. S. 19), die im Umbruch vom strahlenden «archaischen Lächeln» zum erhabenen Ernst in dem nach unten geneigten Antlitz der Plastiken seinen Ausdruck fand. Aus dieser Zeit stammt das pompejanische Wandbild der «Aldobrandinischen Hochzeit» vom Ende des 1. Jahrhunderts (?), das als getreue Nachahmung eines großen griechischen Vorbildes aus dem 4. Jahrhundert gilt (Abb. 126). Mit genialen, eher linienhaften Strichen sind die Körper und Gewänder in dunklen Farben

Abb. 126
Aus der Aldobrandinischen Hochzeit, römisches Wandbild aus Pompeji, Ende 1. Jh. v. Chr. (?)

Abb. 127
Erzengel Michael, Hildesheimer Arbeit, 1159

Abb. 128
Kreuzabnahme, Niedersachsen, Anfang des 13. Jh.

schattiert, wirken dadurch plastisch und nehmen hiermit einen erstaunlich wirklichkeitsnahen Ausdruck an. Die Schlagschatten treten dagegen weitgehend zurück; sie sind höchstens angedeutet und verfließen in dem milden Licht des umgebenden Raumes.

Im Raum diesseits der Alpen blieb der Schatten in der Malerei noch viele Jahrhunderte lang unbekannt; er wurde nicht von den südlichen Ländern heraufgetragen, so, wie ja auch die Plastik im Norden einen ganz anderen Ansatz suchte. Die frühen christlichen Miniaturen, die in den Klöstern entstanden, waren trotz ihrer Farbigkeit mehr durch die Schrift geprägt, die sich der Linie bedient. Die Farben erfüllten die Flächen der Formen, die durch die Linien gestaltet waren. Die Farben folgten gleichsam dem Umriß der Formen. Lineare, bewegte Gewänder zeugen von der seelischen Erregung der dargestellten Ereignisse, wie wir das schon früher bei den Anbetungsszenen wahrnehmen konnten.

Abb. 129
Die Anbetung der Hl. Drei Könige, Evangeliar Kaiser Otto III., um 1000

Abb. 130
Darbringung im Tempel, Köln, um 1320

Sie lebten sich noch in der zweidimensionalen Fläche aus (Abb. 127–129). Daran arbeiteten dann schon oft die Farben durch hellere oder dunklere Töne mit – erste Andeutungen plastischer Ausgestaltung, die dann im 14. Jahrhundert die Umrißlinie durch die Farbe völlig überwand. So entstanden die farbenprächtigen Bilder, die sich durch ihr starkes, farbiges Hell-Dunkel schon weit in die Illusion des Räumlich-Körperhaften vorwagten (Abb. 130). Aber das eigentlich «Schattenhafte», in dem die Farbe in

Abb. 131
Erschaffung der Tiere, Petrialtar, Meister Bertram, 1379–1383

Abb. 132
Verkündigung an Maria, Petrialtar, Meister Bertram, 1379–1383

die grauschwarze Tönung verblaßt, ist nicht vorhanden – alles ist aus der Farbe gestaltet, auch die klare Schattengebung bei *Meister Bertram,* der für die Gestaltung der Tiere einen sehr realen Blick zeigt (Abb. 131). Die einzelnen Gegenstände bei seiner «Verkündigung» geben den Schatten naturgetreu wieder, und die spiralige Einrollung des Sprechbandes oder die Buchseite, die Maria eben umblättern will, sind erstaunlich plastisch herausgearbeitet (Abb. 132), jedoch nur in einer bräunlichen Farbe. Der Schlagschatten, der alle Gegenstände in den Raum hineinstellt und sie mit der Erde verbindet, fehlt auf seinen Bildern. Der Goldhintergrund, der alle Bilder seines Grabower Altars «trägt», läßt erkennen, daß Meister Bertram in zwei verschiedenen Welten lebte: einerseits in der Wirklichkeit der handfesten Dinge, die ihn umgaben – andererseits in einer geistigen Welt, die sich in der Gestalt des Vatergottes im Gold des Himmels offenbarte und die Taube des Heiligen Geistes zu Maria entließ, gefolgt von dem nackten Kindlein mit dem Kreuz über der Schulter (Abb. 132).

Abb. 133
Die Folgen der guten Regierung, Fresko, Ambrogio Lorenzetti, 1337–1340

Wie sanft die Schar der Reiter über dem Erdboden fast zu schweben scheint, wenn der Schlagschatten fehlt, zeigt die Abbildung 133. Noch deutlicher wird das an den drei Königen (Abb. 129), die den Erdboden nicht erreichen, auf dem die Säulen stehen, zumal hier die Könige sich vor die Säulen drängen, die nach unseren Gesetzen der Perspektive nicht «richtig» gezeichnet sind. Der Schlagschatten, der da ansetzt, wo Füße und Erdboden sich berühren, würde das Bild von Grund auf verändern – allerdings nicht im Sinne dieser alten Sicht- und Malweise.

Ein köstliches Bild bietet der Joseph aus einer Geburtstafel Jesu, der dabei ist, eine Mahlzeit über dem Feuer zu bereiten (Abb. 134). Die plastische Farbgebung der Gestalt ist vollkommen; weil aber die Schlagschatten fehlen, scheint alles zu schweben – da hilft auch nicht die Dunkelheit unter dem Schemel, die sinngemäß «richtig» die vom Licht abgewendete Seite charakterisiert.

Abb. 134
Joseph aus der Geburt Christi, Wildunger Altar, Konrad von Soest, um 1404

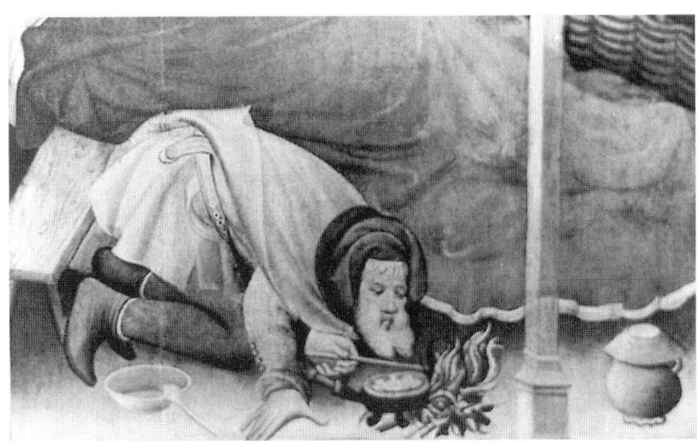

Abb. 135 Christus am Ölberg,
Meister des Zyklus von Vyšší Brod, gegen 1350

Die nächsten zwei Tafelbilder (Abb. 135, 136) liegen zeitlich kaum 100 Jahre auseinander; ihr Gegensatz zeigt den Aufbruch in ein neues Zeitalter. Das erste ist aus dem alten Zeitenstrom heraus gestaltet: der Goldhintergrund mit der Erscheinung des Engels, davor symbolhaft gemalte Bäume und Felsen, dazwischen die Menschen in der gotischen Art farbig durchseelt – nur die Vögel in den Bäumen sind dem Vorbild der Natur abgelauscht und lassen eine neue Zeit ahnen.

Dagegen wirkt die zweite Tafel von der «Befreiung Petri» (Abb. 136) äußerst realistisch. In allen Einzelheiten wird dieser Eindruck durch eine vollkommene Schattierung hervorgerufen, bei der auch die Engel keine Ausnahme bilden. Würden ihre Flügel fehlen, so wären es eben junge Frauen, die sich durch nichts von den Menschen ihrer Umgebung unterscheiden. Trotz der vielgestaltigen Komposition der Gebäude und Menschen ist der Sonnen-

Abb. 136
Befreiung Petri aus dem Gefängnis,
Genfer Petrusaltar, Konrad Witz,
1444 datiert

Abb. 137
Sabothai und Benaja, aus dem Basler Heilspiegelaltar, Konrad Witz, um 1435

stand und der dadurch bedingte Schatten folgerichtig eingehalten worden, ja, man hat den Eindruck, daß diese Gliederung absichtlich gewählt wurde, um alle Möglichkeiten der Schattenbildung ausschöpfen zu können. Und noch eines: die Dunkelheit der Schatten ist nicht nur aus der Farbigkeit gemalt, sondern in das Grau-Schwarz hinübergezogen, wodurch eine mehr irdisch-materielle Wirkung erzielt wird: alles spielt sich hier in dieser Welt unter uns ab, obwohl Meister Konrad Witz (* etwa 1400, † zwischen 1444 und 1446) wiederholt noch den Goldhintergrund verwendete.

Abb. 138
Ausschnitt aus Abb. 137

Abb. 139
Die Anbetung der Könige,
Genfer Petrusaltar,
Konrad Witz, 1444 datiert

Abb. 140
Ausschnitt aus Abb. 139

Abb. 141
Ausschnitt aus der Verkündigung an Maria, Abb. 169,
Konrad Witz

Konrad Witz war ein Bahnbrecher seiner Zeit in bezug auf die realistische Erfassung unserer gegenständlichen Welt durch Einbeziehung der Körper- und Schlagschatten, die sich in den ersten Jahrzehnten des 15. Jahrhunderts auch durch die allmähliche *Einführung des Schwarzen* in die Schattierung äußerte. Die beiden Ritter Sabothai und Benaja sprechen darüber eine eindeutige Sprache, die durch die glänzenden Rüstungen noch verstärkt wird (Abb. 137, 138). In der «Anbetung der Könige» fesseln uns wiederum die Gebäudeteile mit ihren Schlagschatten; durch Fenster und Tür schaut als ein merkwürdiger Gegensatz der goldene Hintergrund hindurch, während dazwischen der abbröckelnde Putz der Hauswand ein wahres Meisterwerk darstellt (Abb. 139, 140). Ein solches ist auch der Ausschnitt der «Verkündigung», der zeigt, mit welch unbestechlichem Auge Konrad Witz die Welt der unscheinbarsten Dinge angeschaut und dargestellt hat (Abb. 141). Allmählich ist das, was er leistete, zum Allgemeingut seiner Zeit geworden und gab, von dieser Seite aus gesehen, der Malerei ein neues Gesicht.

Abb. 142
Johannes der Täufer, Johannes der Evangelist, St. Sebastian und St. Antonius, Holzschnitt, süddeutscher Meister, um 1430

Abb. 143
Initiale «L» aus: La remembrance du movais riche, Holzschnitt, Lyon, um 1490

Abb. 144
Totentanz, Holzschnitt aus dem «Liber Cronicarum» von Hartmann Schedel, 1493

Abb. 145
Die Geburt Christi, Kupferstich, Martin Schongauer

Gleichzeitig mit dem Aufkommen des Schattens in der Malerei entfaltete sich die graphische Kunst des Holzschnittes, des Kupferstichs und des Buchdrucks. Es sind das Künste, die auf der Grundlage der Linie fußen und sich im 15. Jahrhundert zu einer reichen Vielfalt von Techniken weiterentwickelten. Die Dunkelheit, die letztlich im Schwarzen Gestalt angenommen hat, verband sie miteinander, die Malerei eingeschlossen. Die Darstellung der «Vier Heiligen» ist ein charakteristischer Holzschnitt aus der Zeit um 1430, ganz aus der Linie heraus gearbeitet (Abb. 142), ebenso wie der «Totentanz» von *Michael Wohlgemut* aus der «Schedelschen Weltchronik» von 1493 (Abb. 144). Mit *Martin Schongauer* (1430–1491) erreichte die Kupferstichkunst einen ersten Höhepunkt, indem man nun auch zur flächigen Gestaltung fortgeschritten war (Abb. 145).

Wie sich das Erlebnis der Dunkelheit um die Wende zum 15. Jahrhundert im Innern des Menschen regte im Zusammenhang mit dem Blick auf die Erde und was sich weiter daraus entwickelte, soll das nächste Kapitel näher beleuchten.

Die Intelligenz und das Erwachen des Willens

Ein Kapitel Menschenkunde

Helligkeit und Dunkelheit werden von unseren Augen anders wahrgenommen als von einem Maßstab. Wenn wir zum Beispiel eine weiße und eine schwarze gleich groß gemessene Scheibe auf gegensätzlich getöntem Untergrund betrachten (Abb. 146), so wird sich zeigen, daß uns die weiße Scheibe auf schwarzem Grund größer erscheint als die schwarze, obwohl beide genau die gleichen Maße haben. Wem sollen wir glauben? Hat mein Auge auch ein Recht darauf, richtig gesehen zu haben, wenn jeder andere Mensch das genauso sieht wie ich? Gibt man dem Maßstab recht und weist man das Urteil des Auges als Täuschung ab, so zeigt man dadurch an, daß man in einer materiellen oberflächlichen Welt lebt, in der das beseelte, tiefer dringende Auge des Menschen keine Gültigkeit hat. Denn Helligkeit und Dunkelheit haben, vom Auge wahrgenommen, Eigenschaften, die ebenso objektiv sind wie der Maßstab in der materiellen Welt der Gegenstände.

Das Helle scheint sich auszudehnen, das Dunkle möchte sich zusammenziehen, es wird enger, will sich verdichten, verfestigen, wird schließlich zur stofflichen Substanz, während sich das Helle, wenn man seine Eigenart weiter wirken ließe, sich zuletzt verflüchtigt, sich auflöst. Rudolf Steiner führt dieses Leicht- und Licht-Werden in einen Zusammenhang mit dem Denken:

«Genau gesprochen müßte man sagen: Der Mensch hat am äußeren Lichte ein gewisses Erlebnis. Dasselbe Erlebnis, das der Mensch durch die sinnliche Anschauung des Lichtes in der äußeren Welt hat, hat er gegenüber dem Gedankenelemente des Hauptes für die Imagination. So daß man sagen

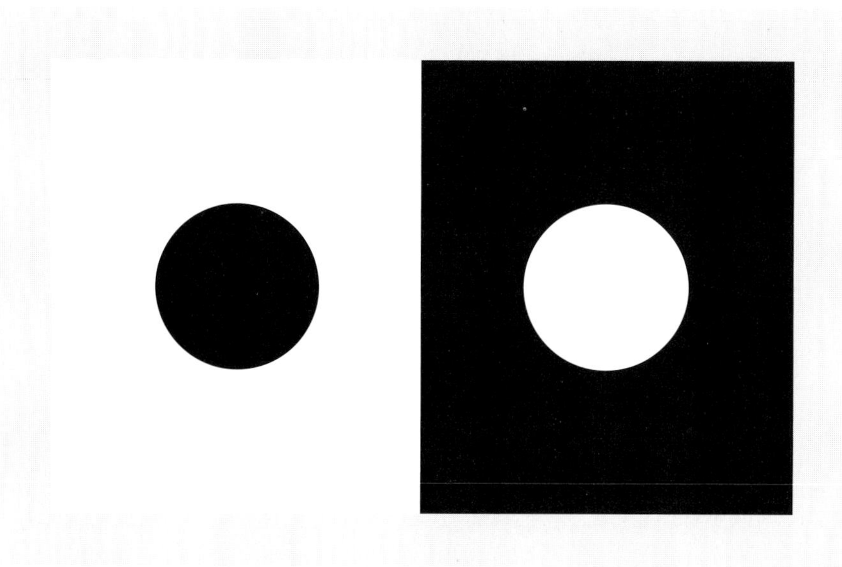

Abb. 146
Weiße und schwarze Scheibe

kann: Das Gedankenelement, objektiv geschaut, wird als Licht geschaut, besser gesagt, als Licht erlebt. – Wir leben, indem wir denkende Menschen sind, im Lichte.»[21] Später geht er auf das Wesenhafte des Willens ein: «Wenn wir den Willen mit der Kraft des Hellsehens betrachten, so wird er immer dicker und dicker, dieser Wille, und er wird Stoff … Innerlich ist der Stoff Wille, wie das Licht innerlich Gedanke ist. Und äußerlich ist der Wille Stoff, wie der Gedanke äußerlich Licht ist.»

Solche Gedanken werden durch unsere eigenen Erlebnisse bestätigt, wenn wir unsere Aufmerksamkeit darauf richten. Davon dürfen wir auch ausgehen, wenn wir zum Beispiel von einer hellen Freude sprechen, die uns erfüllt, oder von tiefem Schmerz, dem die Nuance des Dunklen anhaftet, von einem leichtfertigen Kind oder einer schwermütigen Dame, oder wenn wir von einem lichten Augenblick oder einer schweren Stunde unseres Lebens erzählen: Jeder wird die darin sich aussprechenden Gefühle mit den darin enthaltenen Grundelementen der Helligkeit und Dunkelheit auf seine Weise, aber grundlegend als richtig empfinden.

In den Gedanken kommt das noch deutlicher zum Ausdruck. Denn wenn es mir dämmert, dann endlich ein Licht aufgeht und mir etwas einleuchtet, was der andere sagt, dann ist das Licht im Gedanken unmittelbar angesprochen. Viele solche bildhaften Ausdrücke sind in der deutschen Sprache noch erhalten. Der Wille dagegen verbirgt sich in der Dunkelheit der Seele, kommt als Trieb oder als Antrieb, etwas zu tun, zum Vorschein oder auch nur als Wunsch oder unbewußte Sehnsucht, die zum Handeln drängt. Der Wille, der tätig wird, verändert die Welt, sie nimmt durch ihn neue Gestalt an – gute oder schlechte, je nach den Zielen, die im Willen leben. «Die Welt geht auf in ihrer Stärke, in ihrer Kraft, in ihrer Gewalt, aber auch in ihrer Finsternis. In Finsternis geht sie auf, die zukünftige Welt, im stofflich-willensartigen Elemente», sagt Rudolf Steiner.[21] Dann später, seine Betrachtungen zusammenfassend: «Das Licht ist gedanklicher Natur, die Finsternis ist willensartiger Natur.»

Jetzt haben wir einen wichtigen Untergrund erhalten durch die Gedanken Rudolf Steiners und unsere eigenen Erlebnisse, die wir nun wieder zurückführen zum Beginn des 15. Jahrhunderts: Wir haben gesehen, wie der Mensch immer mehr in die Dunkelheit der Erde eintaucht; ausgedrückt in der Malerei durch den Schlagschatten, der beide, Fuß und Erde, miteinander verbindet; oder wie er den Blick auf die Erde lenkt und diese durch den willenshaften Einsatz seiner Kräfte neu gestaltet; wie er dadurch Selbständigkeit und Eigenverantwortung erlangt, die er braucht, weil sich die geistigen Lehrer und Leiter des Himmels zurückgezogen, das heißt ihren ewig-goldenen Bildhintergrund in den blauen Himmel der sinnlichen Welt verwandelt haben.

Die Eroberung der *dritten Dimension* in der Malerei wird sichtbar durch die Tiefenwirkung von Nähe und Ferne, welche die zweidimensionale Gefühlsebene des goldenen Hintergrundes überwindet und damit die Illusion des Raumes in der konstruierten Perspektive vorbereitet. Das wird der Inhalt des nächsten Kapitels sein. Alle diese Erscheinungen werden unterstützt durch das Einmischen der Dunkelheit in die reinen Farben und das machtvolle Auftreten der Graphik, die nunmehr einen eigenen, von der Malerei unabhängigen Zweig bildet. Das alles sind Äußerungen der neuen Zeit, die aus der *Dunkelheit des Willens* im Innern der Menschenseele aufsteigen und zur Gestaltung drängen – unterstützt und getragen von den Kräften, die gleichsam aus dem Sternbild der Fische der Erde entgegenströmen und auch den Händen zufließen, sie zur Tätigkeit anregen.

Die Denkkräfte sind zuerst in bildhafter, auf das Übersinnliche gerichteter Weise in den östlichen Kulturen früherer Zeiten geschult worden, wie es uns durch die Anbetungshaltung der frühen Plastiken begegnet ist. Seit dem 20. Jahrhundert werden sie durch die technischen Errungenschaften des Computers in bedrohlichem Maße bestimmt und von ihm abhängig. Sind ihre Bezüge zur übersinnlichen Welt schon gänzlich verlorengegangen? Die Gemüts- und Willenskräfte, die zu Beginn des 15. Jahrhunderts aus dem künstlerisch-religiösen Leben hervortraten, müssen der Gegenwart entsprechend verwandelt und neu belebt werden, damit die Intelligenz nicht völlig im Materialismus versinkt. Denn die beängstigenden Folgen sind längst wirksam und von Rudolf Steiner frühzeitig erkannt und sehr eindringlich beschrieben worden: «Und in den nächsten Jahrhunderten und Jahrtausenden wird die Intelligenz etwas anderes, etwas weit weit anderes werden. Sie hat heute schon eine gewisse Anlage, unsere Intelligenz. Wir werden als Menschheit einlaufen in eine Entwicklung der Intelligenz so, daß die Intelligenz wird die Neigung haben, nur das Falsche, den Irrtum, die Täuschung zu begreifen, und auszudenken nur das Böse … Diese Intelligenz war noch in der ägyptisch-chaldäischen Zeit etwas Gutes; diese Intelligenz ist dann dasjenige geworden, was seine Verwandtschaft eingegangen hat mit den Kräften des Todes. Diese Intelligenz wird eine Verwandtschaft eingehen mit den Kräften des Irrtums, der Täuschung und des Bösen.»[22]

Etwa zwei Wochen später bringt Rudolf Steiner denselben Gedanken als grundlegende pädagogische Aufgabe nach Stuttgart, wo kurze Zeit später die erste «Waldorfschule» von ihm eröffnet wurde: «Der Intellekt ist das Geistigste zunächst in uns; wenn wir ihn aber einseitig entwickeln, Gefühl und Wille nicht mit ihm, dann entwickeln wir immer den Hang, materialistisch zu denken. Während in uns selbst der Intellekt das Geistigste ist während des physischen Erdenlebens, hat dieser Intellekt in uns den Drang nach dem Materialismus hin. Wir dürfen namentlich nicht glauben, daß, wenn wir den Intellekt entwickeln, wir auch das Geistige im Menschen entwickeln. So paradox das klingt, so ist es doch wahr: wir entwickeln nur im Menschen die Anlage, das Materielle zu begreifen dadurch, daß wir seinen Intellekt entwickeln. Erst dadurch, daß wir geschmackvoll in ästhetischer Weise sein Gemüt, sein Gefühlsleben entwickeln, erst dadurch weisen wir den Intellekt des Menschen auf das Seelische hin. Und erst dadurch, daß wir Willenserziehung treiben, selbst wenn diese Willenserziehung getrieben wird an äußerer Handfertigkeit, legen wir in den Menschen die Grundlage zum Hinordnen des Intellekts nach dem Geiste.»[23]

Das geht weit über die mit der Hand geleistete Arbeit hinaus. Was in der Seele lebt, das wird durch die Tätigkeit der Hand zur Wirklichkeit – sei es Böses oder Gutes. Durch die Hand kann sich real ausleben, was den Menschen erfüllt; es offenbart sich seine Liebe, sein Haß, seine ganze Seele in der Geste seiner Hände, die zum sichtbaren Ausdruck seiner moralischen Kräfte werden und diese ausfließen lassen in die Welt.

Die Hand

Zu Anfang war die Hand,
sie grub, sie jagte, streichelte und schlug;
sie wühlte wilde Wurzeln aus dem Sand,
sie war die Schale, die dem Munde Wasser trug.
Sie drohte herrisch über See und Land.

Da schlug ein Gottesfunke in ein Menschenhirn,
aus irgendeiner Ferne hergeweht.
Und hinter steilen Falten einer starken Stirn
verwandeln sich die Hände zum Gerät.
Und aus der nackten Hand ward Zug um Zug
Axt, Spaten, Schale, Schwert und Pflug.
Der Hand blieb Eid und Liebe und Gebet.

Thilo Scheller

Konrad Witz hat den beiden Gestalten Joachim und Anna, dessen Frau, an der Goldenen Pforte ein derbes, bäuerliches Aussehen gegeben, das für die damalige Zeit der 1. Hälfte des 15. Jahrhunderts sicher charakteristisch war (Abb. 147). Man sieht es der Hand an, daß sie tatkräftige Arbeit gewohnt ist, auch die Antlitze sprechen solche Sprache. Alle von ihm gemalten Gestalten haben diesen Ausdruck; sie stehen fest auf dem Boden der Wirklichkeit – davon sind auch die Engel und die hinter den Häuptern befindlichen «Heiligenscheine», die eher wie metallene Tafeln wirken, nicht ausgenommen. Aber man nimmt wahr, wie sie zugleich von tiefer Frömmigkeit erfüllt sind. Himmel und Erde verbinden sich

Abb. 147 Begegnung an der Goldenen Pforte (Joachim und Anna), Ausschnitt, Konrad Witz

zu einem Menschentum, das die Erde liebt und dem Göttlichen verbunden geblieben ist.

Durch die oben charakterisierte Entwicklung der Intelligenz ist der Himmel dann mehr und mehr verlorengegangen. Das Ich hat sich durch Stolz und Ehrgeiz um seiner selbst willen aus der Menschengemeinschaft ausgesondert, die die Arbeit für seinen Lebensunterhalt leisten mußte. Der Herrscher herrschte – das Volk diente. All das kann man an den Wappen über den Portalen ablesen (Abb. 148, 149). Der Wille wurde zum Diener der Macht; wo vorher an den Portalen die Darstellungen der Evangelien den Blick der Eintretenden auf den heiligen Gottesdienst vorbereiteten (Abb. 83, 84), wurde ihm jetzt ins Bewußtsein gerufen, daß er ein Untertan sei.

Abb. 148 Portal des Baumeisterhauses von J. (?) Wolf, Nürnberg, 1615

Abb. 149 Portal des Rathauses, sogenannter Wolfscher Bau, Nürnberg, 1616–1622

Abb. 150
Sockel des Hl. Sebastian vom Isenheimer Altar, Matthias Grünewald, vollendet 1515

Abb. 151
Glasgefäß aus der Geburt Christi vom Isenheimer Altar, Matthias Grünewald, vollendet 1515

Abb. 152 Auferstehung Christi vom Isenheimer Altar, Matthias Grünewald, vollendet 1515

Aber auch in dieser Dunkelheit gab es Keime, die die Hoffnung auf ein zukünftiges Licht wachriefen und den zweifelhaft werdenden Weg der Ich-Entfaltung neu erhellten. Ein solches Licht erschien in dem Isenheimer Altar des *Matthias Grünewald* (* gegen 1460, † 1528). Für Grünewald ist bezeichnend, daß seine Persönlichkeit ganz hinter seinen Werken

Abb. 153
Jungfrau auf der Tempelschwelle vom Isenheimer Altar, Matthias Grünewald, vollendet 1515

Abb. 154
Engelskonzert aus der Geburt Christi vom Isenheimer Altar, Matthias Grünewald, vollendet 1515

zurücktritt; es ist nur wenig über sein Leben bekannt. Seine Fähigkeit, die vielfältigen Gegebenheiten des äußeren Lebens sehr realistisch wahrnehmen und darstellen zu können (Abb. 150, 151), vermochte er mit tiefgreifenden Imaginationen der Seelenwelt zu einem malerischen Einklang von höchster Dramatik zu verschmelzen. Aus der hoffnungslosen Finsternis der Kreuzigung führt der Altar zur Dunkelheit der Sternenwelt, in die der Christus aufersteht und die er mit dem überirdischen Schein seiner leuchtenden Aura durchlichtet, während der Felsen über dem Grabe zu schweben scheint, aller irdischen Schwere enthoben (Abb. 152).

Konrad Witz hat durch seine Bilder den Weg zur Erde gezeigt, in die Welt der äußeren sinnlichen Erscheinungen, auf die er durch Form- und Schlagschatten in meisterhafter Weise hingewiesen hat, ohne die innere Frommheit im Ausdruck der Menschen zu verlieren. *Matthias Grünewald* hat die Dunkelheit der Erde mit der Kraft der menschlichen Persönlichkeit überwunden in dem aurischen Licht, das aus vielen seiner Engel- und Menschengestalten aufstrahlt, ohne in einem seligen Jenseits aufzugehen (Abb. 153, 154); das zeigt seine unerbittliche Realistik in der Darstellung unserer gegenständlichen Erdenwelt. Aus tiefer Dunkelheit leuchtet ein neuer Keim schöpferischer Kraft: Christus ist für die Menschheit durch den Tod hindurchgegangen, um in dem Nichts das neue Leben für die Menschen zu entzünden, das in der Finsternis der Unterwelt zu verlöschen drohte: in der Schwere versinken die gepanzerten Wächter des Grabes (Abb. 155), darüber erhebt sich in farbig leuchtender Kraft der verklärte Christus, Erde und Himmel verbindend, allen Menschen sich zuwendend, die ihm entgegengehen.

Diese Weg-Bilder Grünewalds sind einmalige Höhepunkte dieser Zeit, die dem Menschen die Freiheit bereitete, durch sein Denken und Handeln in eine materielle Welt abzusinken, die sein seelisches und geistiges Dasein in ihren Grundlagen erschüttern konnte – oder auch durch die Dunkelheit aus eigener Kraft zu den Höhen der Geistwelt aufzusteigen. So sprach es ein italienischer Humanist und Philosoph aus: «Es liegt in deiner Macht, zu den niedrigeren, tierischen Formen des Lebens hinabzusteigen; du bist durch deine eigene Entscheidung imstande, dich wieder zu den höheren Ordnungen zu erheben, deren Leben göttlich ist.»[24] Wird Denken und Eigenwille des Menschen nicht zum Egoismus, sondern zur tätigen Menschenliebe – dann entsteht aus Finsternis ein helles Licht, das sich nicht selbst bespiegeln will, sondern in die Welt ausstrahlt:

Erst wenn ich Lichtes denke,
Leuchtet meine Seele;
Erst, wenn meine Seele leuchtet,
Ist die Erde ein Stern:
Erst , wenn die Seele ein Stern ist,
Bin ich wahrhaft Mensch.

Herbert Hahn (1890–1970)

Abb. 155
Grabwächter aus der Auferstehung vom Isenheimer Altar, Matthias Grünewald, vollendet 1515

Abb. 156
Stuppacher Madonna vom Maria-Schnee-Altar, Matthias Grünewald, vollendet 1519

Was Herbert Hahn bildhaft in seinem Gedicht ausspricht, prägte Rudolf Steiner in die Gedanken: «Jetzt lebt die Menschheit im Beginne eines Zeitalters, wo die Intelligenz böse werden würde, wenn die menschliche Seelenwesenheit sich nicht mit der Christus-Kraft durchdringen würde. Denken Sie einmal, das ist eine sehr ernste Sache. Das bezeugt, wie man nehmen muß gewisse Dinge, die sich in unserer Zeit ankündigen, wie man daran denken muß, daß in unserer Zeit die Menschen die Anlage bekommen zum Bösen, gerade weil sie einer höheren Ausbildung ihrer Intelligenz entgegengehen. Es wäre natürlich eine völlig falsche Spekulation, zu glauben, daß man etwa die Intelligenz unterdrükken soll. Die Intelligenz darf nicht unterdrückt werden, aber es gehört für den Einsichtigen in der Zukunft ein gewisser Mut dazu, der Intelligenz sich hinzugeben, weil die Intelligenz die Versuchung bringt zum Bösen und zum Irrtum, und weil wir in der Durchdringung der Intelligenz mit dem Christus-Prinzip finden müssen die Möglichkeit, diese Intelligenz umzuwandeln.»[25]

Hier schließt sich der Kreis unserer Betrachtungen: Werden Intelligenz und Wille durch die Liebe vereinigt, wirkt «Andacht» in der Seele des Menschen (s. S. 39). Wird die andächtig gestimmte Seele, vom Ich getragen, hinaufgeführt in die übersinnlichen Welten, kann sie zum Erkenntnisorgan werden für das Geistige und zu einer höheren Stufe unseres Menschseins führen.

Nachfolgender Vers spricht, im Sinne der damaligen Zeit, dasselbe aus. Er befindet sich auf der Rückseite des Isenheimer Altars und gesteht dem reinen Verstand kein Urteil darüber zu, denn er wird keinen Zugang zu diesem Werk finden. Die «Stärke Gottes» kann nur von einer Seele erlebt werden, die selbst von Gottes Stärke erfüllt ist, die weit über den reinen Verstand hinausgeht. Das ist damals offensichtlich schon klar erkannt worden und ist trotzdem heute noch weitgehend Zukunft, der wir uns später widmen wollen.

Von Gott allein kommt diese Kunst,
wo ers nicht gibt, ist sie umsunst.
So lobe jeder dieses Werk,
denn diese Kunst zeigt Gottes Stärk,
wiewohl sie kommt von Gottes Gaben,
ist Unverstand ihr größter Feind.
Wer sie nicht zu verstehen scheint,
soll auch kein Urteil hierzu haben.

Kosmisches und seelisches Licht

An dieser Stelle soll der Blick noch einmal zurückgelenkt werden auf die Zeit, in der sich die Menschen noch voller Inbrunst dem Göttlichen in der geistigen Welt zugewendet und diese Hinwendung in ihren Gotteshäusern zum Ausdruck gebracht haben während der Blütezeit der Gotik (etwa 1200–1400). Damals kam dem Licht aus der Weite des Kosmos eine besondere Bedeutung zu durch die Glasfenster, die zwischen die aufstrebenden Pfeiler des Kirchenbaues eingelassen waren, die die Gewölbe trugen. Das Sonnenlicht wurde von den farbigen Glasfenstern aufgenommen. Die heiligen Darstellungen der Bibel leuchteten in dem kosmischen Licht auf und erfüllten die Menschen, die sich in dem Raum zusammenfanden, um ihre Seelen zu Gott zu erheben.

Diese farbig leuchtenden Fenster sind ein unverzichtbares Grundelement des gotischen Domes. Man kann den Eindruck haben, die Auflösung der Wände in stützende Pfeiler und offene Flächen sei nur deshalb so plötzlich im Kirchenbau des 12./13. Jahrhunderts entstanden (Abb. 157), um die *Lichtkraft des Kosmos* durch die Darstellungen der Glasfenster aus dem Leben und Wirken Christi in *seelisches Licht* zu wandeln und den Innenraum damit zu erfüllen (Abb. 158). Wird im gotischen Dom nicht eine Durchdringung der erwachenden Gegensätze von Intelligenz und Wille im seelischen Erfühlen der Hell-Dunkel-Welt, aus der die Farben entstehen, geschaffen (Abb. 159)? Ebenso muß man die Verbindung einer werktätigen Intelligenz mit größtem handwerklichen Geschick bei der Konstruktion und Durchführung der Gerippe-artigen Bauweise und der Glasfenster aufs höchste bewundern (Abb. 158).

Die besondere Art des für die Fenster verwendeten Glases ist ein auch heute noch ungelöstes Rätsel, das auf folgende Weise beschrieben wird[26]: «Das gotische Glasfenster, das immer unerklärt und unerklärbar blieb, gab es nur während der kurzen Zeitspanne der hohen Gotik. Indem es das Licht bändigte und ihm zugleich diente, wirkte es weniger durch die Farbe des Glases als durch eine gewisse, nicht analysierbare Qualität der Farbe und des Glases. Dieses Glas reagiert auf das Licht nicht wie normales Fensterglas; es scheint zum Edelstein zu werden, der das Licht nicht völlig durchläßt, son-

Abb. 157
Le Mans, Chor der Kathedrale, begonnen 1217

dern selbst leuchtend wird. Selbst unter der ungehemmten und brutalen Einwirkung der Sonne projiziert das Glasfenster nicht – wie es gefärbtes Glas tut – seine Farbe auf den Boden, sondern läßt nur eine diffuse Helligkeit durchscheinen. Von der Stärke oder Trübung des Tageslichtes unabhängig, leuchtet es in der Dämmerung nicht schwächer als am hohen Mittag. – Meines Wissens hat keine chemische Analyse das Geheimnis des gotischen Fensters zu erklären vermocht ... Die Alchymisten behaupten, die Färbung der Materie im alchymischen Prozeß rühre her von der Incorporation des spiritus mundi (der Einwohnung des Weltengeistes) in diese Materie.»

Abb. 158
Notre Dame, Paris, begonnen 1200,
Rose des Nord-Querhauses

Abb. 159
Das ältere Marienfenster, Elisabethkirche Marburg,
begonnen 1235

So wie die Herkunft dieses Glases unbekannt war, tauchte es um 1240 wieder in die Vergessenheit unter – auch ihre Werkstätten und Meister blieben verborgen hinter ihrem Auftrag, Licht und Dunkelheit in der durchseelten Farbe zu verbinden. Im späteren Mittelalter neigte man dann dazu, die früher in Bleiruten eingefaßten und zusammengesetzten farbigen Glasstücke durch mehr Gewandfalten und andere Details reicher auszugestalten. Das geschah durch Schwarzlot, das auf das Glas aufgeschmolzen und danach linear herausgearbeitet werden konnte. Dadurch entstand wohl eine vielfältigere «Binnenzeichnung», die aber die reine Farbwirkung des Glases und die Lichtwirkung dämpfen mußte. Es ist dieselbe Erscheinung, die sich im 15. Jahrhundert mehr und mehr durchsetzte: das Herunterziehen ins Grau und Schwarz in der Tafelmalerei, in der Graphik und in der Buchdruckerkunst.

Abb. 160
Fenster mit der Jugendgeschichte Christi, Straßburger Münster, begonnen Ende des 12. Jh.

Abb. 161
Kreuzabnahme, Chartres, Kathedrale, 12. Jh.

Dieses allmähliche Erlöschen des inneren, beseelten Blickes des Menschen und seine Zuwendung zu den äußeren sinnlich-sichtbaren Erscheinungen des Irdischen findet einen ergreifenden Ausdruck in einem Ereignis, das den Auftrag der Kathedrale von Chartres, die irdische Welt mit der göttlichen zu durchdringen, erschütterte. Charpentier berichtet[26]: «Nicht alle Glasfenster von Chartres sind alchymischen Ursprungs. Viele sind zerstört worden, vor allem die hohen Chorfenster, die einem Bischof zum Opfer fielen, der sich im Tageslicht bewundern lassen wollte.» Dazu folgt eine Anmerkung: «Nachdem 1733 das Monstrum einer ‹Himmelfahrt› von Bridan hinter dem damaligen Hochaltar aufgestellt worden war, ließ der Klerus 1788 acht Farbfenster des Chores durch gewöhnliches Glas ersetzen, um den von Bridan im Zeitgeschmack dekorierten Chor aufzuhellen.»

Etwa in der zeitlichen Mitte zwischen den Glasfenstern der Gotik und dem zuletzt berichteten Ereignis entstand das Werk *Matthias Grünewalds*. Das «Paradies» mit dem Blick für die inneren Quellkräfte des Lebendigen und Beseelten war verloschen – ihre «Augen wurden aufgetan» und sahen nur durch die Linse des Auges als optischem Apparat. Grünewald versuchte noch, das verklärende Licht aus der Gestalt des Menschen und des Engels selbst sichtbar zu machen – aus dem Quellgrund tiefer Dunkelheit. Der Vers auf der Rückseite des Altars sah weit voraus in die nachfolgenden Jahrhunderte. Er könnte genauso für die Kathedrale von Chartres geschrieben sein und für alles, was noch auf die geistige Welt hinweisen will; denn für die «Stärke Gottes» herrschte im 18. Jahrhundert nur Unverstand.

Hierhin dürfen wir ein Wort Rudolf Steiners stellen, das er kurz vor seinem Tode niedergeschrieben hat[27]: «Und so kommt die Zeit heran, Wende des siebzehnten und achtzehnten Jahrhunderts, in der man sich mit den auf das Geistige gerichteten Seelenkräften von dem Geistigen überhaupt abwendet. – Man beginnt, nur in den Seelenkräften zu leben, die auf das sinnlich Wahrnehmbare gerichtet sind. – Stumpf werden die Erkenntniskräfte für das Geistige besonders im 18. Jahrhundert.» Die Hoffnung, das wache Bewußtsein der Menschen für die Welt werde sich auch auf das Geistige richten, erfüllte sich nicht.

Zunächst werden wir nun betrachten, wie der *individuelle Standort* jedes einzelnen Menschen sich in der Malerei ausdrückt – genau von dem Zeitpunkt an, der auch in den vorangegangenen «Wegbetrachtungen» für bestimmte Umwandlungsprozesse charakteristisch erschien: die ersten Jahrzehnte des 15. Jahrhunderts.

Inmitten des Raumes

Der Fluchtpunkt und seine Überwindung

Nicht eine Verwandlung des Auges war es, die die Entfernung der durchseelten Glasfenster der Kathedrale von Chartres veranlaßte, sondern aus dem Auge sprach ein anderes Bewußtsein, ein anderes Verlangen des Menschen: seelisches Licht hatte keine Geltung mehr; die äußere Helligkeit des Lichtes im Raum war entscheidend. Der Rausch barocker Formen, der Glanz stofflich-materieller Farben sollte die Menschen in eine Geisteswelt entrücken, die sich mit machtvollem Pathos letztlich als leere Illusion erwies.

«Erst in dem Grade, wie das bisher von außen wirkende Ich-Wesen des Menschen einzieht in den menschlichen Leib, um seine Wesensglieder nun von innen her durchzubilden, wie also in wachsendem Maße zum bloßen *Wahrnehmen* sich hinzugesellt *Bewußtsein,* können wir davon sprechen, daß ein Sehen in unserem heutigen Sinne sich anbahnt.»[28]

Diese Tatsache ist für den Menschen von außerordentlicher Bedeutung; das Ich durchdringt seine Leiblichkeit und ruft seine Seele zu wacher Bewußtheit auf. Das geschieht, wie wir nun schon oft wahrnehmen konnten, mit besonderer Kraft seit dem Beginn des 15. Jahrhunderts. Diese Zeit nennt Rudolf Steiner die Zeit der *Bewußtseinsseele.* Das Bewußtsein des Menschen leuchtet auf in der Wahrnehmung seines Selbst und erscheint sichtbar im Porträt, es wendet sich gleichzeitig den äußeren Erscheinungen der Natur zu, es erlebt die Formen im Bereich des Schattens, des Lichtes, und erobert die Erdoberfläche, macht sie sich untertan. Was an inneren Verwandlungen im Menschen geschieht, findet seinen Ausdruck auch im Erleben des äußeren Raumes, und dieses trägt und stützt das «Ich-Bewußtsein» – ja, ohne das *Raumbewußtsein* könnte sich das Ich im Menschen nicht entwickeln.

Das Erlebnis des Raumes, in dem sich der Mensch befindet, entsteht durch das Verhältnis der beiden Augen zueinander. Wenn wir einen Gegenstand, zum Beispiel eine Vase, die vor uns auf dem Tisch steht, nur mit *einem* Auge betrachten, erscheint das wahrgenommene Bild flach wie eine Ebene vor uns. Das können wir mit dem anderen Auge wiederholen. Bei bewußtem Hinschauen, immer nur mit einem der beiden Augen im Wechsel, werden wir feststellen, daß beide dabei entstehenden Bilder nicht genau am gleichen Ort liegen; sie verschieben sich ein wenig nach rechts oder links. Sobald wir *beide* Augen öffnen, schließen sich beide Bilder unbemerkt zu *einem* Bild zusammen – und es ist fast wie ein Wunder: das Bild wird plastisch und gewinnt räumliche Tiefe; dadurch können wir auch den Abstand des Tisches von uns selbst erfassen. Was ist geschehen? Beide Sehachsen haben sich, von uns unbemerkt, an der Vase gekreuzt. Jedes unserer Augen sieht sie als Einheit von einem etwas anderen Standort aus, obwohl wir nie daran zweifeln würden, daß dieser Standort ein einheitlicher ist, weil beide Augen unserem unteilbaren Ich-Wesen zugehören.

Sind wir ein paar Schritte in einen Innenraum eingetreten und blicken uns nach allen Seiten um, so erleben wir unbewußt durch die Augen die verschiedenen Entfernungen zu den Wänden oder Gegenständen, die den Raum begrenzen. Anders gesehen: wir erleben unseren eigenen Standort im Raum. Wo unsere beiden Augen an die Wand stoßen, kreuzen sich ihre Achsen, sie erfahren die Grenzen – und durch diesen Widerstand erlebt sich das Ich an einem ganz bestimmten Ort, der jetzt in diesem Augenblick von keinem anderen Menschen eingenommen werden kann als von ihm selbst. Wohin ich meine Schritte auch lenken mag – es ist überall dasselbe: da, wo ich jetzt stehe, ist mein eigener Standort, der einzig mir allein zugehört!

Je weiter ich in die Ferne einer Landschaft oder auf das Meer hinausschaue, desto mehr verändert sich dieses Erlebnis. Die in weiter Ferne befindlichen Einzelheiten verschwimmen ineinander, bilden ein einheitliches, flächiges Bild, in das sich mein Blick verliert, zu dem sich mein Ich vielleicht sehnsuchtsvoll hingezogen fühlt. Die Weite und die Nähe des Raumes, in dem ich meinen eigenen Stand-«Punkt» auf der Erde gefunden habe, bestimmen den Atem meines Ich, bis in die Sternenwelten hinauf. Mit meinen Füßen bin ich hier – mit den Augen kann ich den ganzen Umkreis des Horizontes umfassen. Beide gehören zu mir. Ist damit die so selbstverständlich gewordene Anschauung von Subjekt und Objekt, dem Gegensatz von Ich und Welt, aufgehoben? Haben wir doch soeben zwei gegensätzliche Wege gefunden, die zusammengehören: einerseits der Blick auf die Vase, der sich aus der Weite meines Blickfeldes auf den Kreuzungspunkt beider Sehachsen konzentriert – andererseits der Blick, der vom Ich-Punkt ausgeht und sich in der Weite, der Ferne verliert, weil die Augen dort keinen Kreuzungspunkt finden. Der erste Weg führt zum wachen Bewußtsein des Raumes, der zweite in ein träumendes Suchen – hinter dem ein anderer Raum erahnt werden kann:

Abb. 162
Edelfrauen, Wandgemälde aus dem Grabe des Weserhêt bei Theben, 19. Dyn., um 1300 v. Chr.

Faß es, was sich dir enthüllt!
Ahne dich hinan zur Sonne!
Ahne, welche Schöpfer-Wonne
jedes Wesen dort erfüllt …

Christian Morgenstern

Der alte Ägypter hat noch weitgehend in dieser urräumlichen, bildhaften Weite gelebt. Die Wandmalereien zeigen in ihren Anbetungsszenen Blick und Haltung der Menschen in die unbestimmbare Ferne der göttlichen Welt gerichtet. Dem scheinen die zahlreichen lebhaften, naturnahen Darstellungen aus dem alltäglichen Leben zu widersprechen. Besonders auffallend ist aber die Gestaltung der Augen, die in der ägyptischen Kultur durch die Jahrhunderte hindurch die gleiche geblieben ist: Obwohl die meisten menschlichen Antlitze in den Reliefs und Malereien vom Profil her gesehen sind, erscheinen die Augen mehr oder weniger stark ausgeprägt von vorne (Abb. 162). Das bedeutet, daß sie ihre Augenachsen beim Sehen nicht kreuzen könnten, dafür aber ein umfassendes, flächiges Blickfeld nach beiden Seiten hin hätten, dem aber die Raumtiefe fehlte.

Abb. 163
Kraniche, Kalkstein, vom Totenopfer des Manofer, 5. Dyn., um 2650 v. Chr.

Abb. 164
Schreiber, Kalkstein, 18. Dyn., 1350 v. Chr.

Ein solches Raumerleben haben auch die Tiere, deren Augen mehr oder weniger stark an den Seiten des Schädels liegen.[29] Das haben die Ägypter sehr naturgetreu dargestellt (Abb. 163). Daraus darf man schließen, daß ihre Darstellung des Menschenauges wohlbegründet ist. Ihr Raumerleben ist noch das einer kindgemäßen Entwicklungsstufe, bei der verschiedene Gegenstände hintereinander dargestellt sind, ohne die Dimension der Raumtiefe zu berühren (Abb. 163, 164). Die Abbildungen 165 bis 167 zeigen, wie der «ägyptische Blick» sich in bewußtes, waches Sehen verwandelt, sobald man die Augen dergestalt verändert, daß sie sich, von der Seite gesehen, in das Profil des Kopfes «richtig» einfügen.

Abb. 165
Fremdvölkertypen, Tuschzeichnung auf Kalksteingrund, 18. Dyn. (1555–1330 v. Chr.)

Abb. 166
Skizze zu Abb. 165

Abb. 167
Skizze zu Abb. 165 mit nach links gerichteten Augen, um den wachen Blick nach vorne zu zeigen

Nun machen wir einen großen Sprung in das ausgehende Mittelalter, um den gewaltigen Bewußtseinswandel zu charakterisieren, der in die neue Zeit hineingeführt hat – wie zu der fortschreitenden *Verinnerlichung* gleichzeitig eine *Veräußerlichung,* ein neues Raum-Erleben die Welt für den Menschen vollständig veränderte[30]:

Wir sind schon darauf aufmerksam geworden, wie in den Miniaturen ein bedeutender Wandel von der Bewegung zur Ruhe stattgefunden hat (s. S. 31). Dagegen trat die Gestaltung des Raumes zurück; der Goldhintergrund führte den Betrachter in eine andere Welt (Abb. 35–37). Aber die frühzeitigen Bemühungen um räumliche Darstellung sind nicht zu übersehen (Abb. 36): die Jünger sind hintereinander in die Raumtiefe gestellt, und das Haus, in dem die heilige Handlung der Fußwaschung stattfindet, sucht die Flucht in den Hintergrund. Die beiden «Anbetungen» (Abb. 43, 44) sind von farbigen Sphären umgeben, ohne Hinweise auf einen Raum, aber beide Throne der Marien sind in der Weise dargestellt, wie der Betrachter des Bildes von seinem Standort aus in die Weite der Welt hinaus blickt: vom Punkt zur Sphäre, was wir als den zweiten Weg in den Raum charakterisiert haben, mit dem universellen, inneren Blick gesehen, der ein Gegenbild zu dem perspektivischen Raum in der äußerlich sichtbaren Welt darstellt. In der Abbildung 46 ringt der Maler um Innen- und Außenraum; der Stall steht wohl im Hintergrund der Anbetung, aber Heiligenschein und Krone der ganz im Vordergrund sitzenden Gottesmutter befinden sich unter dem Dach des Stalles. Um ähnliche Schwierigkeiten der Raumbewältigung auf der Fläche bemüht sich der «Meister von Wittingau» (Abb. 58), wo sich die Maria in inniger Gebetshaltung dem Kind zuwendet, dessen

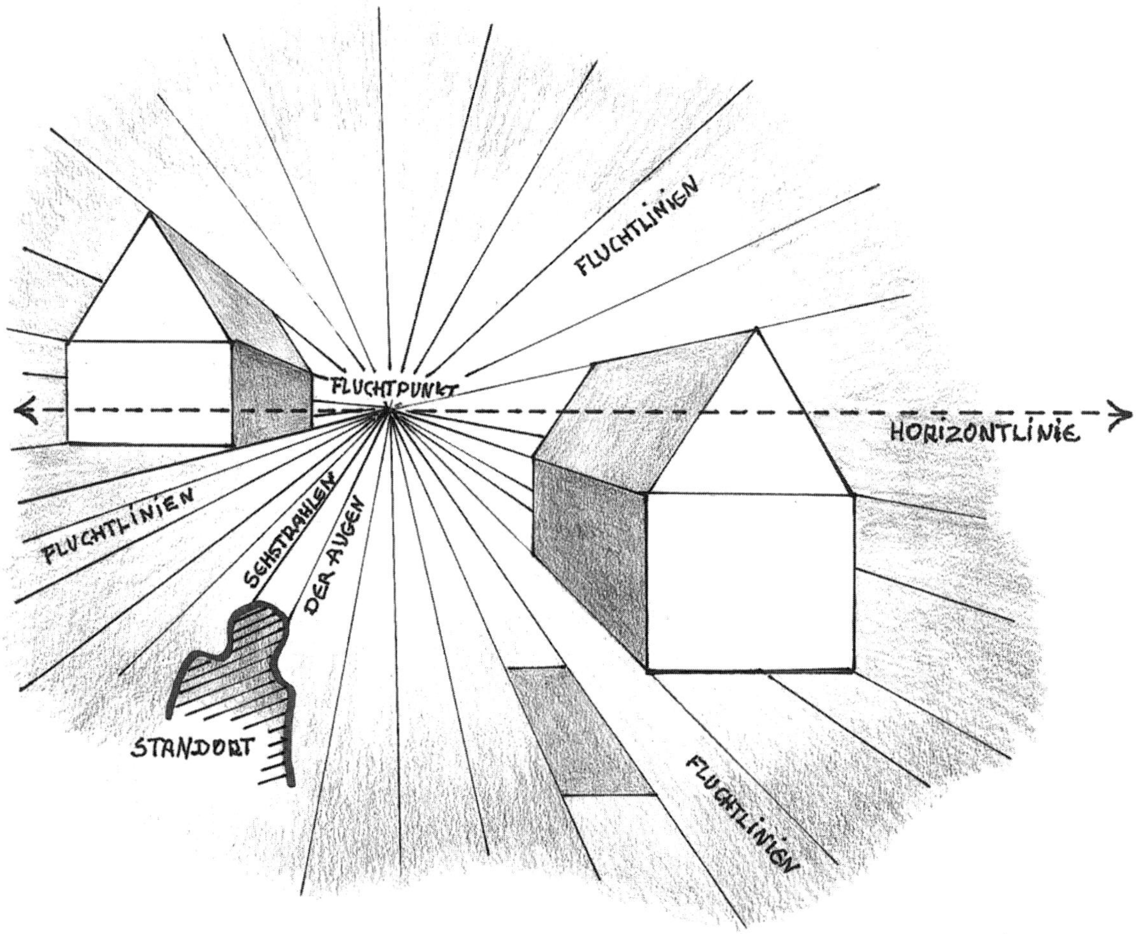

Abb. 168 Ich und Fluchtpunkt, in dem sich die Sehstrahlen kreuzen. Schematische Darstellung

Krippe aber in der Tiefe des Stalles steht, so daß sie es, perspektivisch gesehen, gar nicht erreichen kann.

Im Anfang des 15. Jahrhunderts beginnt der Umbruch. Die Handlungen auf den Bildern sind zur Ruhe übergegangen, der *Standort* wird wichtig. Der Innenraum umschließt mit seinen Mauern das Geschehen – lenkt dann vielleicht noch den Blick des Betrachters hinaus in eine weite, sich zum Horizont immer mehr verkleinernde Welt (Abb. 48, 49, 54 und andere). Die «Anbetung» (Abb. 54) zeigt eine beachtliche Fähigkeit des Meisters in der Anwendung der räumlichen Darstellung der Umgebung. Diese ist nicht nach den Gesetzen der Perspektive *konstruiert,* sondern von der *Wahrnehmung durch das Auge* abgelesen: Der Blick des Menschen kann die dreidimensional-räumliche Welt aus seiner Distanz, von seinem persönlichen Standort aus in die zweidimensionale Fläche übertragen. Immer stärker wird das Verlangen, den *Betrachter* der Tafelbilder auf diese Weise in deren Inhalt objektiv miteinzubeziehen, denn der Maler gibt die Welt so wieder, wie nur er sie «im Blick des Auges» von seinem Standort aus wahrnimmt, also im jetzigen Augenblick.

Der Betrachter soll diesen Standort selbst einnehmen und von hier aus die Welt zu sehen bekommen. Im Inneren eines Raumes sieht er sich im Mittelpunkt stehen – nicht etwa geometrisch gemeint; aber er erlebt sich unbewußt durch das Kreuzen seiner Seh-Achsen an den Wänden auf sich selbst zurückgewiesen. Dazu kommt nun ein ganz neues Erlebnis, das nur ein *waches Anschauen* der Raumgrenzen eines größeren Raumes vermitteln kann: Er bemerkt, wie die Wände mit zunehmendem Abstand von seinem Standort aus anscheinend niedriger werden, obwohl er weiß, daß die Decke darüber genau waagrecht verläuft: Unser Auge gibt die Maße nicht so wieder, wie sie in Wirklichkeit sind.

Gehe ich hinaus ins Freie und sehe eine lange gerade Straße entlang, verstärkt sich dieser Eindruck: Straße und Häuser verkleinern sich zusehends und scheinen in der Ferne zu einem Punkt zu verschmelzen. Blicke ich vom selben Standort aus ringsum, sehe ich die Welt nicht anders; wohin ich auch blicken mag: alle Einzelheiten scheinen in der Ferne des Horizontes immer in der Sehrichtung meiner Augen zusammenzufließen. *Ich selbst stehe im Mittelpunkt der Erdoberfläche!* Der Punkt, an dem ich stehe, bin ich selbst. Der Horizont, in dem mein Blick sich verliert, ist ein kosmisch erweitertes Spiegelbild meines Ich. *Ich bin Punkt und Umkreis zugleich.* Das Verhältnis zwischen Ich und Umkreis ist ein Grundelement meines Daseins in dieser Welt – das leuchtete im Beginn der Neuzeit im Bewußtsein der Menschen auf.

Als *Petrarca* zum ersten Mal den Mont Ventoux bestieg (1336), hatte er diese beiden Erlebnisse wie einen Aufbruch in eine neue Zeit.[31] Nach dem mühseligen, ungewohnten Aufstieg beschreibt er den Blick vom Gipfel: «Zuerst stand ich, durch einen ungewohnten Hauch der Luft und durch einen ganz freien Rundblick bewegt, einem Betäubten gleich. Ich schaue zurück nach unten: Wolken lagerten zu meinen Füßen.» Ausführlich läßt er den Blick über die Alpen, nach Italien, zum Golf von Marseille, ins Tal der Rhône wandern – bis er wieder zu sich kommt und das Buch der «Bekenntnisse» des Augustin, das er bei sich trägt, aufschlägt und durch ihn zu sich selbst zurückgeführt wird: «Und es gehen die Menschen, zu bestaunen die Gipfel der Berge und die ungeheuren Fluten des Meeres und die weit dahinfließenden Ströme und den Saum des Ozeans und die Kreisbahnen der Gestirne, und haben nicht acht ihrer selbst.» – «Ich war wie betäubt», fährt Petrarca fort, «ich gestehe es … und schloß das Buch im Zorn mit mir selbst darüber, daß ich noch jetzt Irdisches bewundere. Hätte ich doch schon zuvor … lernen müssen, daß nichts bewundernswert ist außer der Seele: Neben ihrer Größe ist nichts groß. Da beschied ich mich, genug von dem Berg gesehen zu haben, und wandte das innere Auge auf mich selbst.»

Aus dieser Spannung zwischen dem eigenen Ich und der Welt wird die *Perspektive* in der Malerei geboren. Das Wort «Perspektive» ist im 16. Jahrhundert aus dem Lateinischen «per-spicere» («mit dem Blick durchdringen, deutlich sehen, wahrnehmen») entstanden. «Der imaginäre Fluchtpunkt der Blickrichtung erscheint plötzlich wie ein Spiegelbild des Ichs; das zielbewußte, ichbetonte Handeln, Denken, Fühlen des Renaissance-Menschen erhält auch im Sehen seinen Ausdruck. Der Renaissance-Mensch mit seiner neu erkannten Ich-Persönlichkeit durchbricht die allgemeine Flächenhaftigkeit.»[32]

Dieses subjektive räumliche Sehen des Menschen wurde in Florenz aller Wahrscheinlichkeit nach von *Filippo Brunelleschi* (1377–1446) im zweiten Jahrzehnt des 15. Jahrhunderts in eine objektive mathematische Konstruktion geprägt: Das Ich findet sich im Fluchtpunkt wieder, in dem sich alle Fluchtlinien kreuzen, die den sich kreuzenden Sehstrahlen meiner beiden Augen folgen. Erst im Laufe des Jahrhunderts verbreitete sich diese Methode in der Kunst und gelangte wahrscheinlich über die Niederlande nach Deutschland.

Abb. 169 Die Verkündigung an Maria, Konrad Witz

Abb. 170 Abb. 169 mit perspektivischen Linien

Konrad Witz, der seine Tafelbilder so natürlich-real gestaltete, hat sie noch nicht angewendet. Der Innenraum seiner «Verkündigung an Maria» läßt sein Ringen um den Fluchtpunkt des Raumes erkennen (Abb. 169, 170); die Deckenbalken, der Türsturz, die Kanten der Fußbodendielen – sie alle verjüngen sich in die Raumtiefe hinein; ihre Fluchtlinien scheinen in einem gemeinsamen Punkt zusammenzulaufen, wie es das Auge wahrnimmt. Aber sie treffen sich nicht dort, verschwimmen nur in einem unbestimmten

Ort, wenn man sie verlängert. Auch *Albrecht Dürer* hat vor dem Ende des Jahrhunderts seine Aquarellskizzen von Innsbruck noch allein mit Auge und Hand gemalt (Abb. 171, 172). Dann wandelt sich sein Stil um die Jahrhundertwende, und der Fluchtpunkt wird zum Grundelement der architektonischen Komposition seiner Werke (Abb. 173–175).

Er folgt hierin einem neuen Zug seiner Zeit, die Maß und Zahl allem Lebendigen zugrunde legen will, indem er seine Erfahrungen auf diesem Gebiet schriftlich festhält und genaue Anweisungen dafür gibt, wie sie anzuwenden sind. In seinen letzten Lebensjahren entstehen die Werke über «Unterweisung der Messung mit dem Zirkel und Richtscheit»,

Abb. 171
Schloßhof der ehemaligen Hofburg in Innsbruck, Albrecht Dürer, 1494

Abb. 172
Abb. 171 mit perspektivischen Linien

die «Befestigungslehre» und die vier Bücher über die Proportion (s. S. 70). Hierin enthalten ist der Holzschnitt von dem «Zeichner der Laute» (Abb. 176), dessen Technik wohl schon länger in Italien bekannt war, die Albrecht Dürer aber verbesserte und deren Gebrauch er genau beschreibt: Der gespannte Faden wird rechts durch einen Wandring geführt; ersterer tritt anstelle des Sehstrahles des Auges, letzterer anstelle des Auges selbst. Letztendlich wird vermittels eines beweglichen Fadenkreuzes im Holzrahmen der Schnittpunkt mit dem «Sehstrahl des Auges» festgehalten. Dann wird das Zeichenpapier, das der Geselle festhält, in den Holzrahmen geklappt und der vorher gewonnene Punkt auf das Papier übertragen. So entsteht die perspektivische Zeichnung der Laute Punkt für Punkt und bietet dem Maler eine rein mechanische Grundlage für sein künstlerisches Gemälde.

Abb. 173
Die Geburt Christi, Albrecht Dürer, um 1500

Abb. 174
Abb. 173 mit Fluchtpunkt und perspektivischen Linien

Abb. 175
Die Ruhe auf der Flucht (Marienleben), Albrecht Dürer, 1501–1511. Mit Fluchtpunkt und perspektivischen Linien (siehe Abb. 69)

Abb. 176
Der Zeichner der Laute, Holzschnitt, Albrecht Dürer, 1525

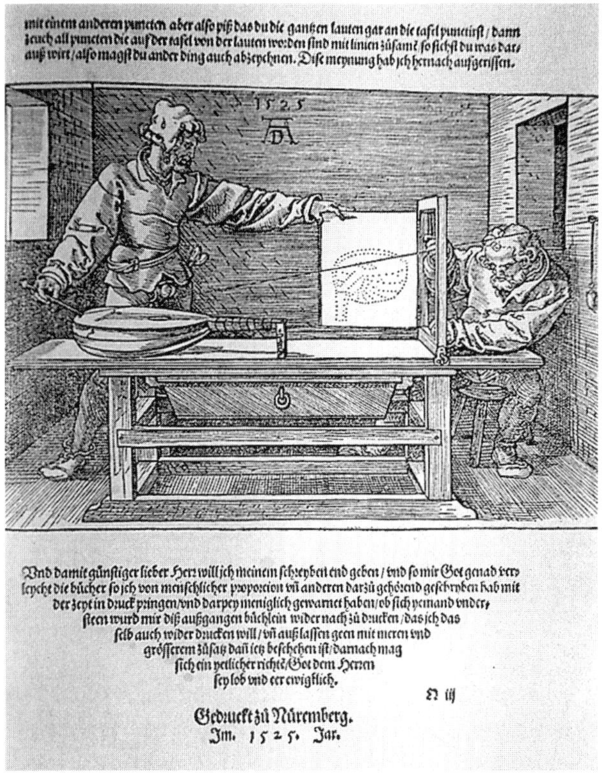

mit einem anderen puncten aber also piß das du die gantzen lauten gar an die tafel punctirst / dann zeuch all puncten die auf der tafel von der lauten worden sind mit linien zůsamẽ so sichst du was darauß wirt / also magst du ander ding auch abzeychnen. Dise meynung hab jch hernach aufgerissen.

Vnd damit günstiger lieber Herr will jch meinem schreyben end geben / vnd so mir Got genad verleycht die bücher so jch von menschlicher proporcion vñ anderen darzů gehörend geschryben hab mit der zeyt in druck pringen / vnd darpey meniglich gewarnet haben / ob sich yemand vndersteen wurd mir diß außgangen büchlein wider nach zů drucken / das jch das selb auch wider drucken will / vñ auß lassen geen mit meren vnd grösserem zůsatz dañ ietz beschehen ist / darnach mag sich ein yetlicher richtẽ / Got dem Herren sey lob vnd eer ewigklich.

N iij

Gedruckt zů Nüremberg.
Im. 1525. Jar.

Man wird in der Darstellung der «Vier Apostel» (Abb. 113) die drei Grundelemente für das Wirken Albrecht Dürers finden, die den inneren Fortschritt seiner Zeit zur Bewußtseinsseele charakterisieren: die Öffnung der Seele zur liebevollen Wahrnehmung der Sinneswelt, die ehrfürchtige Hinwendung zur geistigen Welt, vereint durch das harmonische Maß der Farb- und Gestaltbildung. Alle drei Elemente sprechen sich durch ihr künstlerisches Zusammenwirken aus und bilden den Höhepunkt seines Schaffens. Vergessen wir dabei nicht den inneren Kern, den tiefsten Antrieb für sein Werk, das sich in den «Vier Aposteln» offenbart als den Sendboten des Christus.

Abb. 177
Der Zeichner des Liegenden Weibes, Holzschnitt, Albrecht Dürer; erweiterte Ausgabe der «Unterweisung der Messung», 1538

Abb. 178
Kirche in der Wies, D. und J. B. Zimmermann, 1745–1754, Blick auf die Ostwand des Chores

Wenn man davon ausgehen kann, daß die perspektivische Darstellung des Raumes in der Malerei der Renaissance ein künstlerischer Ausdruck ist für das Erwachen des menschlichen Ich, so wird man nicht erwarten, daß dieses «Erreichnis» ein dauerhaftes Verbleiben bedeuten könnte. Gerade in der Durchdringung eines künstlerischen Prozesses mit rein mechanischen Arbeitsweisen liegt eine große Gefahr. Allein das Aufgliedern der Bildfläche in ein Rastersystem von Quadraten (Abb. 177) kann die schöpferischen Kräfte des Künstlers nicht anregen; ein Überwiegen von Maß und Zahl bringt die lebendigen, durchseelten Prozesse in Gefahr. Albrecht Dürer war davor geschützt durch seine tiefe Religiosität, die nicht durch die immer mächtiger sich entwickelnde materialistische Welt-«Anschauung» getrübt wurde.

Die nachfolgende Zeit des Barock entwickelte die konstruktive Grundlage der Malerei, verschmolzen mit Architektur und Plastik, zur höchsten Blüte – zugleich mit der Gefühlswelt, die sich in leidenschaftlichem Rausch der religiösen und weltlichen Machtentfaltung hingab (Abb. 178–180).

Danach folgen bis heute Erschütterungen und Umwälzungen, die die Suche nach neuen inneren und äußeren Lebensgrundlagen immer notwendiger werden lassen. Die sich mit Riesenschritten entwickelnde Technik, die sich auf eine materialistisch ausgerichtete Weltsicht stützt, verändert die Welt, und der Ruf nach inneren Freiräumen für die Seele

Abb. 179
Mortirone bei Brescia, Villa Lecchi, Ballsaal, 1745; man kann in dem Foto Architektur, Plastik und Malerei kaum voneinander unterscheiden; das Wandgemälde beginnt hinter den beiden Stühlen

Abb. 180
St. Michaelis, Innenraum, Hamburg, 1751–1761

des Menschen wird immer dringlicher. Der Weg in die Schwere, der Blick auf die Erde, das Sich-selbst-Erleben im Raum hat sich seit der Dürerzeit folgerichtig weiterentwickelt, manche Höhen wurden erreicht und manche Tiefen durchlitten.

Da erblickte Ende des 19. Jahrhunderts ein Kind das Licht der Welt, das später als Graphiker den Blick des Menschen in den Raum völlig umwerfen und verändern sollte: *Maurits Cornelis Escher* (1898–1972). Aus der Fülle seiner Zeichnungen und Drucke seien einige charakteristische ausgewählt, die zeigen, wie die bisher durch den Standort des Menschen gewonnene innere Ruhe so aus dem Gleichgewicht gebracht wird, daß der Betrachter Mühe hat, sich im dargestellten Raum zu behaupten.

Ein einziger Fluchtpunkt genügt, um in das Innere des «Turmes» zu gelangen (Abb. 181). Trotzdem kann der Betrachter, ohne seinen Standort zu verlassen, in demselben Bild das Innere von drei Seiten aus anschauen. Einmal glaubt er, er blicke zur linken Seite durch die beiden Bögen auf die Oberfläche des Mondes, die sich vor ihm ausbreitet. Dann blickt er von rechts unten nach oben in den sternenübersäten Himmel hinauf – und zuletzt kann er von rechts oben nach unten auf die Oberfläche des Mondes herabsehen. Die drei merkwürdigen Vögel und die drei aufgehängten Hörner helfen ihm dabei, seinen Standort im Sehen zu wechseln und sich in diesem Raum zurechtzufinden, der kein wirkliches Phantasiegebilde darstellt, sondern sehr genau konstruiert ist.

Abb. 181 Andere Welt, Holzstich, M. C. Escher, 1947

Wenn man seinen Blick über das aus eleganten Schwüngen gezeichnete Blatt schweifen läßt (Abb. 182), ahnt man vielleicht noch nicht, welche exakte mathematische Konstruktion ihm zugrunde liegt (Abb. 183), und auch die hintergründigen Beziehungen zwischen den Figuren wird man erst nach und nach entdecken. Denkt man an Albrecht Dürers Quadratnetz zurück als Hilfskonstruktion für perspektivische Zeichnungen (Abb. 177), so sieht man den gewaltigen Unterschied, der von einer *statischen* Auffassung zur *dynamischen* führt, von der *Ruhe* zur *Bewegung,* mit der man ganz neuartige Bildräume erfinden kann.

Beim Anblick des «Belvedere» (Abb. 184, 185) werden wir ebenso über die Konstruktion nachsinnen wie der auf der Bank sitzende Jüngling über das Gestell, das er in Händen hält. Die einfache Betrachtung genügt nicht; wir fühlen uns erregt durch die beiden übereinander liegenden Geschosse, die so exakt gezeichnet sind, daß es eine Kränkung wäre zu behaupten, es sei alles perspektivisch falsch konstruiert. Man kann nur sagen: eine solche Perspektive *gibt es nicht* in unserer realen Welt; sie muß aber in der Vorstellungswelt des Künstlers vorhanden sein, sonst könnte er sie ja nicht gezeichnet haben. Gibt es noch *andere Raumeswelten* als die, in der wir leben, die nach uns unbekannten Gesetzen erschaffen wurden? Oder gibt es noch ganz *andere Standorte,* von denen aus unsere Welt betrachtet werden kann?

Oder gibt es noch ganz andere *Betrachtungsweisen,* die wir bisher nicht gekannt haben? Vielleicht denkt der Jüngling mit dem Gestell über eben diese Fragen nach …

Denken wir uns nun einen Baum. Wir stehen in einigem Abstand vor ihm und bemerken einen Ast, der auf der *rechten Seite* über die Krone herausragt. Wir gehen um den Baum herum und sehen diesen Ast nun auf der *linken Seite.* Wir können uns nun genau *über* dem Baum denken und schauen auf ihn herab. Wir drehen uns dabei im Kreis. Wo ist der Ast geblieben? Ist er rechts oder links unter uns? Denken wir uns auf *allen Seiten* des Baumes, die wir vorher *nacheinander* angeschaut haben, nun *gleichzeitig,* so müßte unser Blick nicht von unserem Ich-Punkt ausgehen, auch nicht von einem Kreisbogen, sondern von einer Kugelsphäre, in die wir uns – natürlich nur in unserem Bewußtsein – verwandeln müßten. Dazu müßte sich auch die Materie, aus der der Baum besteht, verwandeln – sie müßte durchsichtig werden, damit die *Formgestalt des Baumes* um so universeller hervortreten könnte. Erst mit diesen «Fort-Schritten» würden wir ein wirkliches, im wörtlichen Sinne umfassendes Bild von der Formgestalt dieses Baumes erhalten – allerdings nicht in dem äußerlich sinnlich-sichtbaren Baum, von dem wir ausgegangen sind, sondern in unserem Bewußtsein selbst. Das kann nicht etwa eine subjektive spinnige Auffassung sein, sondern eine objektive *Ergänzung,* die zu der sinnlichen Wahrnehmung hinzutritt und ihr äußeres Erscheinen durch dieses innere Bild ergänzt, das heißt erst zur *Ganzheit* führt.

Abb. 182 Bildgalerie, Lithographie, M. C. Escher, 1956

Abb. 183 Studie für Abb. 182, M. C. Escher

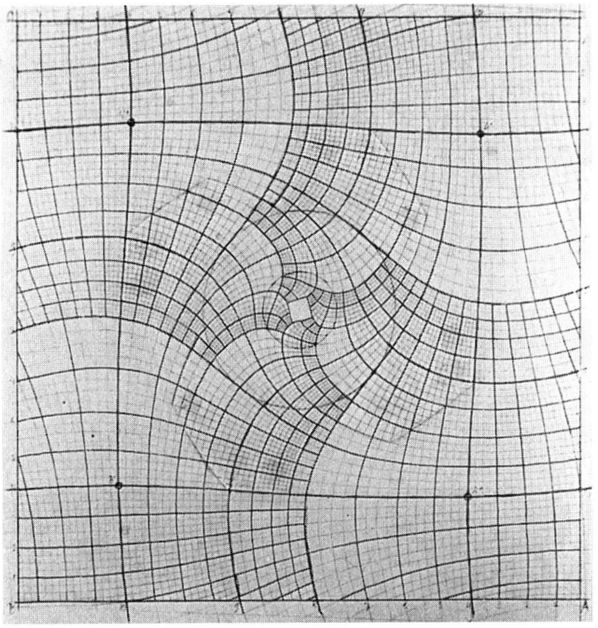

Abb. 184 Belvedere, Lithographie, M. C. Escher, 1958

Abb. 185 Studie für Abb. 184, M. C. Escher

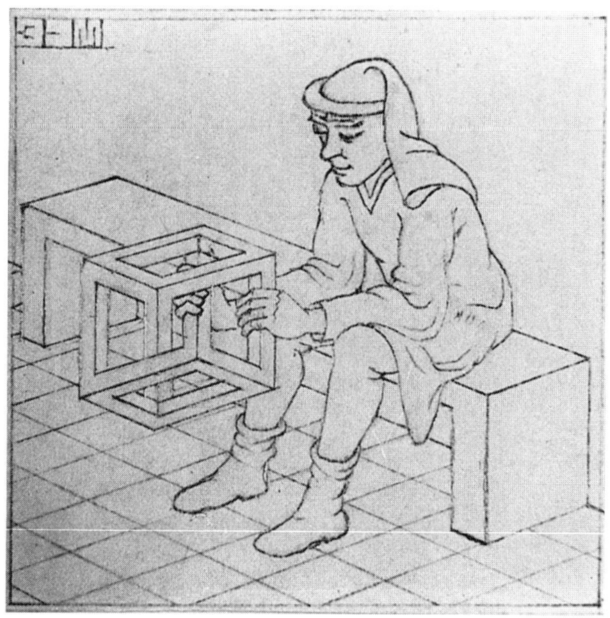

In den Abbildungen 186 und 187 finden Verwandlungen statt vom Weißen zum Schwarzen von links nach rechts – von rechts nach links (wobei der Vordergrund zum Hintergrund geworden ist) und umgekehrt. In der Mitte des Bildes verwandeln sich sowohl die schwarzen als auch die weißen Vögel von oben nach unten in die grauen Felder der Landschaft, die sich von links nach rechts – und umgekehrt – genau spiegelbildlich vom Weißen ins Schwarze wandeln. Äußerlich gesehen erscheint

Abb. 186
Tag und Nacht,
Holzschnitt,
M. C. Escher, 1938

Abb. 187 Studie für Abb. 186, M. C. Escher

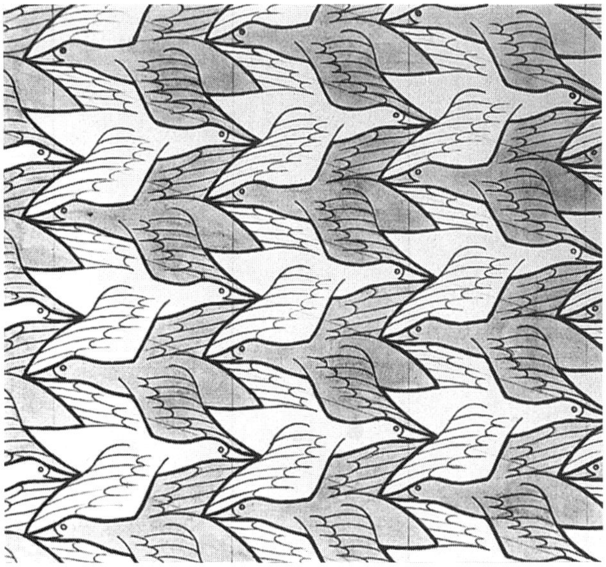

das Bild zuerst eher ruhig und ausgeglichen in seinen Gegensätzen; dann aber beginnt es sich zu regen und zieht uns in seine wogenden Spannungen hinein, von denen wir uns mitgerissen fühlen, daß wir Mühe haben, unsere innere Ruhe nicht zu verlieren.

Der «Kreislauf» (Abb. 188, 189) beginnt da, wo das Männlein aus dem Haus kommt und munter die Treppe hinunterspringt; denn hier fühlt sich unser Auge noch ganz im gewohnten Gleise. Dann folgen wir dem packenden Vorgang, wie die vollplastisch gezeichnete Figur sich in eine Fläche auflöst – und erst bei genauerem Hinblicken nehmen wir wahr, daß es nun drei Männlein geworden sind in Grau, Weiß und Schwarz, die ohne Zwischenraum so ineinandergefügt sind, daß sie wie ein flächiges Muster erscheinen. Damit aber nicht genug: die Flächen verwandeln sich (links ansteigend) – bis sie in dem Kubus zur Ruhe kommen, der den thronenden Schlußpunkt des «Kreislaufes» bildet (linker Rand, Mitte). Aber selbst das darüber befindliche Muster bietet noch eine besondere Überraschung, die der Leser selbst enträtseln möge.

Woher nimmt *M.C. Escher* diese schöpferische Schaffenskraft, aus der noch vieles andere hervorgegangen ist, was hier nicht gezeigt werden kann? Ein kleines Zitat läßt uns einen Blick werfen in seinen inneren Quellgrund, der uns stets aus der Ruhe in die Bewegung geführt hat: «Lange, bevor es Menschen auf dieser Erde gab, wuchsen in der Erdkruste all die Kristalle. Eines schönen Tages sah ein Mensch das erste Mal ein solch glitzerndes Stück Regelmäßigkeit liegen; oder vielleicht schlug er mit seiner Steinaxt darauf; es brach auseinander und fiel vor seine Füße; er las es auf und besah es in seiner offenen Hand – und wunderte sich. Sie sind keine Schöpfungen des menschlichen Geistes. Sie ‹sind› – sie existieren unabhängig von uns. In einem Moment der Klarheit kann der Mensch höchstens entdecken, daß es sie gibt und sich Rechenschaft davon geben.»[33]

Abb. 188 Kreislauf, Lithographie, M.C. Escher, 1938

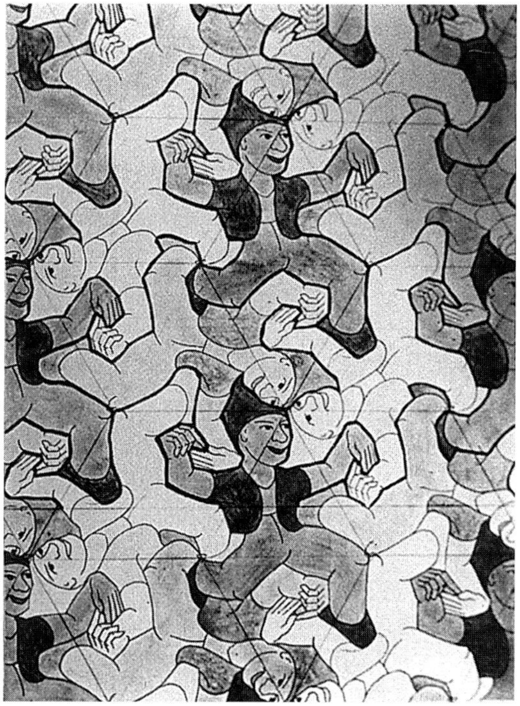

Abb. 189 Studie für Abb. 188, M.C. Escher

Verdichtet man diese Sätze, so könnten sie auch lauten: Der Wunsch, etwas nicht bloß von außen zu betrachten, sondern auch das Innere zu sehen – wenn man es in die liebevoll geöffnete Hand aufnimmt, ist es wie ein Wunder, das wir nicht selbst geschaffen haben, sondern das uns geschenkt wurde.

Franz Marc hat ähnliche Gedanken niedergeschrieben[34]: «Man hängt nicht mehr am Naturbilde, sondern vernichtet es, um die mächtigen Gesetze, die hinter dem schönen Scheine walten, zu zeigen.»

Der Fall in die Leere

Das zuletzt zitierte Wort von *Franz Marc* kann man von gegensätzlichen Standorten aus betrachten: Aus seinem künstlerischen Werk kann man ablesen, wie er die schöpferischen geistigen Mächte suchte, die in den Naturwesen als «schöner Schein» zum Ausdruck kommen, und wie er versuchte, sie in seinen Werken durch Farben und Formen zu offenbaren. Dieses Bemühen lag vielen seiner Zeitgenossen zugrunde. Gleichzeitig bricht eine ahnende Sorge mit elementarer Wucht durch, die Rudolf Steiner mit nüchternen Worten beschrieben hat (s. S. 101): «Man beginnt, nur in den Seelenkräften zu leben, die auf das sinnlich Wahrnehmbare gerichtet sind. – Stumpf werden die Erkenntniskräfte besonders im 18. Jahrhundert.»[27]

Damit ist ausgesprochen, wie der Blick zur Erde den Menschen immer stärker fesselte und ihn veranlaßte, die materiellen Stoffe und Kräfte immer gründlicher zu erforschen. «Das überhandnehmende Maschinenwesen quält und ängstigt mich, es wälzt sich heran wie ein Gewitter, langsam, langsam; aber es hat seine Richtung genommen, es wird kommen und treffen» – so sprach es Goethe, diese Gefahr erkennend, im Jahre 1829, drei Jahre vor seinem Tode, vorausschauend aus.

Dieses Auseinanderfallen der beiden Welten, das in der Dürerzeit mehr und mehr ans Tageslicht trat, führte zu tiefen Erschütterungen und Fragen in der Kunst. In der Architektur kam es besonders deutlich zum Vorschein, weil bisher die Bauform unlösbar mit der «Technik», die ja eigentlich «Kunst» bedeutet, eine Einheit bildete. Mit immer größerer Sicherheit behauptete sich die Technik, während sich im Bereich der Kunst immer größere Ratlosigkeit ausbreitete. «Erst die Zeit der Aufklärung mit ihrer philosophischen und praktischen Forderung nach der ‹reinen› Wissenschaft und nach der Notwendigkeit experimenteller Untersuchungen über die Entwicklung wissenschaftlicher Gesetzmäßigkeit läßt die ersten Zeichen einer Spaltung zwischen Architektur und Ingenieurwesen erkennen. Als der empirische Rationalismus und die Verehrung der reinen Tatsache die Denkungsweise beherrschten, neigten sich die angewandten [Wissenschaften] und die Naturwissenschaften der Technologie und Industrie

Abb. 190
Leuchtturm von Eddystone, John Smeaton, England, 1774, Kupferstich. J. Smeaton verwendete für Fundament und Bindemittel den von ihm seit der römischen Zeit neu entwickelten Beton

zu und von der Kunst ab. Das 18. Jahrhundert legte den Grundstein zum berufsmäßigen Ingenieur. Coulomb zum Beispiel[35] erforschte die mathematischen Voraussetzungen der Baustatik im Jahre 1776. Er errechnete mit einer vorher nicht gekannten Genauigkeit den Erddruck gegen Stützmauern, Zahl und Richtung der Kräfte und die kritischen Bruchstellen für verschiedene Gewölbe.»[36]

In demselben Zeitraum wurde der *Beton* in England wiederentdeckt, der seit dem alten Rom in Vergessenheit geraten war (Abb. 190), und die erste *gußeiserne Brücke* über den Severn errichtet (Abb. 191) – beides Marksteine einer neuen Bauweise, die nur den Techniker erforderte und nach dem Künstler nicht fragte. Ist bei einem Lagerhaus *künstlerische* Gestaltung überhaupt *notwendig,* wenn es den Anforderungen des *Zweckes* einwandfrei entspricht (Abb. 192), wie es bei diesem Gebäude der Fall ist? Ein zeitgenössischer Kritiker schreibt darüber: «Ein ungeheurer Komplex von Lagerräumen, eine Wiederholung von Einheiten schrecklicher Monotonie … Es besteht vollständig aus armiertem Beton – Fundamente, Säulen, Böden und Mauern … Es ist nicht als ein architektonisches Monument gedacht … Seine Qualitäten sind funktionell, konstruktiv und ökonomisch … keine architektonische Wirkung wurde in diesem Bau gesucht … Wenn er auch in sich selbst nicht schön oder elegant ist … so ist er wenigstens logisch.»

Wie wird dieser «Fall in die Leere» heute empfunden? Ist künstlerische Gestaltung so im Menschen verankert, daß ihr Mangel schädigend auf ihn einwirken kann? Ist es deshalb etwa notwendig, ihn zu überwinden, oder sind wir über ihn schon hinausgekommen? Auf diesem Hintergrund gewinnt die Leistung von M. C. Escher noch ein besonderes Gewicht, weil seine Arbeiten erfrischend auf den Menschen wirken, obwohl sie auf strengen, teilweise sehr exakten mathematischen Fundamenten aufgebaut sind. Sie bewegen sich zwischen den beiden Welten, die oben angesprochen worden sind. Denn «Der Bereich der Kunst beginnt dort, wo lebendige

Abb. 191
Erste gußeiserne Brücke über den Severn (England), Abraham Darby, 1755–1779, Spannweite 30 m

Seelenkräfte zur Darstellung kommen. Nur der seelisch ergriffene, bewegte Künstler vermag Ergreifendes, seelisch Bedeutsames zu gestalten. Alles nur Gedachte, nur Gesehene vermag niemals jenes Undenkbare, Unsichtbare fühlbar, erlebbar zu machen.» So spricht es *Johannes Itten* aus – ein Künstler, der durch unermüdlichen Einsatz in vierzigjähriger Lehrtätigkeit junge Menschen dazu anleitete, ihre erfüllten Seelen in ihre Arbeiten einfließen zu lassen.[37]

Was sagt die Wissenschaft dazu? Greifen wir zurück auf *Charles Darwin* (1809–1882), der ein knappes Jahr vor seinem Tode zurückschaute auf sein Leben und sich Notizen darüber machte unter der Überschrift «Die Einschätzung meiner geistigen Fähigkeiten»: «Bis zu dem Alter von dreißig Jahren oder noch darüber hinaus bereitete mir Poesie verschiedenster Art ... großes Vergnügen, und selbst als Schulknabe erfreute ich mich in hohem Maße an Shakespeare, besonders an seinen historischen Stücken. Ich habe auch angeführt, daß mir früher Gemälde ein beträchtliches und Musik sehr großes Entzücken bereiteten. Jetzt kann ich es schon seit vielen Jahren nicht mehr ertragen, eine Zeile Poesie zu lesen: Ich habe vor kurzem wieder versucht, Shakespeare zu lesen, ich fand ihn aber so unerträglich langweilig, daß es mich zum Übelsein brachte. Ich habe auch meine Vorliebe für Gemälde und Musik verloren ... dieser merkwürdige und beklagenswerte Verlust des höheren ästhetischen Empfindens ist um so eigentümlicher, als Bücher über Geschichte, Biographien und Reisen ... mich noch lebhaft wie je interessieren. Mein Geist scheint eine Art Maschine geworden zu sein, allgemeine Gesetze aus großen Sammlungen von Tatsachen herauszumahlen. Warum dies die Atrophie (den Schwund) desjenigen Teils meines Gehirns verursacht haben könnte, von dem die höheren Geschmacksentwicklungen abhängen, kann ich nicht verstehen. Ein Mensch mit einem Geist, der höher organisiert und besser veranlagt wäre als meiner, würde, wie ich vermute, dies nicht erfahren haben; und wenn ich

Abb. 192
Lagerhaus aus Stahlbeton, R. E. Schmidt, Garden u. Martin, Chicago, 1908

mein Leben noch einmal zu leben hätte, so würde ich es mir zur Regel machen, wenigstens alle Wochen einmal etwas Poetisches zu lesen und etwas Musik anzuhören; denn vielleicht würden dann die jetzt atrophierten Teile meines Gehirns durch Gebrauch tätig erhalten worden sein. Der Verlust der Empfänglichkeit für derartige Sachen ist ein Verlust an Glück und dürfte möglicherweise nachteilig für den Intellekt, noch wahrscheinlicher für den moralischen Charakter sein, da er den gemütlichen erregbaren Teil unserer Natur schwächt.»[38]

Albert Einstein (1870–1955), der den Grundlagen der modernen Physik wesentliche Impulse gegeben hat, faßt seine Lebenserfahrungen folgendermaßen zusammen: «Meine Ideale, die mir voranleuchteten und mich mit frohem Lebensmut immer wieder erfüllten, waren Güte, Schönheit und Wahrheit. Ohne das Gefühl von Übereinstimmung mit Gleichgesinnten, ohne die Beschäftigung mit dem Objektiven, dem ewig Unerreichbaren auf dem Gebiet der Kunst und des wissenschaftlichen Forschens wäre mir das Leben leer erschienen. Die banalen Ziele menschlichen Strebens: Besitz, äußerer Erfolg, Luxus, erschienen mir seit meinen jungen Jahren verächtlich.» – «Ich glaube sogar, daß die Überbetonung der rein intellektuellen, oft nur auf das Faktische und Praktische gerichteten Einstellung in unserer Erziehung direkt zu einer Gefährdung der ethischen Werte geführt hat … Die moralische und ästhetische Vervollkommnung ist ein Ziel, das den Bemühungen der Kunst näher steht als denen der Wissenschaft.»[39]

Werner Heisenberg, der weltbekannte Physiker und Nobelpreisträger (1901–1976), suchte in vielen seiner Vorträge und Aufsätze bewußt zu machen, wie wir heute an die Grenzen stoßen, die sich durch das Abwenden des Menschen von der geistigen Welt gebildet haben. Er spricht davon, wie sich «zum erstenmal im Laufe der Geschichte der Mensch auf dieser Erde nur noch sich selbst gegenübersteht», oder wie wir «immer wieder auf die vom Menschen hervorgerufenen Strukturen stoßen, daß wir gewissermaßen immer nur uns selbst begegnen»[40]. Am Ende dieses Vortrages bringt er ein eindrucksvolles Bild, welches im Zusammenhang mit den vorausgehenden Sätzen unmittelbare Parallelen bildet zu dem «Zeitalter der Perspektive» des 15. Jahrhunderts, das wir so charakterisieren konnten: Der Mensch sieht sich im Mittelpunkt der Erdoberfläche, er findet sich in der unendlichen Vielzahl der Fluchtpunkte wieder, die ihm am fernen Horizont seines Umkreises gegenüberliegen: sein Ich ist Standpunkt und Umkreis des äußeren Raumes zugleich. So findet sich der Mensch auch heute noch hier und im Umkreis wieder, nur ist ihm der *geistige* Umkreis seines Daseins verlorengegangen. Damit aber ist sein Ich als *geistige Wesenheit* gefährdet; sie droht im äußeren materiellen Dasein zu zerfallen.

Werner Heisenberg spricht von einem «zentralen Bereich, von dem aus sich die Welt im ganzen ordnet, vielleicht also einfach dadurch, daß sie schön ist». Zu diesem zentralen Bereich, in dem objektive Gesetze wirken, muß der Mensch den Zugang finden – er muß «Schritte über Grenzen» wagen – so ist das von ihm verfaßte Buch betitelt. Hier folgt nun das Bild, in das er seine Gedanken geprägt hat: «Mit der scheinbar unbegrenzten Ausbreitung ihrer materiellen Macht kommt die Menschheit in die Lage eines Kapitäns, dessen Schiff so stark aus Stahl und Eisen gebaut ist, daß die Magnetnadel seines Kompasses nur noch auf die Eisenmasse des Schiffes zeigt, nicht mehr nach Norden. Mit einem solchen Schiff kann man kein Ziel mehr erreichen; es wird nur noch im Kreis fahren und daneben dem Wind und der Strömung ausgeliefert sein. Aber um wieder an die Situation in der modernen Physik zu erinnern: Die Gefahr besteht eigentlich nur, solange der Kapitän nicht weiß, daß sein Kompaß nicht mehr auf die magnetischen Kräfte der Erde reagiert. In dem Augenblick, in dem Klarheit geschaffen ist, kann die Gefahr schon halb als beseitigt gelten. Denn der Kapitän, der nicht im Kreise fahren, sondern ein bekanntes oder unbekanntes Ziel erreichen will, wird Mittel und Wege finden, die Richtung seines Schiffes zu bestimmen. Er mag neue, moderne Kompaßarten in Gebrauch nehmen, die nicht auf die Eisenmasse des Schiffes reagieren, oder er mag sich, wie in alten Zeiten, an den Sternen orientieren; freilich können wir nicht darüber verfügen, ob die Sterne sichtbar sind oder nicht, und in unserer Zeit sind sie vielleicht nur selten zu sehen. Aber jedenfalls schließt schon das Bewußtsein, daß die Hoffnung des Fortschrittsglaubens eine Grenze findet, den Wunsch ein, nicht im Kreise zu fahren, sondern ein Ziel zu erreichen. In dem Maße, in dem Klarheit über diese Grenze erreicht wird, kann sie selbst als der erste Halt gelten, an dem wir uns neu orientieren können … Der Raum, in dem der Mensch als geistiges Wesen sich entwickelt, hat mehr Dimensionen als nur die eine, in der er sich in den letzten Jahrhunderten ausgebreitet hat.»

Zuletzt lassen wir noch einen Physiker zu Worte kommen: «Ich bin *Hans-Peter Dürr.* Ich habe 40 Jahre lang am Max-Planck-Institut für Physik über fundamentale Naturgesetze nachgedacht … Ich rede hier nicht als ein Esoteriker, sondern als jemand, der bewußt die überraschenden neuen Einsichten der modernen Physik verarbeitet hat, einer sehr erfolgreichen, auch technisch äußerst fruchtbaren Physik, die nächstes Jahr 100 Jahre alt wird. Max Planck hat 1900 dafür die ersten Weichen gestellt, und wir haben dieses Jahrhundert verstreichen lassen, ohne ihre wesentlichen Schlußfolgerungen aufzunehmen und zu rezipieren. Wir sind heute immer noch im alten Denken verhakt, daß strenggenommen nur Dinge für uns wahrnehmbar sind, wenn wir sie greifen können, es also materielle Objekte sind. Das sind aber die unwichtigeren Dinge dieser Welt. Deshalb brauchen wir die Kunst, um uns den Zugang zu dem Umfassenderen offenzuhalten, damit wir besser verstehen und erfahren, was dieser Wirklichkeit eigentlich zugrunde liegt … Kunst und Musik und alle diese nicht direkt faßbaren Dinge lassen uns erinnern, daß es etwas Gemeinsames im Hintergrund gibt, das wir nicht erst durch Erziehung und in der Schule erzeugen müssen. Die Schule hat jedoch die Funktion, diese Erinnerung in uns zu wecken und ihr sichtbare Gestalt zu geben.»[41]

Auf der Suche nach neuen Wegen

Mit der einseitigen Hingabe an die materielle Seite der Erde wird die geistige Wesenheit des Menschen, sein Ich, immer tiefer in die Verhärtung getrieben, und damit tritt ein, was heute überall im Sport, in der Wirtschaft oder der Politik, ja selbst in der Kultur erstrebt wird: Jeder will vor allen anderen der erste sein – und damit wird das eigentliche Wesen des Ich zerstört, und «der Weg des Menschen zu sich selbst – dieser ebenso abenteuerliche wie gefährliche Weg – hat sich als abschüssig erwiesen» (s. S. 21). Im vorausgehenden Kapitel haben wir die warnenden Stimmen gehört, die auf ganz andere Seiten unseres Lebens hinweisen, denen die Kunst unverzichtbar zugehört, ohne die wir kein menschenwürdiges Leben führen können. Es sind keine Theorien, die hier von bedeutenden Wissenschaftlern ausgesprochen wurden, sondern reale Lebensnotwendigkeiten!

Während Darwin und Einstein aus ihren persönlichen Lebenserfahrungen berichten, greift Heisenberg weiter in objektive Bereiche unseres Daseins, die mit neuen Bewußtseinsschritten zugänglich werden können und uns wieder mit dem «zentralen Bereich» in Verbindung bringen, in dem in vergangenen Zeiten der Urgrund der Menschheit erlebt wurde und dem irdischen Leben Halt und Stütze gab.

Rudolf Steiner kann aus seinen geistigen Einsichten noch weitergehen, indem er auf viel bestimmtere Zusammenhänge verweist: «Es reißt der Zusammenhang mit dem Geiste, wenn er nicht durch die Schönheit erhalten wird. Die Schönheit verbindet das Ich mit dem Leibe.»[42] Wenn die Schönheit das Ich als geistiges Wesensglied des Menschen mit dessen Leib verbinden will, muß sie an beiden Bereichen teilhaben, dem geistigen und dem leiblich-irdischen; durch den stofflich-materiellen Anteil, aus dem das Kunstwerk gestaltet ist, muß der geistige Anteil gleichsam hindurchscheinen, er muß den Stoff durchdringen, indem die Form oder die Farbe als «schön» empfunden werden kann. «Den Stoff wird er [der Künstler] von der Gegenwart nehmen, aber die Form von einer edleren Zeit, ja, jenseits aller Zeit, von der absoluten, unwandelbaren Einheit seines Wesens entlehnen. Hier aus dem reinen Äther seiner dämonischen [= göttlichen] Natur rinnt die Quelle der Schönheit herab, unangesteckt von der Verderbnis der Geschlechter und Zeiten, welche tief unter ihr in trüben Strudeln sich wälzen» (Friedrich Schiller[43]). Wenn man unter «Schönheit» die göttliche Harmonie verstehen will, aus der unser Kosmos erschaffen wurde und die man mit aufgeschlossenem Herzen allerorten bewundern kann, wird man auch das persönliche, willkürliche Urteil überwinden von dem, was jeder Mensch für «Schönheit» hält, und wird deren übersinnlichen, objektiven Charakter, wie ihn Schiller beschreibt, anerkennen.

Von hier aus ergeben sich neue Wege für den Fortgang der Wesenheit des Menschen, der durch die zunehmend errungene Selbständigkeit seines Ich gefährdet erschien. Er sucht erneut aus bewußter eigener Kraft den Zusammenhang mit dem Kosmos, in dem er seine geistige Heimat erahnt.

Wie soll das geschehen? «Obwohl es sich am Ende um neue Gestaltung und das Bilden neuer Formen handelt, können die neuen Formen nur aus dem neuen Inhalt entstehen; es kann nie umgekehrt gehen. Neue Kunst machen, heißt also, so würde ich vermuten, neue Inhalte sichtbar oder hörbar machen, nicht nur neue Formen erfinden»[44], gibt Heisenberg zu verstehen. Das können nicht mehr die äußeren Erscheinungsformen der Natur sein, wie es das 15. Jahrhundert entdeckt hatte, sondern die schöpferischen Kräfte selbst, aus denen die Natur entstanden ist, die sich gleichsam hinter ihrer

Oberfläche verborgen halten. Damit stehen wir vor einer neuen, gewaltigen Aufgabe, die *Angelus Silesius* in dieselbe Versform geprägt hat, wie wir sie schon (auf den Seiten 29 und 36) kennengelernt haben:

Der Himmel senket sich, er kommt und wird zur Erden:
Wann steigt die Erd empor und wird zum Himmel
[werden?

Es klingt wie ein geheimes Wegzeichen, das neue Zielrichtungen nicht nur in religiöser, sondern ebenso in künstlerischer Art auf unserem Weg aufzeigen will. Die drei Verse von Angelus Silesius bilden zusammen einen Grundakkord unserer menschlichen Entwicklung, sowohl individuell wie auch menschheitlich betrachtet. Darin sind auch die Gefahren eingeschlossen, die für uns mit dem Herabstieg auf die Erde verbunden sind. Aber die Erde bringt in ihrer Dunkelheit nicht nur die Schatten oder die Dichte ihrer Stoffe, die uns in die Schwere und in die Abhängigkeit des materiellen Daseins gebracht haben. Das ist nur ihr äußeres Gesicht, die Schale, die den Keim in sich trägt für eine Zukunft, die wir erst selber schaffen sollen.

Licht und Finsternis

Die Schöpferworte, mit denen das Alte Testament beginnt, berichten von der Finsternis, die die Welt erfüllte, bis durch die Urgewalt des göttlichen Wortes das Licht erschaffen wurde. Diese Urpolarität von Licht und Finsternis gewann durch den Atem der göttlichen Schöpfermächte ein lebendiges Verhältnis zueinander in dem harmonischen Wechsel von Tag und Nacht. Das kommt auf dem Mosaik von der Erschaffung des Lichtes in ergreifender Weise zum Ausdruck (Abb. 193). Licht und Finsternis sind zuerst klar voneinander geschieden. Man meint, eine Grenze zwischen beiden zu sehen, sie scheint den Hintergrund zu bestimmen. Aber der Engel schwebt von der Lichtseite her, der er entstammt, zur Mitte. Seine ausgebreiteten Flügel und die weit geöffneten Arme umspannen Licht und Finsternis zugleich, ja, sie sind selbst von beiden erfüllt. Sein im Schöpfungsprozeß flatterndes Gewand, seine Füße und der zur Finsternis gewendete ernste Blick lassen die Bewegung erkennen, die der Dunkelheit entgegengeht. So befindet er sich trotz seiner ausgleichenden Haltung zwischen den Gegensätzen, im Fortschreiten aus seiner lichten Welt hin zur Dunkelheit. Das Kreuz an der Hand Gottvaters (etwa in Augenhöhe) neigt sich dem Engel zu wie eine Vorahnung, daß der Christus einst denselben Weg beschreiten wird und die erschütternden Gegensätze durch Tod und Auferstehung durchdringen und versöhnen wird.

Auch heute noch bildet der durch den rhythmischen Wechsel, durch das harmonische Ineinanderweben von Tag und Nacht, von Sommer und

Abb. 193
Die erste Schöpfungstat – die Erschaffung des Lichtes, Mosaik, San Marco, Venedig, um 1220–1300

Abb. 194
Selbstbildnis, Rembrandt, um 1629

↗
Abb. 195
Selbstbildnis, Rembrandt, 1640

→
Abb. 196
Selbstbildnis, Rembrandt, um 1657

Winter entstandene Weltenatem eine der wesentlichsten Grundlagen unseres Daseins. Aber durch unsere materialistische Weltauffassung und deren Folgen sind diese zeitlichen Abläufe immer mehr zum Stillstand gekommen. Es ist gleichgültig geworden, ob ich tagsüber oder nachts arbeite, schlafe, reise, Konferenzen abhalte, mich vergnüge, mich vor den Fernseher setze oder einkaufen gehe und so weiter. Es ist müßig, sich hierüber weitere Gedanken zu machen, weil jedermann diese Verhältnisse gut genug kennt. Interessant ist vielleicht, daß der Engländer Edward Bulwer-Lytton (1803–1873[45]) bereits von einer Menschheit schreibt, die nur in künstlichem Licht lebt, das tagaus tagein gleich hell ist und das auch die Jahreszeiten nicht mehr kennt. Damit geht jeder Rhythmus im Naturgeschehen verloren – die Zeit steht gleichsam still, jede Entwicklung wird zum Zustand des So-Seins umgewandelt, wie es jedem aus dem technisch-mechanischen Vorgang hergestellten Gegenstand entspricht.

Welche Bedeutung der Zeitenlauf in der Entwicklung der Persönlichkeit des Menschen hat, konnten wir beispielsweise wahrnehmen bei den Darstellungen der Anbetung des Kindes, die aus der Bewegung zur Krippe allmählich übergingen in die Ruhe des Stillstandes, des Zu-sich-Kommens, das von der Zeit zum Raum, zum Porträt führte und darin einen Höhepunkt seiner Ich-Suche fand. Auffallend war dabei, wie die Bildnisse häufig aus tiefer Dunkelheit des Hintergrundes aufsteigen. Hierfür bildet wiederum die Vielfalt der Selbstporträts Rembrandts (1606–1669) einen unerreichten Höhepunkt (Abb. 194–196).

Das «Aufsteigen aus tiefer Dunkelheit» hat mit dem Schatten, der ja gleichzeitig im Bewußtsein der Menschen erwachte und überall im hellen Sonnenschein an den Gegenständen wahrgenommen wurde, nichts gemein. In der Natur ziehen sich die Keime neu entstehender Lebewesen in die Dunkelheit eines «Innenraumes» zurück – ob es nun die dichten Eierschalen der Vögel, die kräftigen Hüllblätter von Blatt- oder Blütenknospen, die Samen in den Früchten sind oder der Embryo des Menschen: alle müssen sie sich zuerst in eine bergende, dunkle Schutzhülle zurückziehen, um die Organe vorzubereiten, die sie für das Leben in Licht und Luft, gegebenenfalls auch im Wasser, brauchen. Überall erweist sich die Dunkelheit als der Quellgrund, aus dem die Kräfte aufsteigen, die dem Leben helfend zur Seite stehen. Nicht anders ist es mit dem Schlaf, den alle Lebewesen, jedes auf seine Art, brauchen, um ihre Lebenskräfte zu erneuern; auch in diesem Prozeß ist die Dunkelheit unverzichtbar hineinverwoben. Im Schlaf befreit sich die Seele des Menschen von sich selbst, wenn sie sich in der Dunkelheit der Nacht von den Eindrücken der Sinneswelt löst und ihrem ewigen Wesen nahekommen kann.

Es wird darauf ankommen, in der Dunkelheit die schöpferischen Kräfte zu entdecken, die in ihr verborgen sind, wie es etwa *Novalis* in seinen «Hymnen an die Nacht» getan hat[46]: «Abwärts wend' ich mich zu der heiligen, unaussprechlichen, geheimnisvollen Nacht. Fernab liegt die Welt – in eine tiefe Gruft versenkt – wüst und einsam ist ihre Stelle. In den Saiten der Brust weht tiefe Wehmut … Was quillt auf einmal so ahnungsvoll unterm Herzen, und verschluckt der Wehmut weiche Luft? Hast auch du ein Gefallen an uns, dunkle Nacht? Was hältst du unter deinem Mantel, das mir unsichtbar kräftig an die Seele geht? … Himmlischer als jene blitzenden Sterne dünken uns die unendlichen Augen, die die Nacht in uns geöffnet …» «Novalis» heißt: ein «Neuland Rodender und Saaten Streuender». Dazu schreibt Johannes Hoffmeister: «Man verstünde die Religiosität von Novalis ganz falsch, wenn man sie als eine Abkehr vom Irdischen deutete. Wer sich wie Novalis schon hier und jetzt in seiner ewigen Heimat geborgen weiß, der braucht das Irdische nicht zu verachten, die Welt nicht zu fliehen. Andererseits ist es aber nicht gleichgültig oder belanglos genug, um einfach hinter uns im wesenlosen Scheine liegengelassen zu werden. Die Erfahrung der Unendlichkeit darf nicht zur Ausschließung des Endlichen führen. Im Gegenteil: diese Erfahrung erbringt ein neues Verhältnis zum Endlichen. Aus der Sicherheit des Bezuges zum Ewigen wächst uns das Zeitliche als Aufgabe zu. Mit anderen Worten: die Erfahrung der Unendlichkeit macht die echte Zuwendung zum Endlichen allererst möglich.»

Wir sind aus der Unendlichkeit auf die Erde herabgestiegen und im Mittelpunkt ihrer Oberfläche stehengeblieben. Wir haben in der Endlichkeit des *Raumes* uns selbst gefunden. Wir müssen nun durch uns selbst hindurchgehen, um die Unendlichkeit in uns wiederzuerwecken und unser Ich mit ihr zu verbinden. Wir müssen *aus der Ruhe* wieder *zur Bewegung* übergehen. Die bewegende Kraft des *Eigenwil-*

lens wird uns hinübertragen in die Unendlichkeit, wo wir die Geistwesen wiederfinden werden, die wir einst verlassen haben. *Zukunftstragende Kräfte* leben im *Willen!*

Unser Denken weist uns zurück in die Vergangenheit; es ist «Nachdenken», was uns erfüllt. Wenn wir uns erinnern an das, was gewesen ist, leuchten die Gedankenbilder hell in unserer Erinnerung auf. Die Zukunft liegt im Dunkel vor uns; es ist schwer, sie mit «*Nach*denken» aufzulichten. Es bedarf besonderer Anstrengung, also Willenskraft, mit den Gedanken durch die Vergangenheit in die Zukunft vorzudringen. Wie lebt eigentlich der Wille in der Seele? Rudolf Steiner gibt folgende Hinweise[47]: «Wenn wir den Willen mit der entwickelten Kraft des Anschauens, der Hellsichtigkeit betrachten, dann wird auch etwas erlebt, was wir äußerlich sehen. Wenn wir den Gedanken mit der Kraft des Hellsehens betrachten, wird Licht erlebt, Leuchtendes erlebt. Wenn wir den Willen mit der Kraft des Hellsehens betrachten, so wird er immer dicker und dicker, dieser Wille, und er wird Stoff … Innerlich ist der Stoff Wille, wie das Licht innerlich Gedanke ist. Und äußerlich ist der Wille Stoff, wie der Gedanke äußerlich Licht ist» (s. S. 91).

Man kann diese schwerwiegenden Gedanken sich zum Erleben bringen an jedem Gegenstand, der von Menschen hergestellt worden ist. Denn jedes Werkstück lebte zuerst als Idee, dann als konkrete Vorstellung in den Gedanken, wurde dann bis ins kleinste Detail durch den Willen in Tätigkeit gebracht, von der Konstruktion angefangen über die Wahl des Materials bis zu den letzten Arbeitsprozessen: Das Werkstück ist realisierter, in den Stoff umgesetzter, *äußerlicher* Wille geworden, während seine Idee und die vorausgegangenen Vorstellungen in die vor uns stehende Gestaltung gleichsam hinein erstorben sind. Es ist zugleich eine Art schattenhaftes Spiegelbild des Schöpfungsprozesses, der eingangs durch die Abbildung 193 vor unsere Seele trat.

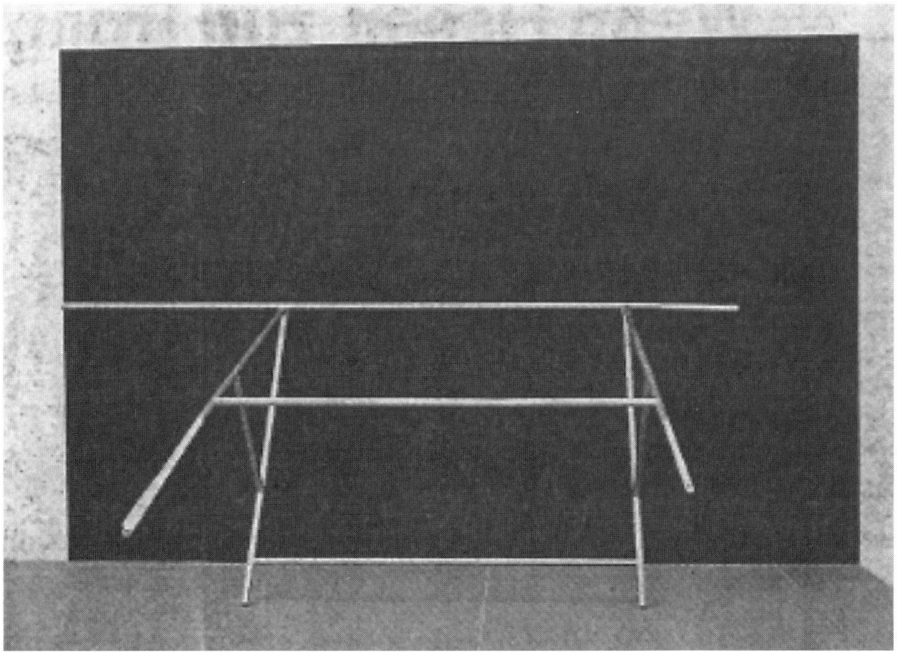

Abb. 197
Ohne Titel,
Monika Brandmeier

> Und nun haben Sie diese zwei Welt-Entitäten, das Licht und die Finsternis; im Lichte den lebenden Gedanken, die ersterbende Vorzeit; in der Finsternis den entstehenden Willen, die kommende Zukunft ... Die Zukunft ist dasjenige, was eigentlich in der Stärke des Stoffes liegt.
>
> Rudolf Steiner, ebenda

Im Menschen durchdringen sich in verschiedenster Weise «Gedankenlicht, Lichtgedanken, Stoffwille, Willensstoff» (R. Steiner, ebenda). Das sind gleichzeitig kosmische Prozesse. Kann uns die Kunst hier Brücken schlagen und diese Gedanken zu wirklichem Erleben bringen? Wir greifen wieder auf Rudolf Steiners Gedanken zurück, weil sie aus tieferer Einsicht in das übersinnliche Geschehen stammen.[48] «Eine neue Kunst wird aufgehen, wenn die Menschenseele lernen wird, sich in das Elementare, das lebendig ist, zu versenken und zu vertiefen ... Entweder wird der Mensch sich mit seinem vollen Menschentum einleben in das Elementarische, die Elementargewalten, wird Geist und Seele des Äußeren aufnehmen, oder es wird die Kunst immer mehr zu der Eremitenarbeit der einzelnen Seele werden, wodurch ja recht Interessantes für die Psychologie dieser oder jener Seele zum Vorschein kommen kann, wodurch aber niemals das erreicht werden wird, was die Kunst einzig und allein erreichen kann.» Letzteres ist heute in vollem Gange: denn vor den meisten Kunstwerken stehen wir vor Rätseln, die nur durch *Erklärungen* gedeutet werden können (Abb. 197[49]). Aber der Hinweis auf das Elementarische kann helfen, Zielrichtungen zu geben, die aus dem rein Gegenständlichen in das lebendige Wirken von Naturkräften führen.

In einem etwas später gehaltenen Vortrag wird dieser Gedanke in folgender Weise fortgesetzt: «Nicht soll etwa in einer einseitigen Weise hingewiesen werden auf ein Verlassen der Natur, auf ein Verlassen der äußeren Wirklichkeit in der Kunst der Zukunft. Das sei ferne. Hingewiesen soll werden auf ein noch intensiveres Beisammensein mit der äußeren Welt, auf ein so starkes Zusammensein, daß es sich nicht bloß erstreckt auf den äußeren Eindruck der Farbe, des Tones und der Form, sondern auch auf dasjenige, was man hinter dem Tone, hinter den Formen erleben kann, was sich offenbart in Farbe, Ton und Form.»[50]

Licht und Finsternis sind kosmische und rein seelische Urelemente unseres Daseins zugleich. Wenn sich in ihnen auch noch *Vergangenheits-* und *Zukunftskräfte* offenbaren, gewinnen sie für uns ganz wesentlich an Bedeutung. Denn dann leben in ihnen auch die Elemente, die in der *Zeit* wirken und uns aus dem Raum in das *Werden und Vergehen* unserer Welt führen. Das aber wird eine unserer nächsten Aufgaben sein.

Vom Raum zur Zeit

Wir knüpfen an *M. C. Escher* an, der ein hervorragender Künstler unserer Tage gewesen ist und auf sehr genauen mathematischen Erfahrungen aufgebaut hat. Er hat den jahrhundertelang gefeierten Thron der räumlichen Perspektive ins Wanken gebracht, auf den sich der Mensch niedergelassen hatte und sich im Mittelpunkt der Erdenwelt erlebte. Von den Malern wurde der allmächtige Fluchtpunkt schon im 19. Jahrhundert abgelehnt, und die Suche nach neuen «Räumen» hatte längst begonnen. Das Besondere an M. C. Escher war, daß er das gegenständliche Naturvorbild und die Perspektive nicht beiseite legte, sondern sie *veränderte* und dadurch neue, ungeahnte Räume erschloß und auch ganz andere *Wesen* entwickelte, die es in der sinnlichen Welt nicht gibt. So entstand in seiner Phantasie zum Beispiel der «Rollwanst», weil ihm aufgefallen war, daß es kein Tier gibt, das sich wie ein Rad oder eine Kugel drehend fortbewegen kann. Das hat er dann selbst konstruiert und ausführlich beschrieben (Abb. 198, 199). Die Vögel und Fische, die er aus dem Ineinandergreifen des Weißen und Schwarzen, diagonal gesehen, entstehen läßt, entsprechen den Vorbil-

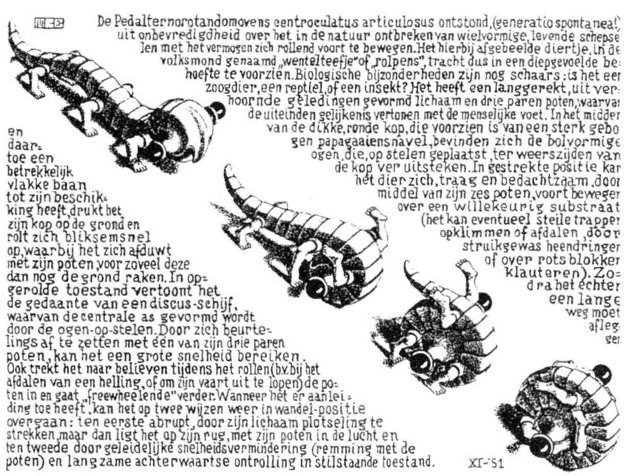

Abb. 199 Treppenhaus, Litho, M. C. Escher, 1951

←
Abb. 198
Krempeltierchen oder Rollwanst, Litho, M. C. Escher, 1951

dern unserer sichtbaren Welt (Abb. 200, 201). Aber unsere *Sehweise* wird auf eine andere Ebene erhoben, wie wir das schon bei der Abbildung 186 erleben konnten.

Diese Art zu sehen ist unseren Augen ungewohnt; sie wundern sich darüber, daß es so etwas gibt. Und gerade das *Wundern* über etwas, was es eigentlich nicht gibt, obwohl es real da ist – das müssen wir neu lernen, um uns neue Räume zu erschließen, die uns als Menschen wieder mit dem Geistig-Seelischen verbinden können. Diese *Räume* verlaufen allerdings zunächst einmal im *Zeitlichen*, wie es die Musik oder die Sprache tut. Es ist sicher auch kein Zufall, daß gerade Musik und Dichtkunst in hoher Blüte standen, als die bildenden Künste keine neuen Wege im Sinnlich-Wahrnehmbaren mehr fanden und schließlich in Abstraktion und materieller Objektkunst landeten.

Nun kann es sich hier nicht darum handeln, die zahllosen Versuche der Maler und Bildhauer zu beschreiben, die mit voller Hingabe ihrer Kräfte daran gearbeitet haben, die Grenzen zu dem «Noch-nicht-Sichtbaren» zu überwinden und neue Dimensionen im Bildnerischen zu erschließen. Der Weg, den wir bisher verfolgt haben, will nicht *der* Weg des Menschen zu sich selbst sein, sondern *ein* Weg. Heute gibt es keinen einheitlichen Stil mehr, der früher ein ganzes Lebensgebiet umfaßt und seinen Ausdruck in der Kunst gefunden hat. In der Porträt-Kunst zeigt sich diese Individuation deutlich, die bis heute immer stärker geworden ist und durch das persönliche Schicksal jedes einzelnen bestimmt wird.

↖

Abb. 200
Luft und Wasser I, Holzschnitt, M. C. Escher, 1938

Abb. 201
Luft und Wasser II, Holzschnitt, M. C. Escher, 1938

So sei hier nur ein einziger Maler herausgegriffen, der frühzeitig neue Wege gewiesen hat und deshalb von vielen seiner Zeitgenossen nicht verstanden worden ist: *William Turner* (* 1775 in London, † 1851). Er ging als Einzelgänger inmitten realistischer englischer Landschaftsmalerei seinen eigenen Inspirationen nach. Er wurde als ein «Maler der Elemente» bezeichnet, was damals noch außergewöhnlich war. Seine Gemälde sind nicht etwa phantastisch, sondern bauen auf seinen naturnahen Wahrnehmungen auf und führen ihn dann weiter in die atmosphärischen Erscheinungen von Licht, Luft, Wasser

Abb. 202
Verwegener Kampf
(The Fighting Téméraire),
William Turner (1775–1851)

Abb. 203
Heidelberg, Wasserfarbe, Feder,
Tinte und Schaber,
William Turner (1775–1851)

und Erde, die sich durchdringen und oft nur spärliche Zeichen von Gegenständen irdischer Art setzen (Abb. 202, 203). Rudolf Steiner bezeichnete gerade ein solches Bemühen als Grundlage einer «neuen Kunst». Wer sich in das Elementarische einzuleben versucht, ohne sich dabei von der Natur zu lösen und in nebuloser Phantastik zu verschwimmen,

↖
Abb. 204
Schöpferisches Chaos, Kreidezeichnung, Michael Martin

←
Abb. 205
Es beginnt sich zu formen, Kreidezeichnung, Michael Martin

↑
Abb. 206
Das Feste löst sich aus dem Bewegten, Kreidezeichnung, Michael Martin

wird in ihre fortwährenden zeitlichen Veränderungen einzutauchen lernen und erste Schritte hinter ihre äußeren Erscheinungsformen wagen. Dazu kann die von Rudolf Steiner im Zusammenhang mit künstlerischen Mitarbeitern entwickelte Schraffur-Zeichnung eine wesentliche Hilfe sein.[51]

Die Schraffur verläßt die Linie als Abgrenzung einer Form und gestaltet eine Fläche in lockerer Strichfolge. Der ständige Wechsel von Hell und Dunkel, der bei jedem Strich mit schwarzem Stift auf weißem Papier entsteht, regt zu lebendiger sich wandelnder oder auch zu fest werdender, dichterer Gestaltung an. Was in dem Mosaik von San Marco in *ein* Bild geprägt wurde (Abb. 193), erscheint in den nachfolgenden Zeichnungen in zeitlicher Folge, in der die gegensätzlichen Kräfte um Gestaltung ringen (Abb. 204–208). Es beginnt mit dem «schöpferischen Chaos», aus dem noch alles entstehen kann, obwohl eine gewisse Gliederung zwischen dem Hellen und dem Dunklen schon bemerkbar wird. Dann ordnen sich die Elemente deutlicher, die sich trennenden Kräfte drängen in starker Bewegung, das Licht sprüht vom Hintergrund herein (Abb. 205). Dann sondert sich das Festwerdende allmählich aus dem Bewegten heraus, und schließlich tritt Ruhe ein. In dem hellen Raum zwischen den Gegensätzen erscheint eine zart angedeutete Menschengestalt, die ohne vorherige Absicht zuletzt eingezeichnet wurde (Abb. 208). Hat sie mit dem Engel von San Marco etwas zu tun, der die Mitte hält zwischen den Polaritäten – und sich trotzdem vom einen zum anderen fortbewegt? Christus sagte: «Ich bin das Licht der Welt. Wer mir nachfolgt, wird nicht im Finstern wandeln, sondern das Licht haben, in welchem das

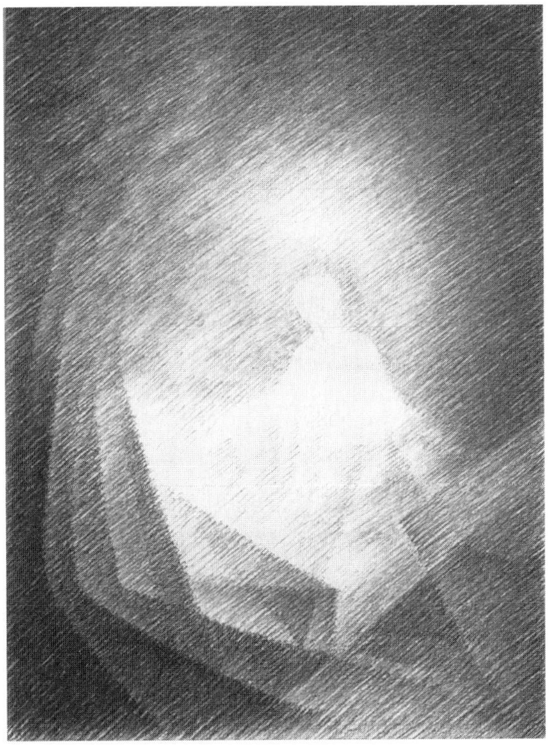

↗
Abb. 207
Hartes und Weiches kommen zur Ruhe – Himmel und Erde entstehen, Kreidezeichnung, Michael Martin

→
Abb. 208
Zwischen Himmel und Erde – der Mensch, Kreidezeichnung, Michael Martin

Abb. 209
Das Licht durchdringt die Finsternis, Kreidezeichnung, Michael Martin

Abb. 210
Christus in der Vorhölle, Kreidezeichnung, Michael Martin

Leben ist» (Joh. 8). Das Leben aber kann nur dort entstehen, wo Licht und Finsternis in rechter Weise miteinander ausgewogen sind. Nach dem Nicodemus-Evangelium öffnete Christus nach der Kreuzigung die Tore der Vorhölle und erlöste mit seinem Licht die Seelen der Verstorbenen. Er trug das Weltenlicht in die Weltenfinsternis hinein; sie waren nicht mehr voneinander getrennt.

Die Folge der Zeichnungen war nicht «vorausgedacht», sondern wurde aus vorhandenen ausgewählt, um eine Art «Schöpfungsakt» zu zeigen. Dabei kommt natürlich dem Licht und der Finsternis als Urelementen die entscheidende Bedeutung zu. Auch auf Titel wurde stets verzichtet; der Betrachter sollte selbst zu einer ihm gemäßen «Unterschrift» kommen!

Abb. 211
Licht – inmitten der Dunkelheit, Kreidezeichnung, Michael Martin

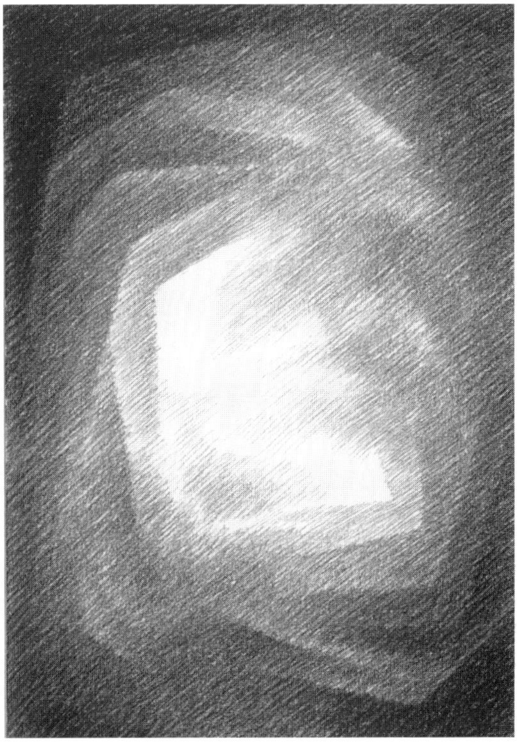

↗
Abb. 212
Es festigt sich, Kreidezeichnung, Michael Martin

→
Abb. 213
Es entsteht «Raum», Kreidezeichnung, Michael Martin

Die nächsten Abbildungen zeigen den Vorgang, wie aus einer Art Lichtraum durch Festwerden und Abgrenzen des Dunklen ein Innenraum entsteht, ohne abgrenzende Wände, nur als Tiefenwirkung eines Raumes gemeint (Abb. 211–213). Daraus lassen sich neuartige Raumeindrücke bilden, die auf jede Perspektive im üblichen Sinne verzichten (Abb. 214–216).

Wenn jemand heute die Sehnsucht danach hat, sich in die geistige Welt zu erheben, und das Buch «Wie erlangt man Erkenntnisse der höheren Welten?» zur Hand nimmt, wird er vielleicht darüber enttäuscht sein, daß die Anleitungen – nach den entsprechenden Vorbereitungen des Seelenlebens – nicht in tiefsinnige Meditationen führen, sondern genau das Gegenteil beinhalten.[52] «Der Anfang muß damit gemacht werden, die Aufmerksamkeit der Seele auf gewisse Vorgänge in der uns umgebenden Welt zu lenken. Solche Vorgänge sind das wachsende und gedeihende Leben einerseits und alle Erscheinungen, die mit Verblühen, Verwelken, Absterben zusammenhängen, andererseits. Überall, wohin der Mensch die Augen wendet, sind solche Vorgänge gleichzeitig vorhanden.» Diese Wege hat Goethe schon längst grundlegend erforscht vornehmlich in den Formwandlungen der Pflanzen. Rudolf Steiner hat sie in die Tiefe geführt und auf alle Vorgänge erweitert, die im Werden und Vergehen des Weltgeschehens zu finden sind. Auch wir sind ja im Ausdehnen und Zusammenziehen, im Auflösen und Verdichten, im Hell- und Dunkelwerden elementarischer Prozesse ebenfalls darauf gestoßen.

Abb. 214
Innenraum – strenge Raumgrenzen, Kreidezeichnung, Michael Martin

Abb. 215
Innenraum – bewegte Raumgrenzen, Kreidezeichnung, Michael Martin

↓
Abb. 216
Innenraum – Raumhülle,
Kreidezeichnung,
Michael Martin

→
Abb. 217
Der Turm, Schichtübung,
Kreidezeichnung,
Michael Martin

↘
Abb. 218
Novemberstimmung,
Kreidezeichnung,
Michael Martin

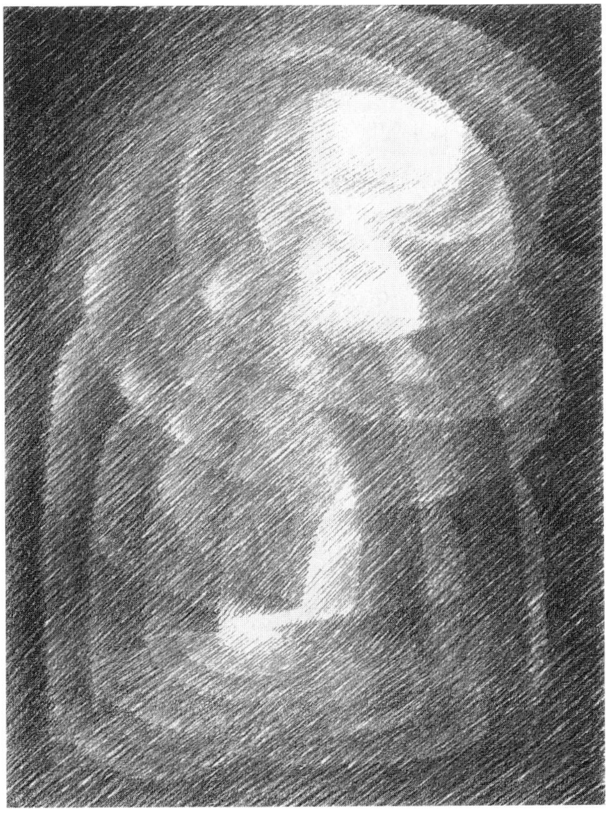

Abb. 219
Metamorphose, Filzstiftzeichnung, Wilhelm Reichert, 1982

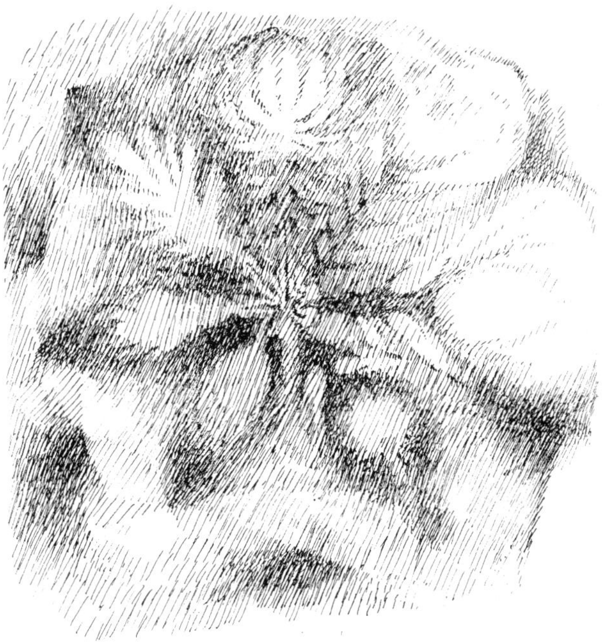

Abb. 220
Metamorphose der Kräfte im Lebendigen, Filzstiftzeichnung, Wilhelm Reichert, 1981

Wilhelm Reichert (1926–1982) widmete sein Leben ganz diesem Werden und Vergehen innerhalb der Pflanzenwelt, um darin die Grundkräfte allen Lebens unseres Kosmos bis zu den Sternen hinauf zu erkennen und selbst künstlerisch zu gestalten. Sein Leben, das durch schwere Schicksalsprüfungen gezeichnet war, begann schon in der Kindheit mit einem seligen Einswerden mit der Natur, das er später durch die Metamorphosen der Säulenkapitelle und Planetensiegel Rudolf Steiners bewußt ergriff, in vielen Zeichnungen gestaltet und durch Vorträge, Kurse und Veröffentlichungen anderen Menschen zugänglich machte.[53] In jeder der vier feinfühlig angelegten Filzstiftzeichnungen (Abb. 219–222) kommt der siebenfältige Entwicklungsweg des Pflanzenwesens deutlich, teilweise auch geheimnisvoll verborgen zum Ausdruck, besonders klar in der ersten Darstellung: Der «Pflanzenweg» beginnt unten links mit der noch unentwickelten, knospenartigen Form. Diese wächst im nächsten Stadium an, entfaltet sich, bis oben die Lichtkräfte die Blüte öffnen und weiten; dann drängen sie nach rechts ab-

Abb. 221
Metamorphose, Filzstiftzeichnung, Wilhelm Reichert

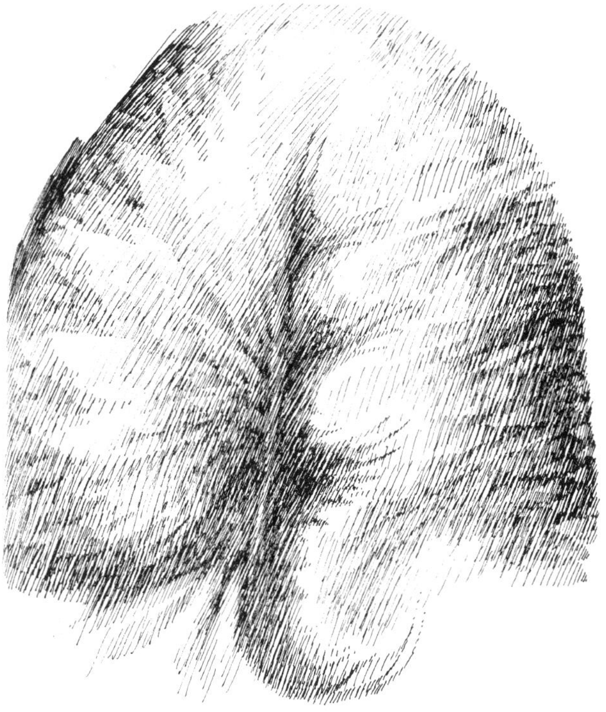

Abb. 222
Metamorphose, Filzstiftzeichnung, Wilhelm Reichert

steigend von außen mehr und mehr das Wachstum zurück, und die Samenbildung senkt sich, wie ein Geschenk des Kosmos, in die winterliche Tiefe der Erde ein.

Auch in den anderen Zeichnungen ist dieser Weg vom Werden über das Vergehen – und wiederum zum Neubeginn wahrzunehmen.

Wilhelm Reichert schreibt dazu[54]: «Es ging vorwiegend um die ätherischen Strömungen, wie sie sich als momentane oder zeitlich offenbarende Lebensformen ergeben können. – Kräftemäßiges Darstellen von Taten und Leiden der Form im Zeitablauf. – Immer wieder ging es darum, die Gesetzmäßigkeit der Metamorphose – Verwandlung einer Form in die andere – sicher in das anschauende Bewußtsein zu heben. Vieles entstand durch detailliertes Anschauen der Natur. Das meiste aber hat sich durch ein beweglich-kräftemäßiges Empfinden (Zurückweichen – Vordrängen) angewandt am Formenkreis durch inneres Forschen ergeben.»

223

Abb. 223
Die Pflanze –
ein Geschenk
des Kosmos
an die Erde,
Filzstift-
zeichnung,
Wilhelm Reichert

Abb. 224 a–g
Metamorpho-
senreihe,
sieben Filz-
stiftzeich-
nungen,
Wilhelm
Reichert

224 a

224 d

224 e

224 b

224 c

224 f

224 g

Abb. 225
Metamorphose, Tuschzeichnung, Peter Wolf, 1999

Abb. 227
Der Wächter des Samenkorns, Tuschzeichnung, Peter Wolf, 1999

Abb. 226
Lebendiges Weben, Tuschzeichnung, Peter Wolf, 1999

In diesem inneren Bemühen folgt ihm *Peter Wolf* nach (* 1939), der heute noch auf vielerlei Gebieten des Künstlerischen und Pädagogischen tätig ist und als hervorragender Graphiker arbeitet. Er greift den «Formenkreis» der Pflanzen auf und verwandelt ihn in eine Art Siegel, das in graphischer Schwarz-Weiß-Technik ausgeführt und trotzdem in lebendige Schönheit getaucht ist, die, auch wenn man von dem darin verborgenen Formenwandel nichts ahnt, belebend und erfrischend auf den Betrachter wirkt. Hat man noch dazu ein Glasprisma bei der Hand, durch das man den Blick auf eine Form richten kann, so wird das Erlebnis durch das wunderbar in Farben aufleuchtende Bild noch wesentlich gesteigert. Der Kundige wird darüber hinaus in jedem dieser Siegel die Formverwandlungen wiederfinden, wie sie bei dem Formenweg Wilhelm Reicherts beschrieben wurden.

Abb. 228
Schweres Fallen (Herbst), Tuschzeichnung, Peter Wolf, 1999

Abb. 229
Metamorphose, Tuschzeichnung, Peter Wolf, 1999

Die vier Holzreliefs (Abb. 230a–d) stammen aus einem Kurs von *Peter Wolf* für Lehrerstudenten in Spring Valley/USA, die aus einer Metamorphosenreihe von sieben Tonreliefs zusammengezogen wurden und durch den Jahreslauf führen. Aus den wenigen hier gezeigten Beispielen kann man ahnen, wie unerschöpflich die Möglichkeiten sind zu immer neuen Formen, die aus diesen grundlegenden Formengesetzen der Pflanzen entwickelt werden können. Sie sind in allen organischen Formen, selbst im Menschen zu finden; und das zu erkennen führt den Menschen bereits aus seiner Vereinsamung des persönlichen Standortes heraus in den Zusammenhang mit dem gesamten Kosmos, zur Erweiterung seines Selbstes.

Abb. 230 a Ruhen und Keimen

Abb. 230 b Wachsen, Ausbreiten und Öffnen

Abb. 230
Ein Weg durch das Jahr, Vier Reliefs, Lindenholz, Durchmesser 80 cm, Gemeinschaftsarbeit mit Peter Wolf

Abb. 230 c Blühen und Fruchten

Abb. 230 d Welken, Verdichten und Samen

Auf ganz andere Weise hat sich *Walther Roggenkamp* (1926–1995) mit der Welt der Pflanzen verbunden. Er war ein genialer Künstler und hat auf den verschiedensten Gebieten gewirkt, nicht nur als Maler und Graphiker, sondern auch auf dem Gebiet der Glasbilder, der Kunst am Bau, der Wandteppiche, Bühnenkunst, Schrift- und Buchgestaltung und vieles andere, wo er wesentliche Akzente für eine lebendige Kunstauffassung gesetzt hat.[55] Seine Pflanzenstudien führten ihn zum inneren Erleben der Wesenheiten, die in den Elementen schaffend und bildend tätig sind (Abb. 231, 232). Geht man den Formbildungen seiner Federzeichnungen nach, fühlt man

Abb. 231
Erdgeister, Federzeichnung, Walther Roggenkamp, 1970

Abb. 232
Wachstumsgeister, Federzeichnung, Walther Roggenkamp, 1970

Abb. 233
Ostern, Aquarell, Walther Roggenkamp, 1987

Abb. 234
Johanni, Aquarell, Walther Roggenkamp, 1987

Abb. 235
Michaeli, Aquarell, Walther Roggenkamp, 1988

Abb. 236
Weihnachten, Aquarell, Walther Roggenkamp, 1988

sich hineinversetzt in das Werden der Pflanzen selber, die wir draußen in der Natur nur in ihren sinnlich-stofflichen Gestalten wahrnehmen.

Er hat auch das in seiner Seele veranlagte Farbenmeer in leuchtende Strömungen verwandelt und in seine Pflanzenbilder ergossen, um damit die Höhepunkte des Jahreslaufes als Farbklänge in der Seele des Betrachters aufzuwecken (Abb. 233–236). So wird sichtbar, was die Pflanze unsichtbar in sich bewegt. Der Maler entzaubert ihre Stimmungen und teilt sie dem Betrachter seiner Gemälde mit und wird so zum Vermittler zwischen dem Pflanzenwesen und dem Menschen.

Aus der Reihe der 12 Monatsbilder von Alexander Winter; aus dem Weleda-Kalender 2000:

Abb. 237 Grünbildung auf dem Höhepunkt

Abb. 238 Hochblüte – Samenimpuls

Der vielseitig tätige Maler *Alexander Winter* (* 1951) hat durch eine andersartige Technik wieder ganz andere Farbwirkungen hervorgerufen. Seinen zwölf Monatsbildern gab er zwölf verschiedene Grundfarben, die er aus seinem Erleben der Elemente schöpfte. So beschreibt er es selbst[56]: «Farben können als empfindungsgemäße Entsprechungen zu den vier Elementen erlebt werden: Wärme = rot; Luft/Licht = gelb; Wasser = blau; Erde = violett.» Durch Überschichten der «elementarischen Grundfarben» entstand die Pflanzenwelt im Wechsel der Jahreszeiten, von denen hier nur vier ausgewählt werden konnten, die deshalb nur ein unvollständiges, aber doch charakteristisches Bild des Jahreslaufes darstellen (Abb. 237–240).

Abb. 239 Welken

Abb. 240 Winterruhe – Impulse wirken aus dem Kosmos

In eine ganz andere Seelenwelt tauchen wir ein, wenn wir vor die Bilder von *Atsuko Kato* (* 1950 in Aichi, Japan) treten. Es sind die Elemente, die «hinter» den mit scharfer Beobachtungsgabe wiedergegebenen Naturerscheinungen spürbar werden. In dem Bild «Wachstum» regen sich die Bildekräfte von Erde und Wasser und lassen aus der Tiefe die Gestalten entstehen, die sich wie aus dem Schlaf allmählich aufrichten und in dem Ahornzweig die Schwere überwinden, um ihr Dasein in die luftige Höhe zu heben. Die konkrete Nähe der Ahornfrüchte verliert sich in der dunstigen Ferne, in die die leichten Blätter locker entschweben: Gebundene Gegenwart führt in hoffnungsvolle, noch ungestaltete Zukunft. Atsuko Kato hat jedem dieser gemalten Bilder ein «Wortbild» mitgegeben, so daß der Be-

Abb. 241
Wachstum, Tempera und Öl,
Atsuko Kato, 1982

Die den Abbildungen
241–246 zugeordneten
«Wortbilder» stammen von
Magdalena S. Gmehling

Aus Samendämmerung
springt lichtwärts Wiedergeburt
grünschwanger ins Sein.

Ahornhoffnung – tausendfach
durchpulst geädert Leben.

Sonnenselig tanzt
Glück im Atem des Herbstes.
Honigfarbner Flug

bündelt Verheißung ins Licht.
Ahorngold segnet die Welt.

Abb. 242
Flug, Tempera und Öl,
Atsuko Kato, 1982

trachter zugleich zum Zuhörer aufsteigt und so das Erlebnis um eine Stufe erhöht wird, die sich jeder selbst erarbeiten kann. Das folgende Bild trägt den Titel «Flug» (Abb. 242). Auch in diesem Wortbild kommt die Seligkeit zum Ausdruck, die die Samen empfinden, die durch das Jahr hindurch an den Baum gebunden sind, wenn sie sich von ihm lösen können und befreit durch die goldene Wärme des Herbstes zu Boden taumeln, um sich in der Erde auf ein neues Dasein vorzubereiten.

Abb. 243
Sprung im herbstlichen Wald, Öl, Atsuko Kato, 1985

Der Flügel Gespinst
ädert fallender Blätter
sanfte Gebärde.

Ockergelbes Schweigen steigt
ins Grau uralter Fragen.

Nächtige Klage
flieg aus des Traumvogels Schrei!
Chiffre-schneebestäubt …

Wer nur, so frage ich dich,
ritzt Erinnrung in Schatten?

Abb. 244
Botschaft nach dem Schneeland, Öl, Atsuko Kato, 1985

So kann man in jedem der vier Bilder den Atem der Elemente spüren zwischen Bindung und Lösung, Nähe und Ferne, Leichte und Schwere. Es ist nicht mehr die «objektive Welt», die uns gegenübersteht, sondern diese wird im inneren Erleben ein Teil von uns selbst – wir finden sie in uns wieder und weiten uns selbst zu den Schöpferkräften, mit denen wir in unserem tiefsten Wesen verbunden sind.

Abb. 245
Feuervogel, Tempera und Öl, Atsuko Kato, 1982

Abb. 246
Schlüssel zum Frieden, Öl, Atsuko Kato, 1986

Feuervogel, leih
dein flammendes Haar dem Wind!
Ach, dein Verstummen

tanzt in lichtweißer Feder.
Taubenklug teilt es die Welt.

Über drohendem
Dunkel wachsen Tauben aus
lichten Gedanken,

entströmt Botschaft des Friedens
fließenden Wundern der Welt.

Von diesen Erlebnissen aus gesehen, sind uns die beiden Bilder «Feuervogel» und «Schlüssel zum Frieden» nicht mehr fremd, wie es beim ersten Blick vielleicht sein könnte (Abb. 245, 246). Beide Bilder steigen auf von der sinnlichen Wirklichkeit mit ihrer Fülle von Erlebnissen. Wer würde vermutet haben, daß fast die ganze Kleidung des Mannes aus einer paradiesischen Landschaft besteht? Werden wir in sie einkehren, wenn die chaotischen dunklen Erlebnisse des Hintergrundes, durch die wir in unserem Leben hindurchgegangen sind, geklärt sind durch die Feder der Friedenstaube, die die Gestalt in der kräftigen Hand hält? Dann werden wir in eine neue Zukunft aufsteigen, die noch offen vor uns liegt in dem zarten Rosa und der wir selbst noch Gestalt geben können.

Abb. 247
Aufwachen, Aquarell, Jurij Sennikow, 1993

Abb. 248
Herbstsymphonie, Aquarell, Jurij Sennikow, 1998

Wenden wir uns nun einem russischen Maler zu, so sind wir ergriffen von der Leuchtkraft des Lichtes, das aus dem Innern seiner Bilder aufsteigt und den besonderen Stil – und damit auch das besondere Anliegen seines Schöpfers – zum Ausdruck bringt.[57] *Jurij Sennikov* wurde 1948 in einem Dorf in Kasachstan geboren, er studierte Malerei und Graphik. Von Kindheit an bis auf den heutigen Tag mußte er sich durch schwere Lebensbedingungen hindurchkämpfen. Als er 1977 der Geisteswissenschaft Rudolf Steiners begegnete, begann für ihn ein neues Dasein, noch während der sowjetischen Ära; größere Ge-

Abb. 249
Troize – Sergiewa Lawra, Aquarell, Jurij Sennikow, 1999

Abb. 250
Wintersonne, Aquarell, Jurij Sennikow, 1997

Abb. 251
Bewegung, Aquarell,
Jurij Sennikow, 1995

gensätze sind kaum denkbar! Dadurch wurde der weitere Fortgang seines Lebens und seines künstlerischen Schaffens geprägt und bestimmt.

Das flammende «Aufwachen» über den ärmlichen Hütten Rußlands (Abb. 247) zeugt eher von einem freudigen inneren Impuls als einem Morgen, der zu mühseliger Arbeit auffordert! Dann das herzerfrischende Leuchten des Laubes in der «Herbstsymphonie» (Abb. 248): Die sommerliche Wärme wird eingehüllt von den Schleiern der Kühle, die zur Verinnerlichung und Ruhe gemahnen. Im nächsten Bild (Abb. 249) ist der Winter Wirklichkeit geworden. Die unendliche Zahl der Schneekristalle leuchtet auf in der abendlichen Sonne, die ihre letzten Strahlen dem Kloster im Hintergrund zusendet. Alles Irdische ist von der Erde abgestreift, sie ruht in himmlischer Reinheit in Erwartung dessen, was im folgenden Bild zur Erscheinung kommt (Abb. 250): Das weihnachtliche Licht erfüllt in der Winternacht die erstarrte Welt mit neuen Lebenskräften. Der Schnee lastet auf den Fichten, kaum sind sie voneinander zu unterscheiden. Tiefe Stille herrscht ringsum, während das Licht aus den himmlischen Sonnenhöhen geboren wird, eingebettet in die Mondensichel und die wärmende Liebeshülle der Mutter.

Das Bild «Bewegung» führt uns wiederum in eine andere Welt (Abb. 251): Aus den strömenden Farben entstehen Gestalten: die rote strahlt in lebhafter Bewegung in den Raum – die blaue zieht sich trotz ihrer Bewegtheit mehr in sich zurück – die grüne schließlich läßt ihre Strömungen ruhig in den heftigen Gegensatz von Blau und Rot einfließen: man meint, ein lebhaftes Gespräch, in Farben verwandelt, mitanzuhören. Es sind Seelenstimmungen, die hier in Farben sichtbar werden. Wir werden in andere Welten versetzt, wenn wir solche Bilder betrachten, obwohl sie vielleicht ganz alltäglichen Inhalt haben; wir müssen nur unsere Organe entwickeln, um sie wahrzunehmen. Diese Gestalten sind «aus der Farbe heraus» gemalt, wie Rudolf Steiner es oftmals angeregt hat. Das heißt, daß in diesem Fall nicht drei Gestalten skizziert und dann mit Farben abgetönt worden sind, sondern umgekehrt: Zuerst werden die Farbflächen gemalt, also beispielsweise eine lebhaft bewegte rote Fläche angelegt. Sie soll der von innen drängenden Kraft der roten Farbe Ausdruck geben; dann kommen Andeutungen einer menschlichen Gestalt hinzu, bis zuletzt eine lebhaft bewegte rote Menschengestalt auf dem Bild sichtbar wird.

Abb. 252
Der Sommer,
Pieter Bruegel d. Ä.
(um 1525–1569)

Abb. 253
Der Herbst,
Pieter Bruegel d. Ä.
(um 1525–1569)

Abb. 254
Der Winter,
Pieter Bruegel d. Ä.
(um 1525–1569)

Nun lenken wir einmal den Blick zur Erde. Was in ihr geschieht im Wechselspiel von Werden und Vergehen, wurde früher an ihrer Oberfläche in den Jahreszeiten sichtbar und in solchen Bildern dargestellt, wie sie der «Bauern-Bruegel» in seinen köstlichen Gemälden von der bäuerlichen Arbeit gemalt hat. *Pieter Bruegel d. Ä.* wurde zwischen 1525 und 1530 geboren, lebte bis 1569 und hat als erster das Wesen der verschiedenen Jahreszeiten mit ihren zahlreichen durch sie bedingten Arbeitsprozessen der Bauern entdeckt. In ihnen lebte die ganze Hingabe des Menschen an die Erde mit all ihren Freuden und Mühsalen. Auch die Wandlungen in der Natur hat Bruegel mit wachen Sinnen wahrgenommen und ihre Stimmungen naturgetreu erfaßt. Man wird nicht müde, die vielen in den Gemälden verborgenen, so charakteristischen Einzelheiten zu entdecken (Abb. 252–254).

Was *unter* der schützenden Ackerkrume, den Wiesen und Wäldern verborgen war, entdeckte wohl zum ersten Mal das innere Auge des Malers *Fritz Winter* (1905–1976) in einer schweren Schicksalssituation. Er hatte am Bauhaus studiert und war den Ächtungen und Verfolgungen ausgesetzt, die die Künstler in der nachfolgenden Zeit durch die Nazis ertragen mußten. Nach vierjähriger Teilnahme an den vernichtenden Schlachten des Krieges im Osten wurde er schwer verwundet. Es war wie eine unerwartete Stille vor dem Sturm, weil er nach Ende des Krieges noch fünf Jahre in russischer Gefangenheit durchhalten mußte. In der kurzen Zwischenzeit der Genesung malte er, abseits von allen Erschütterungen, in der unberührten Stille seines Landhauses über vierzig Blätter, von denen hier nur wenige wiedergegeben sind (Abb. 255–257). Sie spiegeln sein Schicksal, das ihn in die äußere Dramatik seines Lebens herausriß, während, tief in der Seele verborgen, unter der Oberfläche sich die Kräfte stauten und reiften, die er in den «Triebkräften der Erde» dargestellt hat: Nicht Stoffe, sondern zum Licht drängende, von keimhaftem Leben erfüllte, noch alle Zukunft in sich bergende Kräfte, umhüllt und beschützt von der mütterlichen Erde, unerreicht von den Mächten der Zerstörung, die die Welt erfüllte.

Abb. 255–257
Drei Bilder aus der Reihe: Triebkräfte der Erde, Fritz Winter, 1944

Abb. 256

Abb. 257

Besonders die Landschaft ist der äußere Anlaß vieler Gemälde *Gottfried Körners* (* 1927). Vor der Natur arbeitet er selten. Seine Wahrnehmungen verdichten sich in der Erinnerung zu Erlebnissen, die in den Farben und Formen der Bilder zum Ausdruck kommen: «Auf den ersten Blick stellt eine Komposition eigentlich nichts anderes als Farbe dar, die dennoch den Abglanz von Geschichten, von Seh-Erfahrungen und einem ganz bestimmten Lebensgefühl enthält … Leuchtende Farbgewebe sind für die Arbeiten Gottfried Körners typisch. Formflächen erzeugen einen Illusionsraum, der durch Farbe gegliedert wird, nicht durch die lineare Zeichnung, die ordnend darüberliegt. Der Künstler ist den Bedingungen des Atmosphärischen auf der Spur. Er dichtet, träumt, musiziert mit Farbe und gewinnt diesem Instrument faszinierende Klänge ab.»[58]

Abb. 258
Herbstlandschaft, Tempera über Monotypie, Gottfried Körner, 1984

Abb. 259
Hügel im Herbst,
Tempera/Kreide,
Gottfried Körner, 1995

Abb. 260
Berg und Tal,
Mischtechnik,
Gottfried Körner, 1998

Abb. 261
Ohne Titel, Aquarell,
Albert Hennig, o. J.

Ganz andere, ja entgegengesetzte Wege ist *Albert Hennig* (* 1907) gegangen. Lange Zeit seines bewegten Lebens leistete er schwere körperliche Arbeit vorwiegend als Betonbauer – andererseits erfüllte ihn seine Neigung zur Kunst, die er im Bauhaus als Fotograf, Zeichner und Maler souverän entwickeln konnte. «Nebenbei ging immer die Kunst – eine Aussage, die für den gesamten Lebens- und Schaffensweg des Künstlers Albert Hennig kennzeichnend ist. Unentmutigt durch alle Zeitbedrängnisse hindurch steht er dem Leben offen gegenüber – bis heute … Sein oft heiteres, zur Selbstironie neigendes Wesen macht es ihm möglich, sich und seiner Kunst treu zu bleiben. – So gelang ihm auf erstaunliche Weise, zwei

Abb. 262
Ohne Titel, Aquarell, Albert Hennig, 1976

scheinbar auseinanderlaufende Wege zu verbinden. Die über Jahrzehnte dauernde schwere körperliche Arbeit, die zwei Beine verlangte, die fest auf der Erde stehen, und zwei Hände, die zupacken – etwas bauen – können. Und dann nebenbei immer die ständige Begleiterin – seine Kunst. Dieselben Hände bringen jetzt seine inneren Bilder auf Papier, bauen eine andere Wirklichkeit – schwebend, anmutig und empfindsam.»[59] «Zeichnen ist für mich bis heute der Ausgangspunkt. Vom Zeichnen kommst du nicht weg», sagt er selber (ebenda). Aber die Farbe dringt mit ihrer Leuchtkraft immer mehr in den Vordergrund und bestimmt den Klang seiner zahlreichen Aquarelle, in denen nicht die äußere Wirklichkeit, sondern deren seelische Durchdringung vorherrscht. Seine Bilder werden so zu sichtbaren Spiegelbildern seiner Seele, die den Betrachter mit ihm vertraulich-nah verbinden können (Abb. 261–263).

Abb. 263
Ohne Titel, Aquarell,
Albert Hennig, 1982

Abb. 264
Landgang, Aquarell,
Andreas Albert

Landgang

Die Sonne glüht an Land
und brennt sich in den
Himmel ein.
Der Himmel
ballt die Faust
zum Sturm.
Der Sturm
peitscht Schauer
in die See.
Die See ertränkt die Wut
und rollt gelassen
Farbgewitter an den Strand.
Petra Marita König

Nun tauchen wir mit den Aquarellen von *Andreas Albert* (* 1952) ganz in das elementarische Wogen des Meeres ein. Welch ein Gegensatz zu den «Triebkräften der Erde»! Dort gedrängte, zurückgehaltene Kraft in geballter Form; noch konnte das Licht nicht die Farbe entzünden, die unter der dichten Decke der Erde schlummert – hier der befreite Atem von Licht, Wolken und Wasser, die ungebändigt ihr nicht endendes Spiel im Rausch dramatischer Farbenpracht entfalten (Abb. 264–267). Andreas Albert schreibt selbst dazu[60]: «Mit der Weite von Strand und Meer weitet sich auch die Empfänglichkeit der Seele. Sie wird offen für das Ineinandergreifen der Elemente, wird sensibler für die Verwandlungen von Licht und Farbe. Das Wasser – farblos, durchsichtig – vermittelt als selbstloser Träger die Farbe, spiegelt alles Geschehen des Umkreises in Wetterstimmungen und dem Licht des Himmels. In ständigem rhythmischem Strömen und Bewegen schafft es aus dem Lebendigen die Form und löst sie wieder auf. Der atmosphärische Umkreis kann zum Bild werden für den Gang der Seele durch Leben und Tod, das Wasser ist seit altersher ein Gleichnis für viele Prozesse der Welt und des Menschen.» *Petra Marita König* (* 1961) begleitet diese Aquarelle in ihren «poetischen Bildern mit Worten ... Dabei

Abb. 265
In die Nacht, Aquarell,
Andreas Albert;
Gedicht: Petra Marita König

In die Nacht

In der Ferne schimmert
ein oranges Band.
Das Sonnenreich schickt
seine letzten Krieger, deren
Schatten lang und länger werden.

Von oben stülpt die Nacht ihr
Firmament auf unsere Häupter.
Darunter zieht das weiße Meer,
erstarrt zu Wellen, Strudeln, Gischt,
stumm in die Welt der Träume ein.

Wenn Träumen Segel wachsen

Wünsche hüllen sich
in weiße Tücher

Sehnsüchte sammeln sich
im Wind und gleiten
lautlos frei

an vagabundierenden
Gedanken vorbei.

Sturz in die Höhe

Hinter Glas mit weißen Rändern
wachsen Büsche
und blaue Berge.
Die Tiefe wartet auf den Höhenflug
in Smaragd, Türkis
und glasklares Glück.

Weit unter mir lockt der Spiegel
des Gesichts, des Meeres, der Wahrheit
und schluckt Gedanken weg
im Sog des Lebens.

macht ihr Blick keineswegs an der Oberfläche halt, sondern dringt in Tiefen vor, in die der sinnende Leser wie in einen Sog hineingezogen wird.» Auge und Ohr zugleich – ein künstlerischer Zweiklang, der mit dem Wahrnehmenden zusammen sich zu einem Dreiklang steigert – nicht etwa wie eine mechanische Berieselung, die sich der Museumsbesucher heute zur Erklärung der Kunstwerke oder zur Erhöhung seiner Stimmung gefallen lassen muß.

Abb. 266
Wenn Träumen Segel wachsen, Aquarell, Andreas Albert, 1994; Gedicht: Petra Marita König

Abb. 267
Sturz in die Höhe, Aquarell, Andreas Albert; Gedicht: Petra Marita König

Abb. 268
Lauterbrunner Tal,
Aquarell,
Johannes Schmid,
1961

Es ist eigentümlich, daß auch in *Johannes Schmid* (* 1926) ein Künstler vor uns steht, der mit der Erde und ihren elementarischen Lebensprozessen schicksalhaft verbunden ist. Er lernte, studierte und arbeitete als Landwirt, zuletzt als Verwalter eines biologisch-dynamischen Gutes, war dann als Partner in einer internationalen Hopfenhandelsfirma auch für Technik und Wissenschaft tätig, sodann im anthroposophischen Buchhandel und zugleich Mitbegründer und über 35 Jahre Vorsitzender des Demeter-Verbraucher-Verbandes Nürnberg. Ebenfalls begleitete er als Vorsitzender des Trägervereins viele Jahre die Entwicklung der sozialtherapeutischen Lebens- und Dorfgemeinschaft Münzinghof. Andererseits zeigte er schon als Schüler seine künstlerische Begabung, die er dann später neben seinem Beruf eigenständig entwickelte, aufbauend auf den Anregungen Rudolf Steiners. In seinem bewegten Leben war er auch viel auf Reisen und lernte weite Teile unserer Erde von Angesicht zu Angesicht kennen – und aus diesem Erleben schöpfte er die Anregungen zum Skizzieren und Malen. Dabei wurde eines immer deutlicher: Es ging ihm nicht darum, schöne Erinnerungen zu sammeln; sondern er versuchte, in das elementarische Leben und Weben der Berge, des Wassers, in Licht und Luft einzutauchen, die sich zwischen den Dingen ereignen und diesen ihren «eigentlichen» Ausdruck, ihren besonderen Charakter geben, von Tag zu Tag wechselnd, ja, die von Stunde zu Stunde sich aus einem heiter lachenden Sommertag in eine drohende Gewitterstimmung verwandeln können. Es ist einleuchtend, daß das Aquarell

Abb. 269
Les Baux-de-Provence, Aquarell, Johannes Schmid, 1980

Abb. 270
Mt. Forbes and the River Crossing, Rocky Mountains – Canada, Aquarell, Johannes Schmid, 1988

Abb. 271
Weiße Elbe, Tschechien, Aquarell, Johannes Schmid, 1992

mit seinen zarten, flüssig verlaufenden Farben dafür die geeignete Maltechnik anbietet. Andreas Albert schreibt[61]: «In seinen Bildern verweben sich Naturgegenstände – nicht zuletzt durch das alles verbindende Medium des Wassers. Das Ineinanderspielen der Kräfte, der Elemente, dieses sich aus der Bewegung allmählich Formende und doch den Prozeß bis zum Schluß Offenhaltende läßt auch im Aquarell die lebendigen Kräfte erahnen. – Dabei ist auf vielen Blättern mit Farbaussparungen gearbeitet, in denen der Urgrund des Papiers zum Träger des Lichthaften wird. Besonders dort, wo Farbmaterie zurücktritt, scheint etwas von den bildenden Kräften des Erdlebens ‹hereinzuschlüpfen›.»

Die Vielseitigkeit dieses Künstlers zeigt sich besonders in seiner Bemühung um das schichtweise, transparente Auftragen der Aquarellfarben (Abb. 272). Nur in einem einzigen Baum wird das «gegenständliche» Thema angerührt – und schon kann der Betrachter in die «Stimmung des Herbstwaldes» einschwingen und das Leicht-Werden im aufleuchtenden Herbstlicht mitempfinden, losgelöst von der stofflichen Realität der Bäume: eine neue, innere Erlebnissphäre tut sich auf.

Kritische Betrachter der schichtweise aufgetragenen Aquarellfarbe sagen: Das sei eine typisch anthroposophische Malweise[62] – der Maler fühle sich an eine Technik gebunden, die eine individuelle Malweise unterbinde. Das erstere stimmt, weil Rudolf Steiner die Anregung dazu gegeben hat. Die zweite Behauptung stimmt genauso wenig, wie wenn man sagen würde, daß zum Beispiel eine Geige oder das Klavier einen individuellen musikalischen Ausdruck nicht zulasse; denn alles, was auf diesen Instrumenten gespielt wird, klinge ja wieder nur wie Geige oder Klavier. Nicht das Instrument bestimmt den künstlerischen Gehalt eines Musikstückes (auch wenn man voraussetzt, daß es ein gutes Instrument ist), sondern der Musiker, der aus ihm die Töne bildet.

So sehen wir an den wenigen Malern, deren Werke wir betrachtet haben (Roggenkamp, A. Winter, Sennikov, Schmid) und denen wir im folgenden noch begegnen werden (Woloschin, Haendler, Philipp, Raske), daß jeder die Schichttechnik auf seine ganz persönliche Weise anwendet und daraus seinen unverwechselbaren Stil findet, der die «Hand-

Abb. 272
Herbstwald, geschichtetes Aquarell, Johannes Schmid, 1965

schrift» des Malers ausmacht, nicht anders, als wenn man aus der Folge von wenigen Buchstaben des Alphabets seine persönliche Handschrift entwickelt.

Das «Schichten» löst die Abgrenzung eines gemalten Gegenstandes auf, macht ihn durchlässig für seinen Umkreis. Wird dadurch nicht der Willkür und Phantastik Tür und Tor geöffnet? Das kann durchaus geschehen. Aber man kann ebenso ganz reale, sonst unsichtbare Vorgänge darstellen, die mit dem sinnlichen Blick des Auges nicht sichtbar sind. So ist zum Beispiel wissenschaftlich längst bekannt, wie die Blätter der Pflanzen mit Hilfe des Sonnenlichtes und des Blattgrüns die Luft aufnehmen, den Kohlenstoff vom Sauerstoff lösen und in organische Substanz verwandeln, aus der sie ihre Gestalten aufbauen. Die Wurzel dagegen hat ganz andere Funktionen, indem sie die Flüssigkeit aus dem Boden saugt, nach oben leitet und sich zum Wachstum mit den erstgenannten Stoffen verbindet und so weiter. Können wir diese Vorgänge mit Augen sehen, wenn wir durch den Wald wandern? Sie wirken auf einer anderen, für das Auge unsichtbaren Daseinsebene. Man kann dieses Zusammenwirken von Licht – Luft – Regen – Erde in der Pflanze mit Farben künstlerisch zum Ausdruck bringen, wenn man selbst mit dem «Pflanzenwesen» mitleben kann und in sich zum Nachklingen bringt, was man an der Pflanze selbst weit über die bloße Augenwahrnehmung hinaus empfindet.

Reichen die Gedanken und Gefühle des Menschen nicht bis zu den Sternen, oder sind sie etwa an die Grenzen seines Leibes gebunden? Wie könnten Dichter über Sterne dichten, wenn ihre Gedanken, ihre Gefühle nicht zu ihnen dringen würden? Selbst die Steine «atmen» im Umkreis, nehmen die Wärme auf, geben sie nachts wieder ab, lassen sich durch Einflüsse des Wassers in andere Stoffe verwandeln und so weiter.

Überall in unserer Welt geht ein «Atmen» mit dem Umkreis durch alle Dinge, wohin man sich auch wenden mag – auch wenn es mit äußeren Sinnen nicht wahrgenommen werden kann, auch wenn ihre Formen, äußerlich gesehen, klar abgegrenzt sind.

Das Auflösen der festen Konturen ist ein Schritt in einen tieferen Seinsbereich, als es der sinnlich wahrnehmbare ist. Die geschichtete Aquarellfarbe ist ein Werkzeug, mit dem sich die Grenzen in künstlerischer Hingabe öffnen lassen. Damit wird ein Weg beschritten aus der Ruhe des So-Seins in einen neuen Zustand. Er führt *vom Raum in die Zeit* und öffnet Türen in weite Bereiche unseres Daseins.

«Kunst gibt nicht das Sichtbare wieder, sondern macht sichtbar.» Paul Klee (1879–1940)

Vom Belebten zum Beseelten

Unversehens sind wir durch das Verlassen der Welt des Gewordenen, des Fertigen und Erstarrten in das Reich der Elemente vorgedrungen, die überall im Werden und Vergehen des Lebendigen wirken. Waren es zuerst allein Licht und Finsternis, die durch ihren rhythmischen Wechsel das Leben erregten, so kam bald die Farbe hinzu, die nicht allein die lebendigen Gestaltungen erfüllte, sondern mehr und mehr in allen Erscheinungen der Natur, des ganzen Kosmos erblühte. Das allein ist aber nicht genug; was sich in den Seelen der Menschen regt beim Blick zu den Sternen oder bei einem Sonnenuntergang, beim Blick auf die bescheidenste Pflanzenblüte oder auf einen stummen Kristall – all diese Sinneseindrücke strahlen auf in den empfindsamen Seelen der Künstler und nehmen Gestalt und Farbe an in ihren Werken. Sie spiegeln Eindrücke der Welt und sind zugleich Ausdruck ihrer Seelenstimmungen, verbinden Mensch und Welt wie im Ein- und Ausatmen und lassen uns daran teilhaben. Wir erweitern unseren Blick für die Welt durch dieses Teilhaben-Dürfen und sind dankbar dafür.

Wie sollten wir anders an die dramatisch-ergreifenden Bilder eines *Franz Marc* herantreten? Er eröffnet uns andere, bisher verschlossene Welten, wenn wir seine erschütternden Gemälde betrachten. Gewiß, es sind Pferde oder Rehe oder eine Landschaft (Abb. 273, 274). Wir kennen ihre äußeren Erscheinungen, sind ihnen begegnet, denken an unseren Urlaub in den Bergen. Und doch nehmen sie hier

Abb. 273
Pferde am Waldwasser, Öl,
Franz Marc, o. J.

eine ganz andere Gestaltung an. Es ist, als ob ein Vorhang zurückgeschlagen würde, hinter den wir bisher nicht blicken konnten – oder durften? Man schaut in andere Welten; unsere Sinneswelt ist aufgelöst in eine Fülle tätiger Farbströme und ineinanderwirkender Formen, nicht fertige, gewordene, sondern schaffende, bewegte. Aus ihnen entstehen zuletzt die *Gegen-Stände*, die uns *entgegenstehen* als greifbare Dinge unserer gewohnten Umgebung. In dem Bild «Tirol» wird dieses Auflösen der ganzen Landschaft besonders deutlich (Abb. 275). Wir entdecken (zuerst waren sie ver-deckt!) eine ganze Berglandschaft, Felsen, vom Sturm zerrüttete Bäume, in der Ferne noch ein Haus und die Gestirne am Himmel – alles bildet eine werdende, farbig-beseelte Einheit, das Fertige, Entstandene wird unwichtig, ja wesenlos.

Abb. 274
Rehe im Walde, Öl, Franz Marc, 1913

Abb. 275
Tirol, Öl, Franz Marc, 1913 gemalt, 1914 übermalt

«Die Kunst ist metaphysisch, wird es sein; sie kann es erst heute sein. Die Kunst wird sich von Menschenzwecken und Menschenwollen befreien. Wir werden nicht mehr den Wald oder das Pferd malen, wie sie uns gefallen oder scheinen, sondern wie sie wirklich sind, wie sich der Wald oder das Pferd selbst fühlen, ihr absolutes Wesen, das hinter dem Schein lebt, den wir nur sehen; es wird uns soweit gelingen, als es uns gelingt, die traditionelle ‹Logik› von Jahrtausenden beim künstlerischen Schaffen zu überwinden. Alles künstlerische Schaffen ist alogisch. Es gibt künstlerische Formen, die abstrakt sind, mit Menschenwissen unbeweisbar; sie hat es zu allen Zeiten gegeben, aber stets wurden sie getrübt von Menschenwissen, von Menschenwollen. Der Glaube an die Kunst an sich fehlte, wir wollen ihn aufrichten: er lebt auf der ‹anderen Seite›.

Jedes Ding hat seinen Mantel und Kern, Schein und Wesen, Maske und Wahrheit. Daß wir nur den Mantel umtasten, ohne zum Kern zu gelangen, daß wir im Scheine leben, statt das Wesen der Dinge zu sehen, daß uns die Maske der Dinge so blendet, daß wir die Wahrheit nicht finden können – was besagt das gegen die innere Bestimmtheit der Dinge?» (Franz Marc[63])

Dieses Aufbegehren gegen die sinnliche Erfaßbarkeit der Welt, das Durchbrechen ihrer Grenzen ist leichter möglich durch die Farbe als durch die Form, die als Plastik immer an ein gewisses Material und damit an dessen Grenzen gebunden ist. Farbe kann sich ausweiten, besonders dann, wenn sie flüssig aufgetragen und durch keine Linien beengt wird, wie es dem Aquarell wesensgemäß entspricht.

Die beiden Aquarelle von *Emil Nolde* (1867–1956) sind aus dieser Technik entstanden (Abb. 276, 277). Sie gleichen nicht dem Charakter seines Gesamtwerkes, das von elementarer Wucht und Dramatik gezeichnet ist, die seinem Wesen mehr entsprechen. Und doch gilt er als der eigentliche Entdecker des Aquarells der Neuzeit mit seiner farbigen Leuchtkraft und den wenigen lockeren, nur angedeuteten Strichfolgen, die erst nach dem Farbauftrag hinzugefügt wurden.[64] Die besondere Stimmung dieser Bilder entsteht durch den farbigen Umkreis und die großzügigen Farbflächen der Figuren, kaum durch die hingeworfenen Linienfragmente. Denken wir an die Porträts der Dürerzeit zurück, so wirken sie entgegengesetzt: dort peinlich genaue Nachahmung

Abb. 276
Paar am Weintisch, Aquarell, Emil Nolde, vermutlich 1907

der äußeren Wirklichkeit – hier erregende seelische Stimmung, die durch die Farben, nicht durch die unberührten Weingläser, die Zigarette oder die gleichgültig nebeneinandersitzenden Personen bewirkt wird. Der Banjospieler vor dem Notenpult, in ruhiger Haltung, aber von feurigen Farbklängen umgeben, die allein sein musikalisches Temperament beweisen.

Abb. 277 Banjospieler, Aquarell, Emil Nolde, vermutlich 1907

Abb. 278 Engel, Christiane Lesch, 1995

Der Engel ist ganz dem Klang hingegeben, den er auf seiner Harfe zum Erklingen bringt (Abb. 278). Die Haltung seiner Gestalt ist zum lauschenden Ohr geworden, seine Flügel neigen sich dem himmlischen Ton, der durch die zarte Bewegung der Hände eher begleitet als erzeugt wird. Die Harfe ist kaum sichtbar – und doch der Mittelpunkt des ganzen musikalischen Geschehens – alles Irdische ist überwunden – ein einziger Klang erfüllt den goldfarbenen, feierlichen Raum.

Abb. 279
Harfe, Pastell, Cornelia Haendler, 1987

Die Harfe in der Abbildung 279 erscheint wie aus dem himmlischen Umkreis heraus geboren. Der Klang der Weltenharmonien ist hier unhörbar konzentriert. Er wird dem menschlichen Ohr, das sich ihm öffnen kann, vernehmbar durch das Instrument, das das Unhörbare in das Hörbare wandelt. Es ist ein über dem Sinnlichen erfahrbarer Vorgang, den jeder Musiker erlebt. Hier wird das Instrument durch die Malerin zum Vermittler – der Klang wird zur Farbe, die Farbe überwindet die Grenze zwischen beiden Welten, bildet weiter eine Brücke zum Wort – oder ist aus dem Klang der Worte, des Rhythmus, das Bild der Harfe entstanden? Ist *Cornelia Haendler* Malerin, Dichterin oder Musikerin, wenn sie im Bild die Worte vom «Harfenspiel» erklingen läßt?

Harfenspiel

In tränenreiches dumpfes Schweigen
perlt an der Harfe Leib ein Tönen,
als töne es: Sei stark! Es tönt der Töne Reigen,
des Spielers Leid mit seinem ungeahnten Wirken zu
[versöhnen.

Wer spielt, wer rührt in Gottes Namen diese Saiten,
so daß ein süßes Glück dem Spieler widerfährt?
Als wolle es den Blick in andre Sphären leiten,
der sich vom Schmerze löst, entspannt, verklärt.

Und ohngeachtet menschlicher Verzweiflung
erhebt sich klangvoll, was den Leib durchströmt,
es zittert angesichts der Klänge Weisung
der Leib noch nach und ist … versöhnt.

Abb. 280 Die Brücke, Aquarell, Johannes Schmid, 1967

Die Brücke (Abb. 280) erinnert uns wieder an den Urklang der Schöpfung, an das Wort, das vom Atem Gottes in die Gestaltlosigkeit des Alls getragen wurde und den Rhythmus zwischen Licht und Finsternis hervorgerufen hatte (Abb. 193). Aus der Dunkelheit der Nacht führt ihr Bogen über den Strom in den sonnendurchstrahlten Tag, nach dem sich die Menschen sehnen. In den Wachstumskräften der Bäume scheint sich das Leben zu verjüngen, scheint die Furcht vor der Finsternis überwunden – eine neue Heimat beginnt sich zu öffnen. Die Brücke schafft die Verbindung, die Umwandlung. Sie überbrückt den trennenden Strom und führt in das lichte Reich.

Harfe und Brücke – beide sind sie Vermittler zwischen gegensätzlichen Stufen des Daseins.

Die Farbe übernimmt mehr und mehr die Aufgabe, die früher noch nicht gegeben war: sie führt durch ihre Farbkraft und ihre unbegrenzten Flächen in das elementarische Leben und Weben der Natur, hinter dem die gegenständliche Natur zurücktritt oder sich selbst in Farbflächen verwandelt, wie wir das bei den Landschaftsbildern gesehen haben; oder sie wird zum Vermittler seelischer Erlebnisse des Menschen. Dabei wird sich zeigen, daß dieses Seelische keineswegs nur subjektiven Charakter hat, sondern den Boden bilden kann für objektive seelisch-geistige Erlebnisse. Langsam vollzieht sich diese Wandlung und gleichzeitig außerordentlich individuell. Wie sollte es auch anders sein in einem Zeitalter, in dem jeder einzelne Mensch sich seines geistigen Ich bewußt wird und aus ihm handeln will?

Abb. 281
Jüngling zu Nain,
Wandtafel-Kreidezeichnung,
Max Wolffhügel

Zu solchen objektiven geistigen Erlebnissen auf seelischem Boden gehören die Berichte der Evangelien. In ihnen ist das Leben und Wirken des Christus von Generation zu Generation überliefert und künstlerisch dargestellt worden. Immer schwieriger wurde es für das Bewußtsein der Menschen, das sich mehr und mehr den sinnlich wahrnehmbaren Dingen unserer Welt zuwandte, sich gleichzeitig dem geistigen Wirken des Christus im Irdischen zu öffnen und dieses auch künstlerisch zu gestalten. In Matthias Grünewald darf man einen weit über seine Zeit hinausragenden Künstler sehen, der in beiden Welten gleichermaßen beheimatet war (s. S. 94). Für die Suche nach neuen Ausdrucksmitteln kann das Aufblühen des Farberlebens heute eine Hilfe sein; denn es führt eben in die seelische Wirkenssphäre des Christus hinein. An einigen Beispielen möge das gezeigt werden:

Der Maler *Max Wolffhügel* (1880–1963) wurde nach seiner Heimkehr aus dem Ersten Weltkrieg aus einer schwierigen Lebenssituation von Rudolf Steiner an die 1919 begründete Waldorfschule in Stuttgart berufen. Dort war er als Werklehrer tätig und entäußerte sich aller eigenkünstlerischen Tätigkeit, um sich ganz dem Pädagogischen widmen zu können. «Eine besondere Möglichkeit zu künstlerischer Wirksamkeit ergab sich für mich», so schreibt er, «im freien christlichen Religionsunterricht. Aus der persönlichen Schwierigkeit in der Handhabung des Wortes griff ich zu den mir näher liegenden Ausdrucksmitteln: Die Erzählungen aus dem Alten und Neuen Testamente wurden auf der Wandtafel mit farbigen Kreiden in breiter Flächentechnik als Bildskizzen vor den Kindern während der Religionsstunde improvisiert.»[65] Die Leuchtkraft der stofflich dichten Tafelkreide ist erstaunlich (Abb. 281–283) und hat sicher einen tiefen Eindruck in den Kindern hinterlassen. Beide Welten konnte er ihnen so nahebringen: die geistige in der irdischen. Darum ging sein Bemühen. Davon zeugt auch ein Wort aus sei-

Abb. 282
Flucht nach Ägypten,
Wandtafel-
Kreidezeichnung,
Max Wolffhügel

Abb. 283
Sturm auf dem Meere,
Wandtafel-
Kreidezeichnung,
Max Wolffhügel

Abb. 284
Christus wandelt auf dem Meere,
Aquarell,
Margarita Woloschin

nen niedergeschriebenen «Bekenntnissen»: «In der wahren Ich-Bewußtheit liegt der Keim einer Evolution, die einst segensvoll hinausführen wird diese irdisch so gebannte Menschheit zu einer neuen Daseinswertung. Und gerade die Kunst wird einen der wichtigsten freien Aufträge zu erfüllen haben: das Menschenbild zur Gottheit wieder hinzuführen in selbstlos-schöpferischem Schaffen hoher Ideale eingedenk.»[66]

Die nächsten Abbildungen[67] zeigen eine ähnliche Thematik und durch ihre verschiedenen Maltechniken sehr unterschiedliche Wirkungen. Max Wolffhügel (Abb. 283) geht mit der Tafelkreide von der sinnlich-sichtbaren Gestaltung aus und steigert sie zu dramatischem Geschehen. Margarita Woloschin schildert das ätherische Geschehen des Christus (Abb. 284) in zarten aquarellierten Farbschichten. Jurij Sennikov läßt das gesamte Bild aus leuchtenden, geschichteten Aquarellfarben entstehen, das durch seine ätherische Transparenz das Ereignis wieder auf eine andere Stufe des Erlebens emporhebt (Abb. 285). So kann man jeden Bildinhalt von verschiedenen Seiten aus darstellen und betrachten, ohne damit etwa eine künstlerische Wertung aussprechen zu wollen.

Abb. 285
Wie schwach ist doch dein Herz,
Aquarell, Jurij Sennikow, 1997

Abb. 286
Fußwaschung,
Aquarell,
Margarita Woloschin

Die meisten großformatigen Gemälde von *Margarita Woloschin* (1882–1973) sind unverkennbar durch ihren religiösen Gehalt und ihre Malweise (Abb. 286–288). Sie kam in Moskau zur Welt und war erfüllt von tiefer kindlicher Frömmigkeit, die ihr ganzes Leben bestimmte. Mit zweiundzwanzig Jahren sprach sie zum ersten Mal mit Rudolf Steiner, der ihrer Verbundenheit mit der göttlichen Welt eine innere Richtung gab. Beim Ausmalen der Kleinen Kuppel des ersten Goetheanum[68] lernte sie die lasierende, von Rudolf Steiner angeregte Malweise kennen, die ihren späteren Gemälden meist religiösen Inhaltes den schwebenden, vom Irdischen entrückten und doch so menschlich unmittelbar nahen Eindruck verlieh. «Sie hatte sich zur Aufgabe gesetzt, das Menschenbild zur Gottheit wieder hinzuführen», wie es Max Wolffhügel ausdrückte – dem Worte Rudolf Steiners folgend: «Christus will in unserer Zeit auf allen Gebieten gesucht werden, auch in der Malerei.»[69]

Abb. 287
Der wunderbare Fischzug, Aquarell,
Margarita Woloschin

Abb. 288
Golgatha – Maria und Johannes, Aquarell,
Margarita Woloschin

Dagegen wirken die Darstellungen von *Elisabeth Oling-Jellinek* erdennah und schwer, aber durch die warme, herzlich anmutende Farbgebung von frommer Ehrfurcht und heiliger Stimmung erfüllt (Abb. 289, 290). Das Ringen um die Transparenz des Stoffes, um die Auflösung der festen Grenzen der Gegenstände wird es uns möglich machen, übersinnliche Wesen wieder wahrzunehmen, uns mit ihnen zu verbinden. In dieser Sphäre lebt der Christus, der sich einst als Gotteswesen mit den Menschen auf der stofflichen Erde verbunden hat. Er trug das Licht in die Finsternis. Er konnte sagen: «Ich bin die Tür. Wer durch mich den Zugang findet, dem wird das Heil zuteil. Er lernt die Schwelle zu überschreiten von hier nach dort und von dort nach hier, und er wird Nahrung finden für seine Seele» (Joh. 10). Die Malerei kann die Hilfe bieten, daß diese Worte des Christus nicht Tradition bleiben, sondern wieder gegenwärtige Realität werden. Jeder Mensch kann sich dafür entscheiden, die Grenzen zu überschreiten,

Abb. 289
Hosianna – Maria und Simeon im Tempel,
Elisabeth Oling-Jellinek

Abb. 290
Die Geburt des Kindes, Elisabeth Oling-Jellinek

auf die Werner Heisenberg hingewiesen hat (s. S. 122) und wie es schon Pico della Mirandola frühzeitig erkannt hatte: «Du bist durch deine eigene Entscheidung imstande, dich wieder zu den höheren Ordnungen zu erheben, deren Leben göttlich ist» (s. S. 96). Die seelische Grundlage dafür ist die Liebe, die das Ich vor der Bezogenheit auf sich selbst bewahrt. Sie ist die Tür, durch die sich das Ich mit beiden Welten verbinden kann: «Das, was ich nicht liebe, kann sich mir nicht offenbaren» – so Rudolf Steiner.

Solche malerischen Grenzüberschreitungen, in denen nichts mehr von irdisch-natürlichen Vorbildern vorhanden ist, sind auch neben seinem «Skizzenbuch aus dem Felde» im Gesamtwerk von *Franz Marc* zu finden. Er hatte schon vor dem Weltkrieg damit begonnen, zusammen mit anderen Künstlern eine Illustration der Bibel vorzubereiten. Dazu wählte er sich aus dem 1. Buch Moses die Schöpfungsgeschichte aus. Die beiden hier abgebildeten Gemälde aus dem Jahre 1914 stammen sicher aus diesen Elementen noch nicht gestalteter Formen einer neuen

Abb. 291
Kämpfende Formen, Öl,
Franz Marc, 1914

Abb. 292
Heitere Formen, Öl,
Franz Marc, 1914

Schöpfung, wie sie in seiner inneren künstlerischen Schaffenswelt lebten (Abb. 291, 292). Die «Kämpfenden Formen» sind keine abstrakten Vorstellungen einer erfinderischen Phantasie, sondern Wesensäußerungen der roten und der blau-schwarzen Farbe. Erstere drängt in lebhaften Bewegungen, der rot-gelben Farbenskala entsprechend, in den umgebenden Raum, während sich das Dunkle spiralig in sich selbst zurückzieht. Das zeigt, daß Franz Marc objektive Gestaltungseigenarten der Farben in sich selbst erlebte, die zusammen eine *gegensätzliche Einheit* bilden. Bei den «Heiteren Formen» stehen mehr die Gegenfarben Rot – Grün und Blau – Orange einander gegenüber und verschränken sich zu einer fröhlichen Einheit spielerischer Formen, die nichts Feindliches empfinden lassen.

↑
Abb. 293
Von unten und von oben,
Gerhard Wendland, 1979

←
Abb. 294
Im Schwarz, Tempera,
Gerhard Wendland, 1973–1976

Gerhard Wendland (1910–1986) war «einer der feinsinnigsten und zugleich einer der menschlich wie künstlerisch liebenswertesten Maler des Nürnberger Raumes, über dessen Grenzen sein Name weit hinausdrang»[70].

Seine zahlreichen bewegten Flächenkompositionen (Abb. 293) zeugen von unerschöpflicher Phantasie, die nichts von einer sinnlich-sichtbaren Welt

Abb. 295
Sieben Köpfe, Tempera,
Gerhard Wendland, 1979

beinhalten. Auffallend sind solche Bilder, die in eine innerlich erlebte Welt führen, dabei aber trotzdem den Gedanken anregen, daß sich *dahinter* erst das «Eigentliche», das Wesenhafte des Bildes befinden könnte (Abb. 294, 295). Sie weisen darauf hin, welche Tiefen in der Seele des Menschen leben, die vielleicht nur durch andere Wahrnehmungsorgane erreichbar sind.

Die zwei Gemälde von *Giorgi Loria* (* 1960 in Tbilissi) lassen nicht ahnen, durch welche Schwierigkeiten und Nöte politischer und wirtschaftlicher Art sich die Künstler in Georgien während der letzten Jahrzehnte hindurcharbeiten mußten; auch heute noch verlangen die Zustände ganzen Einsatz ihrer Kräfte und klare innere Zielsetzungen. «In der zweiten Hälfte der neunziger Jahre jedoch ist der Hauch des Gruppenbewußtseins und der Nachmacherei durch Impulse des individuellen Suchens ersetzt worden, die sich auf eine starke Inspiration vom Ich aus stützen … Ich meine aber, daß da etwas für das ganze Weltall Wichtiges, Wesentliches im Hinblick auf die neuen Strukturen und Verbindungen zur Formulierung der Idee geschehen ist.» So hat er es selbst niedergeschrieben. Seine zwei Gemälde (Abb. 296, 297) sind aus gegensätzlichen seelischen Stimmungen geschöpft, die sich mit dem Einatmen und Ausatmen charakterisieren lassen: Zuerst das innere Wach-Werden, die Klarheit und das Erfassen einer Zielrichtung in dem Kreuzen der Linien und der spürbaren Aufrichtekraft der Strukturen. Dann das Hingegebensein an die Ruhe der Waagrechten, die

↖
Abb. 296
Ohne Titel, Mischtechnik,
Giorgi Loria, Tbilissi

Abb. 297
Neuer Weg für die Argonauten,
Mischtechnik, Giorgi Loria, Tbilissi

Weite der nicht durch Grenzen eingeengten Farbflächen, die manche Geheimnisse erahnen lassen, zwischen denen die Barke dahingleitet.

Durch die «Harfe» ist uns *Cornelia Haendler* (* 1963) bereits bekannt (Abb. 281). Sie schreibt selbst: «Aus meinem Leben: ... in München geboren, wuchs ich mit meiner geistig behinderten Schwester im bayerischen Alpenvorland auf. Die erste Konfrontation mit den malerischen Mitteln erfolgte, kaum daß ich mich befähigt fühlte, ein Wachsklötzchen zu ergreifen und, freudig erregt, meist außerhalb des Blattrandes ansetzend, Farbe aufs Papier zu hacken. Dreijährig erklärte ich dezidiert: ‹Ich werde eine Malerin!›» Inzwischen hat sie das Leben auf wechselnden Wegen mit mannigfaltigen Aufgaben kennengelernt, bis sie ihren eigenen künstlerischen Stil entwickeln konnte, der ihr vielseitige Aufgaben als Malerin zutrug. Die hier gezeigten Bilder weisen auf innere Erlebnisse, die wir auch in verwandelter Form in anderen Bereichen wiederfinden. Der «Wachsen-

Abb. 298
Wachsende Hoffnung, Aquarell, Cornelia Haendler, 1988

Abb. 299
Wendezeit, Pastell, Cornelia Haendler, 1987

den Hoffnung» (Abb. 298) können wir überall in der Pflanzenwelt begegnen; lebt nicht in jeder keimenden Pflanze die «wachsende Hoffnung», wenn sie dem Sonnenlicht zustrebt? In Seelenkraft verwandelt, kann sie denselben Charakter in sich tragen und dem Menschen in schweren Lebenssituationen helfen, sie zu überbrücken. Ebenso kann die «Wendezeit» (Abb. 299) daran erinnern, wie auch das Menschenleben in rhythmischen Prozessen verläuft, wie sich Ereignisse schicksalhaft verknoten und wieder lösen und in befreiendes Aufatmen ausklingen können. Das «Innere Licht» (Abb. 300) aber ist ein unmittelbares Spiegelbild des menschlichen Ich: Ohne sich auf einen festen Grund abzustützen, trägt die kraftvolle Schale den keimhaften Funken, der die umgebende Dunkelheit immer heller erleuchten wird, bis die Schale zum farbenstrahlenden Diamanten verwandelt sein wird. Zukunftshoffnung!

Abb. 300
Inneres Licht, Cornelia Haendler, Mischtechnik, 1995

Abb. 301
Schicksalsfrage / Warum verhüllst du dich?
Aquarell, Peter Philipp.
Die Titel und Untertitel stammen vom Maler.
Sie wurden erst nach langer Zeit dem Bild beigegeben

Abb. 302
Parcival / Laß mich meinen Weg gehen,
Aquarell, Peter Philipp, um 1985

Die folgenden Bilder (Abb. 301–304) erscheinen aus tiefen seelischen Stimmungen heraus gearbeitet. Sie stammen von *Peter Philipp* (* 1924), der Klassenlehrer an einer Waldorfschule war und mit Begeisterung gemalt hat. Der Malvorgang vollzog sich in drei Stufen: Zuerst nahm er eine seiner rasch hingeworfenen Farbskizzen, die er zur Anregung für die Teilnehmer seines Malkurses großflächig naß in naß auf ein Blatt aufgetragen hatte. Ein solches Blatt diente ihm später zur eigenen Anregung, durch feines Überschichten einen farbig bewegten, pastellartig wirkenden Malgrund daraus zu machen. Dann setzte in einem nächsten Schritt durch schichtendes Auftragen der Aquarellfarben die «eigentliche» Gestaltung ein, die oft langzeitig unterbrochen wurde – denn er vermied es, den lebendigen Malvorgang durch eine feste Zielvorstellung zu beeinflussen: Die Bilder sollten aus sich selbst ihre Gestalt annehmen und sich selbst aussprechen. Deshalb haben sie auch keine Titel oder Unterschriften bekommen. Die

Abb. 303
Undine / Ich träume vom Wind in den Bäumen,
Aquarell, Peter Philipp, um 1985

Abb. 304
Kassandra / Meinen Angstschrei, um mich selbst nicht,
Aquarell, Peter Philipp, um 1985

hier beigefügten entstanden nur auf besonderen Wunsch, um den Betrachter anzuregen, vielleicht einen Grundton wahrzunehmen, ohne diesen damit festlegen zu wollen. Um ein Gemälde verstehen zu können, müsse man vor ihm tanzen, anders vor Rembrandt, anders vor Van Gogh oder Dürer – so meinte er, es einmal gehört zu haben; denn jedes Bild habe ja seine eigenen Bewegungen – hier sicher aus einer melancholischen Stimmung hervorgegangen. Aber Melancholiker zu sein heißt nicht etwa, nur den Kopf hängen zu lassen und in sich hineinzugrübeln, sondern verborgene Kräfte aus der Seele zu lösen, die hier in den leuchtenden Farben ihren Ausdruck finden, welche aus dem Hintergrund der Bilder hervorquellen. So können diese etwas objektiv Reales vom Wesen eines Menschen sichtbar werden lassen.

Aufwachen

Erreichnis – oder Aufforderung? Denken wir zurück an den träumenden Blick des alten Ägypters – an den in unbestimmte Tiefen der Seele gerichteten Blick Albrecht Dürers – und heute? An jedem kleinen Kind können wir noch miterleben und daran teilhaben, wie es erst lernen muß, den Blick zu öffnen – wie lange es zuerst noch im Schlafe einen seligen, jenseitigen Zustand durchlebt, bevor der Blick in diese Welt ihm erträglich und nicht mehr fremd ist – und schließlich dann im hohen Alter etwas von dem verrät, was der Mensch in seinem Leben an Freud und Leid, an Erreichtem und Unerreichtem durchgemacht hat.

Seit der Dürerzeit hat sich der Blick in die äußere Welt bis auf den heutigen Tag geweitet. Mehr und mehr werden seit der Goethezeit gleichzeitig Keime sichtbar, die beginnen, das Undurchlässige durchlässig werden zu lassen für das Geistige, das darinnen wirksam ist. Und wir haben zuletzt auch gesehen, wie der Blick in das Innere des Menschen sich in den Kunstwerken nicht nur als Spiegelbild des individuellen Seelenlebens erweist, sondern darüber hinaus objektive Erlebnisse aus dem geistigen Bereich der Seele aufschließt und in die künstlerische Gestaltung einfließen läßt. So wird die Kunst zur Vermittlerin zwischen den geistigen Wesen und

Abb. 305
Eurythmischer 12-Farben-Kreis,
Aquarell, Hilde Raske

Abb. 306
Farbstudie nach den «12 Stimmungen»; Stimmung der «Jungfrau», Aquarell, Hilde Raske

deren Kräften, die in der Natur und im Menschen zugleich schaffend wirksam sind. Dieses *Aufwachen* der menschlichen Seele im Mittelpunkt ihres Wesens für den Umkreis des Kosmos ist die Aufgabe unserer Zeit.

«Aber wir sollen ‹Neu-Schaffende› (Rudolf Steiner) werden! Ein gewaltiges Werden bahnt sich über die Gegenwart in die Zukunft hinaus an. Da werden in der Folgezeit sicher neue, aufrufende Werke geschaffen; werden wohl auch Bildmetamorphosen sich einstellen, die Neues, der Menschheitsevolution Gemäßes, Impulsierendes verkünden.»[71]

Zwei schicksalhafte Begegnungen führten *Hilde Raske* (1903–1986) zu ihrer Lebensaufgabe, der sie sich – neben anderen wesentlichen künstlerischen Aufgaben, die sie in Dornach übernahm – mit der größten, ernsthaftesten Hingabe unterzog: das Wesen der Farben zu erforschen.[72] Nach einer bewegten Jugendzeit in Berlin, in der sie Rudolf Steiner kennenlernte und ein Eurythmiestudium begann, begegnete sie auf dem Weg zum Goetheanum einer Dame, die, wie sich herausstellte, später die Leiterin der Dornacher Bühnen-Eurythmie wurde. Dieselbe Frau, Maria Savitch, kam kurze Zeit danach mit einer Eurythmiegruppe zu einer Aufführung nach Berlin. Weil zwei Darstellerinnen fehlten, wurde sie zur Mitarbeit aufgefordert. Dadurch lernte sie die «Zwölf Stimmungen» kennen, die später zu ihrem Lebensthema werden sollten. Hilde Raske schreibt darüber: «In der Dichtung ‹Die zwölf Stimmungen› von Rudolf Steiner offenbart schon die strenge Gliederung in zwölf Strophen zu je sieben Zeilen, daß es sich hier handelt um Richtungen und Wege, Tore und Fenster zu einem kosmischen Erleben. Die Zwölfheit führt durch die Folge der Monatsstimmungen zu einem innerlichen Mitgehen mit dem Jahreslauf und einem Erahnen der diese Folge bewirkenden himmlischen Urkräfte. In der Siebenheit erklingen die Bewegungen und Rhythmen der Wandelsterne … Für die Bühnendarstellung liegen Anweisungen für die Farben der Bekleidung und Beleuchtung vor. Zwölf Eurythmistinnen bilden einen Kreis, sieben in den hellen, sommerlichen Farben, fünf andere in durch das Pfirsichblüt belebten dunkleren. Innerhalb des Raumes, der durch zwölf ruhige Gestalten geschaffen wird, ergibt sich durch sieben andere in der Bewegung ein immer wechselndes Zusammenwirken …

Wird der Farbenkreis als Abbild des Jahreslaufes angeschaut, so steht das frühlingshafte helle Rot des Widders am Anfang, wandelt sich in Orange zu Wärme und Fülle des Mai, um in der Lichteshöhe der Johannizeit in strahlendem Gelb zu kulminieren. Von der Ruhe des Grün geht es zur Verinnerlichung der blauen und violetten Töne der herbstlichen Tagundnachtgleiche. Nach dem Durchgang durch die winterlichen Nuancen erhebt das Licht sich wieder zu österlichem Rot der Fische. Im Wandern der einzelnen Farben durch die Zwölfheit ergeben sich die mannigfaltigsten Beziehungen und Farbengespräche.»

Als ein Beispiel sei hier nur die Stimmung der «Jungfrau» wiedergegeben (Abb. 306). Dieses Sternbild nimmt das strahlende Gelb der Johannizeit wie eine Erinnerung an den Sommer auf und bettet es in das Blau des beginnenden Herbstes ein. Die Jungfrau mit der Ähre gilt als das Bild der reinen ätherischen Bildekräfte, die von der tätigen Erfülltheit des Sommers befreit und die Seele wieder zu besinnlicher innerer Ruhe überleiten will. Im unteren Bereich des Bildes kann man die Samenkräfte erspüren, wie sie ihre Triebe in die vom Sommer durchlichtete Erde einbetten und vom Keimen träumen. Die Tiefen atmen ein, was die Sonne im Sommer ausgeatmet hat – die lichte, aufrechte Gestalt verwebt es ineinander. Herbstesruhe will sich ausbreiten.

Die drei Farbübungen (Abb. 307a–c) sind unabhängig davon entstanden aus einer Vielzahl von Versuchen, welche Gestaltung das Rot auf den verschiedenfarbigen Grundierungen annehmen möchte. Es handelt sich darum, die objektiven Formtendenzen zu erkennen, die in den Farben selbst leben, wobei sich der Maler aller eigener Willkür enthält. Auch Alexander Winter hat auf der Grundlage eines zwölfteiligen Farbenkreises seine Monatsbilder aufgebaut (s. S. 150).

Abb. 307 a–c Aus den Farbenstudien von Hilde Raske

Abb. 307 a
Rot in Orange / taucht in die Wärme und steigert die in Glut sich ausschüttende Fülle

Abb. 307 b
Rot in Grün / steht sicher, behauptet und bewährt sich

Hilde Raske hat durch ihre Arbeit einen «malerischen Stil» erworben, der eine frisch-lebendige, schöpferisch-anregende Wirkung auf den Betrachter ausübt. Es ist nicht die Farbe, die auf der Oberfläche eines kompakten Gegenstandes aufgetragen wird, sondern sie scheint wie eine sprudelnde Quelle im schimmernden Sonnenlicht aus sich selbst die lebendige Gestaltung hervorzubringen. Man fühlt sich in ätherisch durchdrungenen Farbenströmen, die sich mit unserer sinnlichen Welt verweben wollen, damit wir sie mit unseren Augen sehen können. Eine gesundende Kraft geht von ihnen aus.

Diese Wirkung beruht wieder auf der Technik der schichtweise aufgetragenen Farben, die sie mit großer Konsequenz angewendet hat. Da sie transparent sind, scheint der Malgrund hindurch und kann an der leuchtenden Farbgestaltung mitbeteiligt werden.

Nun soll hier nicht etwa der Anspruch erhoben werden, daß diese Malweise die einzige sei, die zu einer solchen Erweiterung fähig ist. Es ist ja immer betont worden, wie unsere Zeit heute gerade die Ich-Kraft des Menschen herausfordert und zur Weiterentwicklung führen will. Das bedeutet auch, daß jeder Künstler zu den Mitteln greifen wird, von denen er hofft, daß sie seine Vorhaben darstellen können.

Abb. 307 c
Rot in tiefem Blau / besonnener, ruhiger und geschlossener in der Stärke, an zarten Stellen wie Lebenskräfte aus weiter Ferne hereinholend

Allerdings wird erst der Chor vieler einzelner Instrumente zur Symphonie werden – aber nur dann, wenn sie zu einer gemeinsamen Komposition zusammenklingen und nicht einen schrillen Lärm verursachen, den das Ohr des Menschen nicht ertragen kann, weil es aus einer höheren Harmonie des Weltalls geschaffen worden ist. Dazu gehört auch die künstlerische Technik, der gemeinsame Grundton, der Rhythmus und schließlich auch der Raum, in dem alles zum Erklingen kommen soll. Manche Beispiele sind an unserem Blick schon vorübergezogen.

Die Abbildungen 308 und 309 können in ihren Stimmungen wie menschliche Begegnungen von einer seelischen Warte aus empfunden werden. Noch mehr: auch geistige Wesen werden aus dem bewegt farbigen Hintergrund sichtbar. Sie wirken bei der «Begegnung» und auch dem «Verzeihen» mit. Im ersten Bild herrscht ein kraftvoll-dramatisches Orange-Rot vor, zwei Engelwesen neigen sich Anteil nehmend zu beiden Menschen herab. Dann entdecken wir rechts unten im Dunkel verborgen den kalten, mißtrauischen Blick eines Wesens

Abb. 308 Begegnung, Aquarell, Fritz Schulte (1889–1973)

Abb. 309 Das Verzeihen, Fiorenza de Angelis, Florenz

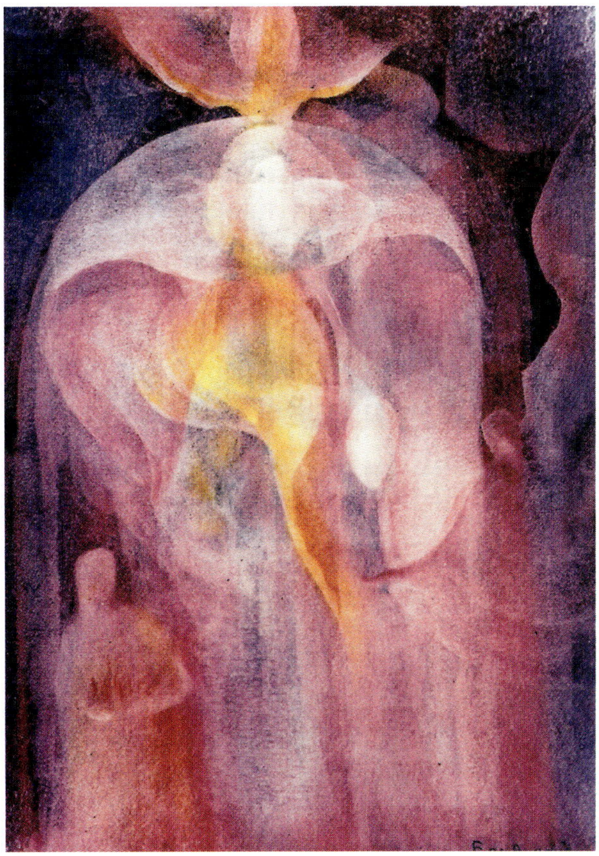

und bemerken, wie auch links oben aus dem Rot ein Antlitz herabschaut – und erkennen in ihnen die Geistwesen Luzifer und Ahriman, wie sie Rudolf Steiner oft in seinen Vorträgen charakterisiert hat, deren Eingreifen in die Seelenwelt überall die flammende Sympathie entzündet oder den kalten Haß bewirkt. In dieser inneren Spannung sich begegnen, fordert auf, sich kraftvoll zwischen beiden zu behaupten – begleitet von den besorgten, hoffenden Blicken der Engel über ihnen.

Das Bild des «Verzeihens» ist dagegen von einer ruhig-bewegten, durchlässig verklärten, ins Violette spielenden Stimmung erfüllt. Die eine Gestalt gewährt Vergebung, ihr strömt Hilfe aus der Höhe zu – die andere hält sich zurück, zögert, kann sich noch nicht öffnen. Wird die Friedenstaube über ihnen die Lösung des engen Herzens vollbringen?

Es ist eine gute Übung, wenn man versucht, sich die eigene augenblickliche Seelenstimmung oder auch die eines Menschen, der einem begegnet ist, in Farbe vorzustellen, losgelöst von Gestalt, Kleidung und so weiter. Man wird dann darauf kommen, daß es nicht allein um die Farben geht, die den Raum erfüllen, sondern auch um deren Dichte und Transparenz, oder auch um ihre Bewegung, ihr lebhaftes Strömen oder träges Verharren, ja, sogar um ihr Aufleuchten oder Verlöschen. Man kann auch versuchen, die Stimmungen, die von blühenden Bäumen ausgehen, in Worte zu fassen – und vieles andere. Man muß kein Maler sein, genausowenig wie man kein Musiker zu sein braucht, um von schrillen oder beruhigenden, aufweckenden oder trauernden Tönen zu sprechen. Wer das sucht, wird sich nicht verwundern, wie Rudolf Steiner ausführlich in das Erleben der im Seelenbereich imaginativ wahrnehmbaren Farben einführt[73]: «Da sind zuerst solche Farben, die mehr oder weniger den Charakter der Undurchsichtigkeit und Stumpfheit tragen. Allerdings, wenn wir diese Farben mit denjenigen vergleichen, die unser physisches Auge sieht, dann erscheinen sie diesen gegenüber flüchtig und durchsichtig. Innerhalb der übersinnlichen Welt selbst aber machen sie den Raum, den sie erfüllen, vergleichsweise undurchsichtig. Sie erfüllen ihn wie Nebelgebilde. Eine zweite Gattung von Farben sind diejenigen, welche gleichsam ganz licht sind. Sie durchhellen den Raum, den sie ausfüllen. Dieser wird durch sie selbst zum Lichtraum. – Ganz verschieden von diesen beiden ist die dritte Art der farbigen Erscheinungen. Diese haben nämlich einen strahlenden, glitzernden Charakter. Sie durchleuchten nicht nur den Raum, den sie ausfüllen: sie durchglänzen und durchstrahlen ihn. Es ist etwas Tätiges, in sich Bewegliches in diesen Farben. Die anderen haben etwas Ruhendes, Glanzloses. Diese dagegen erzeugen sich gleichsam fortwährend aus sich selbst.» Rudolf Steiner spricht davon, wie jeder Mensch diese «Farbengattungen» als Aura in sich trägt, die ihn «umfluten und umstrahlen».

In dem Bild der «Begegnung» sind es besonders die zwei Wesen, die aus dem farbigen Seelenweben des Umkreises links oben und rechts unten hervortreten: Luzifer und Ahriman. Sie sind allüberall im Umkreis und im Menschen tätig, aufbauend und zerstörend, fördernd und hemmend, bewegend und festhaltend – man kann in wenigen Sätzen ihre Eigenarten nicht zusammenfassen, ohne in Einseitigkeiten zu verfallen und ein falsches Bild von ihnen zu entwerfen. Selbst die vermeintlich so klaren Begriffe von Licht und Finsternis bergen in ihrer Wirksamkeit eine solche Fülle von Erscheinungen, daß man ihrem Wesen nur Schritt für Schritt von den verschiedensten Seiten aus näherkommen und diese zu einer differenziertesten Gesamtschau ineinander verweben kann.

Rudolf Steiner hat eine ganze Anzahl von Pastellzeichnungen als Anregungen für bestimmte Themen gegeben, die aus verschiedenen Arbeitsaufgaben entstanden sind. Dazu gehört auch das Bild «Licht und Finsternis», dessen Titel nicht von ihm stammt, sondern später auch als «Luzifer und Ahriman» benannt wurde (Abb. 310). Beide Antlitze stehen dem menschlichen Antlitz sehr nahe. Das eine wendet seinen Blick aktiv nach außen, öffnet sich in

Abb. 310
Licht und Finsternis oder Luzifer und Ahriman, Pastell, Rudolf Steiner, 1923

Abb. 311
Farbskizze nach der Zeichnung Abb. 310, Michael Martin

dem fast flammenden Rot-Orange der Welt. Das andere zieht sich im Blau in sich selbst zurück; sein kritischer, mißtrauischer Blick läßt die Farbe zum Grau erblassen. Das Grün vermittelt zwischen beiden; es verbindet und trennt zugleich. Will man ausschließlich die Farben sprechen lassen, braucht man nur die beiden Antlitze zu übersehen und sich auf die verbliebenen Farbenströme zu konzentrieren, so wird man darin die in ihnen lebenden Gegensätze von Luzifer und Ahriman verborgen, aber deutlich erleben können (Abb. 311): Das Ausstrahlende – das sich Abschließende – und das Verbindende.

Wie beide Mächte das menschliche Denken einseitig führen wollen, zeigen folgende Worte Rudolf Steiners[74]: «Die Tendenz des Ahrimanischen in uns besteht darin, die Welt materialistisch vorzustellen. Daß wir die Welt materialistisch vorstellen, daß wir uns eine bloße Naturordnung vorstellen, ist die Folge davon, daß wir Ahrimanisches in uns tragen. – Daß wir Ideale in uns tragen, welche sich loslösen von der allgemeinen Natur, nach denen wir uns in unserem gegenseitigen Verhalten richten wollen, die uns aber doch nur wie Träume erscheinen müssen innerhalb der gegenwärtigen Weltanschauung,

Abb. 313
Luzifer, Foto aus der Kleinen Kuppel des ersten Goetheanum, Rudolf Steiner

Abb. 312
Ahriman, nach Foto aus der Kleinen Kuppel des ersten Goetheanum, Rudolf Steiner

die ausgeträumt sind, wenn nach der Naturordnung die Erde an ihrem Endzustand angekommen ist, das ist die Folge davon, daß die luziferischen Kräfte, die ebenso wie die ahrimanischen in uns leben, immerfort das Bestreben haben, den Teil von uns, der ihnen zugänglich ist, ganz aus der Naturordnung herauszureißen und vollständig zu vergeistigen … Wie uns Ahriman nach der einen Seite eine Welt vormacht, welche eine bloße Naturordnung ist, so macht uns Luzifer auf der anderen Seite eine Welt vor, die rein nur in gedachten Idealen besteht.»

Erschreckend wird das Bild, wenn das Menschenantlitz wie eine Maske abfällt und uns die imaginativen Bilder von Luzifer und Ahriman unverhüllt gegenüberstehen (Abb. 312, 313). Es sind Originalfotos aus den Malereien der Kleinen Kuppel des ersten, durch Brandstiftung verlorenen Goetheanum, in der Rudolf Steiner selbst die schichtende Malweise praktiziert hat. Ahriman ist bis auf die Knochen zusammengezogen, verhärtet, nicht bereit, Zugeständnisse zu machen. Luzifer von weltfremden Idealen erfüllt, seine Formen drängen nach oben, drohen durch die aufgetriebene Stirn ihre Konturen zu verwaschen, ja, zu verlieren. Je mehr wir versuchen, uns in diese Gegensätze einzuleben, desto deutlicher geht uns auf, wie unsere gesamte Welt seit ihrer Erschaffung in Gegensätze gespalten ist, zwischen denen wir hin- und hergerissen werden: wir brauchen nicht nur die Hingabe, sondern auch die Zurückhaltung; die Öffnung – aber auch den Abstand; die Wärme und Kälte – aber in gemäßigter Ausgewogenheit; die materielle Nahrung – aber in maßvoller Menge und so weiter. Eine aufgeschlossene eigene Lebenserfahrung wird uns die Worte Rudolf Steiners bestätigen[75]: «Verstehen kann ich die Welt eigentlich nur, wenn ich sie mit Bezug auf die *Dreizahl* ins Auge fasse. Denn wir haben auf der einen Seite alles dasjenige, was luziferisch ist, auf der anderen Seite dasjenige, was ahrimanisch ist, mitten hineingestellt den Menschen, der als ein Drittes, wie im *Gleichgewichtszustande* zwischen beiden, sein Göttliches empfinden muß. Nur dadurch kommt man mit dem Weltverständnis zurecht, daß man diese Dreiheit zugrunde legt, daß man sich klar darüber ist: es ist wie ein Waagebalken dieses menschliche Leben! Hier das Hypomochlion [die senkrechte Stütze des Waagebalkens]; da eine Waagschale, das Luziferische, das aber in Wirklichkeit hinaufzieht; auf der anderen Seite das Ahrimanische, das in Wirklichkeit hinunterzieht. Den Waagebalken im Gleichgewicht zu erhalten, das ist das Wesen des Menschen. Es haben diejenigen, die eingeweiht waren in solche Geheimnisse, immer betont in der Menschheitsentwicklung, daß man das Weltendasein, in das der Mensch hineingestellt ist, nur im Sinne der Dreizahl verstehen kann … Wir haben es zu tun im Weltendasein mit dem Luziferischen, das die eine Waagschale, dem Ahrimanischen, das die andere Waagschale darstellt, und dem Gleichgewichtszustande, der uns darstellt den Christusimpuls.»

Wer diese Worte Rudolf Steiners einsehen kann und sich auf den Weg macht, unablässig an dem inneren Gleichgewicht seines Wesens zu arbeiten, wird erfahren, daß er damit eine Lebensaufgabe übernommen hat. Er wird sich stärker als bisher in der Spannung zwischen den luziferischen und ahrimanischen Versuchungen finden. Aber er wird auch bemerken, wie gerade in der Auseinandersetzung mit den beiden Extremen eine innere Kraft keimt, die er früher nicht in dieser Weise gekannt hat. Diese muß aber immer wieder aufs neue erzeugt werden – sie ist nicht einfach da. Sie entsteht nur, indem sie tätig ist. Es ist nicht das «Ich», das in unserem alltäglichen Bewußtsein durch unseren physischen Leib als solches empfunden wird, sondern eine höhere Kraft, die Rudolf Steiner das «neugeborene Selbst» nennt, weil sie eben durch eigene Anstrengung im Ringen um die seelisch-geistige Mitte entsteht.

In diesem Bemühen kommt uns die geistige Kraft des Erzengels Michael zu Hilfe. Er greift stützend in den Kampf ein, der in unseren Gedanken tobt zwischen der idealistischen und der materialistischen Weltanschauung Luzifers und Ahrimans. «Michael ist der Geist der Stärke. Er muß befähigen, indem er in die Menschheitsentwicklung einzieht, nicht die abstrakte Geistigkeit auf der einen Seite zu haben, und auf der anderen Seite die Materialität, die wir beklopfen, die wir durchschneiden, und von der wir keine Ahnung haben, daß sie im Grunde genommen nur eine äußere Offenbarungsform auch des Geistigen ist – Michael muß uns durchdringen als die starke Kraft, die das Materielle durchschauen kann, indem sie im Materiellen zu gleicher Zeit das Geistige sieht, indem im Materiellen überall der Geist gesehen wird.»[76]

Geistwesen sind in unserem Bewußtsein erwacht in dem Maße, wie die Grenzen zum Übersinnlichen durchlässig wurden. Im 15. Jahrhundert verblaßte die geistige Welt. Der Sinn des Menschen wandte sich der Erde zu. Sein Auge war für die eigene Körpergestalt und deren Formbildung wachgeworden.

Das Porträt gab sie naturgetreu wieder und wurde das Spiegelbild für sein Ich-Bewußtsein. Damals war das Ich der Mittelpunkt eines Kreises; heute finden wir es in der Mitte zwischen Luzifer und Ahriman wieder.

Der Erzengel Michael führt den Kampf gegen den Drachen, «die Schlange vom Urbeginn, die zugleich diabolischer und satanischer Natur ist, der Verführer der ganzen Menschheit», wie es in der Offenbarung des Johannes heißt (12. Kap.). Die himmlischen Heerscharen der Engel haben nicht «ihr Eigensein geliebt und nicht den Tod gefürchtet» – darin sehen wir die Selbstliebe Luzifers und die Todesmacht Ahrimans, gegen die sie angekämpft haben. Einige Beispiele mögen zeigen, wie individuell das Wesen Michaels in den Menschen heute lebt und dargestellt wird.

Die dramatische Spannung der Farbenfluten, aus denen die Gestalten auftauchen und sich zum Kampf gegen den Drachen formen (Abb. 314), läßt einen den Atem anhalten. Man fühlt sich mitten in den Wirbel hineingezogen und sucht Halt an der Lanze, die sieghaft ordnend in das Chaos eingreift.

Dagegen ist das nächste Bild (Abb. 315) aus der inneren Ruhe und überlegenen Kraft des Erzengels gestaltet. Die Dunkelheit weicht zurück und verliert sich in der Tiefe des Hintergrundes. Trotzdem ist die Dramatik des Kampfes deutlich spürbar.

Abb. 314 Michael, Tempera, Jan de Kok, 1992

Abb. 315 Erzengel Michael, Fiorenza de Angelis, Florenz

Das dritte Bild (Abb. 316) stellt Michael in der aufrechten Haltung des Überwinders dar – der Drache liegt besiegt am Boden, das Orange des Hintergrundes läßt die Stimmung des Aufatmens nach dem Kampf aufkommen.

Abb. 317
Die Mitte zwischen den Gegensätzen – Michael, Kreidezeichnung, Michael Martin

Abb. 316 Michael, Elisabeth Oling-Jellinek

Die beiden Hell-Dunkel-Zeichnungen (Abb. 317, 318) sind anders entstanden. Zuerst löste sich aus dem gestaltlosen Chaos der Gegensatz der kantigharten Formgebilde und der formlosen dunstig-verschwimmenden Flächen heraus. Dann erst nahm die Mitte allmählich Gestalt an, sandte ihre ordnenden Strahlen in die Tiefe. In dem einen Bild kann man den sieghaft gegen die aufbegehrenden Formen kämpfenden Engel wahrnehmen. Im anderen ist eine Gestalt entstanden, die ordnend, mit liebender Geste ihre Arme ausbreitet, um dem Chaos Halt zu bieten. Eine andere, zartdunkle Gestalt hebt sehnsuchtsvoll und dankbar ihre Arme dem lichten Engel entgegen.

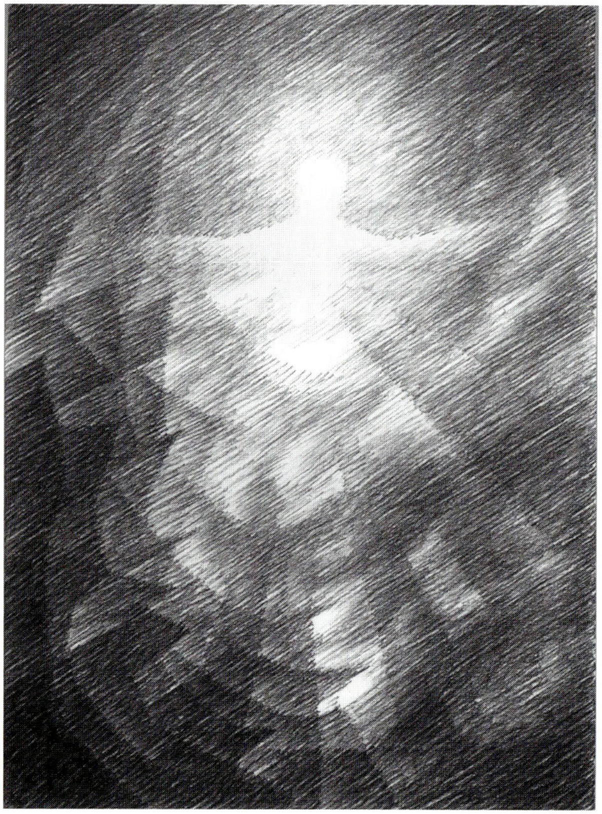

Abb. 318
Die Mitte zwischen den Gegensätzen, Kreidezeichnung, Michael Martin

Abb. 319
Der Geistkämpfer, Bronze-Modell für das Kieler Ehrenmal, Ernst Barlach, 1928

Langer Zweifel ging der Entscheidung voraus, die zwei folgenden Abbildungen 319 und 320 nebeneinanderzustellen, zumal die Plastik eine andere Bezeichnung hat. Kann man sich größere Gegensätze vorstellen? Und doch haben sie ihrem Wesen nach denselben Grundton: Es sind beides Engel, beides «Geistkämpfer» – jeder auf seine Art. Die eine Gestalt aus strahlendem Licht geboren, ein Diener der Sonne, aus der Reinheit himmlischer Sphären herabgestiegen, um die Unreinheit, das Böse zu

Abb. 320
Michael, Aquarell,
Johannes Schmid, 1981

überwinden. Die andere wie ein Mensch, der sich über die Triebhaftigkeit seiner Natur erhoben, sie seinen Aufgaben dienstbar gemacht hat – mit den Engelsflügeln, die sichtbar machen, wie sein tieferes Wesen einer göttlichen Welt zugehört, für die er sich mit dem zur Höhe empor gerichteten Schwert und dem Blick zur Erde unablässig einsetzt. Jede Gestalt betont auf ihre Art die Mitte des Herzens.

«Vorher sahen die Michael verwandten Menschen Michael im Geistbereich seine Tätigkeit entfalten; jetzt erkennen sie, daß sie Michael im Herzen wohnen lassen sollen; jetzt weihen sie ihm ihr gedankengetragenes geistiges Leben; jetzt lassen sie sich im freien, individuellen Gedankenleben von Michael darüber belehren, welches die rechten Wege der Seelen sind.»[77]

Abb. 321
Michael, Aquarell, Hilde Raske

Hilde Raske hat das gewohnte Bild des Kampfes Michaels mit dem Drachen dem Gebiet der irdischen Gestalten enthoben und in ein Strömen von Kräften verwandelt (Abb. 321). Die Farben bringen das seelische Ringen dieser Kräfte zum Ausdruck, die in anderen Bildern sonst «hinter» dem Engel mit dem Drachen verborgen sind. Die äußeren Hüllen der Gestalten sind gleichsam durchscheinend geworden für das, was auf einer imaginativen Stufe des Erlebens seelisch sichtbar wird. Man kann den Erzengel inmitten des roten luziferischen Flammenmeeres erahnen, das ihn in das oben im Gelben angedeutete Geistgebiet entführen möchte. Unten verdichtet und verhärtet sich Ahriman im Festwerden der Finsternis im Irdischen. Das lichte Aufstrahlen der Geisteskraft Michaels durchdringt die Äthersphäre des Blauen, gebietet ihn in die Tiefe. Überall dramatisches Farben-Geschehen – nur das Kreuz des Christus, im lichten Pfirsichblüt ruhend, gibt dem Bild die tragende Stütze. Vielleicht könnte man hier auch die Unterschrift setzen: «Mit der Hilfe Michaels auf dem Wege zu Christus.»

Unter dem Regenbogen

Bei den letzten Kapiteln treten in den Gemälden mehr die elementarischen und seelischen Ereignisse in den Vordergrund und führen in neue Räume hinein, die mit unseren Sinnesorganen nicht wahrgenommen, wohl aber in ihren inneren Stimmungen erlebt werden können. Es ist eigentlich nicht zutreffend, wenn man sie deswegen als «abstrakt» bezeichnen würde. Denn sie führen trotz ihres übersinnlichen Charakters durchaus in konkrete, nachvollziehbare Bereiche hinein. Das gilt auch für die bildhafte Darstellung von geistigen Wesen, wie sie schon seit vielen Jahrtausenden und auch heute wieder in jeder Kunstrichtung vorhanden sind. Es ist sicher aus dem rein künstlerischen Empfinden heraus richtig, wenn man sie in unserer Zeit in dem übersinnlichen Bereich unserer Seele aufsucht und mit anderen Mitteln gestaltet als früher. Dazu gehören die Farben, «welche gleichsam ganz licht sind. Sie durchhellen den Raum, den sie ausfüllen. Dieser wird durch sie selbst zum Lichtraum» (Rudolf Steiner, s. S. 198).

Schon zu Lebzeiten Rudolf Steiners wurde auf seine Anregung hin an den Pflanzenfarben gearbeitet, die trotz ihrer Transparenz starke Leuchtkraft haben und beim Ausmalen der Decke des Goetheanum im Jahre 1998 verwendet wurden (Abb. 322, 323), wie auch bei einigen hier gezeigten Aquarellen. Die Stofflichkeit dieser Farben tritt dabei immer weniger

Abb. 322
Lemuris, Teil der Deckenmalerei des zweiten Goetheanum, hergestellt 1998 von einer Malergruppe, Pflanzenfarben. Nach Pastellskizze Rudolf Steiners 1913/14

in Erscheinung. Die prismatischen Farben, die bei einem Blick durch ein dreiseitiges Glasprisma erscheinen, entbehren jeder Materie, entstehen und vergehen an den Rändern der Gegenstände und durch die Haltung des Prismas, das auf diese gerichtet ist.

Die Farben des Regenbogens entsprechen denen des Prismas. Obwohl sie mit Augen zu sehen sind, entstehen sie im elementarischen Bereich des Lichtes und der Finsternis. Schon in Urzeiten galt deshalb der Regenbogen als eine Brücke zwischen der irdischen und der himmlischen Welt. So beschreibt es die Edda[78]: «Den Menschen zu beschirmen, nahmen die Götter die Augenbrauen Ymirs und bildeten daraus eine Mauer, hinter der die Erben der früheren Welt ... verborgen blieben. Das ist die untere Welt geworden. Die mittlere Welt, Midgard, sollte der Menschen Heimat sein. Ihren eigenen Wohnsitz errichteten die Götter auf den höchsten Zweigen des Weltenbaums. Das ist Asgard. Da funkeln von den Spitzen des Geästes dem Menschenauge die Sterne entgegen. Dort haben die Götter und Göttinnen ihre Wohnorte. Zwischen oben und unten bildeten sie eine leuchtende Brücke. Das ist der Regenbogen. Den nannten die Götter auch Bivrost, das heißt ‹bebender Steg›. Wenn die Götter sich zu ihrem Richtplatz begeben am Nornenbrunnen, reiten sie über Bivrost.»

Vielerlei Bedeutung hat der Regenbogen bei den Völkern der Erde gehabt, aber im Grunde war es immer die Erhabenheit über alles Irdische, die von der

Abb. 323
Atlantis, Teil der Deckenmalerei des zweiten Goetheanum, hergestellt 1998 von einer Malergruppe, Pflanzenfarben. Nach Pastellskizze Rudolf Steiners 1913/14.

Abb. 324
Regenbogen über der Brücke, Aquarell, David Newbatt, England

Reinheit und Transparenz der Farben ausging und den Weg zur Verehrung der Götter öffnete. Nach der Darstellung des Alten Testamentes war er das von Gott gesetzte Zeichen der Versöhnung mit den Menschen, deren Verhalten seinen Zorn erweckt und zum Untergang der Atlantis in der Sintflut geführt hatte: «Meinen Bogen habe ich gesetzt in die Wolken, der soll das Zeichen sein des Bundes zwischen mir und der Erde. Und wenn es kommt, daß ich Wolken über die Erde führe, so soll man meinen Bogen sehen in den Wolken. Alsdann will ich gedenken an meinen Bund zwischen mir und euch und allen lebendigen Seelen.» (1. Mose 9)

So wurde der Regenbogen das Wahrzeichen für die neue Zeit auf der festen Erde, die die Menschen unter der Führung Noahs betreten durften. Von hier aus strömten die Völker über den Kontinent, dann begannen die Wanderungen der verschiedenen Volksstämme, und damit wurden die ersten Zeichen gesetzt für die unserer heutigen Zeit vorausgegangene Kulturentwicklung, die im alten Indien ihre Wurzeln hatte und sich von dort über Persien, Kleinasien und Ägypten bis nach Europa fortpflanzte.

Das für uns Bedeutsame ist, daß es für die Erforschung von Geschichte und Kultur der weit zurückliegenden Epochen noch viel mehr verborgene Entwicklungsströme gibt, wie beispielsweise die Entwicklung des Farbensinnes des Menschen im Zusammenhang mit dem Fortschreiten der Bewußtseins-Wachheit. Diese Fragen hat der Maler *Julius Hebing* (1891–1973) auf Grund von Äußerungen Rudolf Steiners gründlich erforscht und dargestellt, wie die Bewußtseinsstufen der nachatlantischen Epochen durch die Farben des Regenbogens gleichsam hindurchgehen, von ihnen getragen werden (Abb. 325[79]).

Es ist nicht eine Frage der Entwicklung des Auges, sondern des Bewußtseins bei der Wahrnehmung. «Dieses langsame Heraustreten des Menschen aus dem Farbenmeer der vorausgegangenen atlantischen Zeit, dieses Abstand-Gewinnen, dieses auf trockenem Boden sich der Farbe Gegenüberstellen, beginnt eben mit jener Epoche, die wir als die ur-

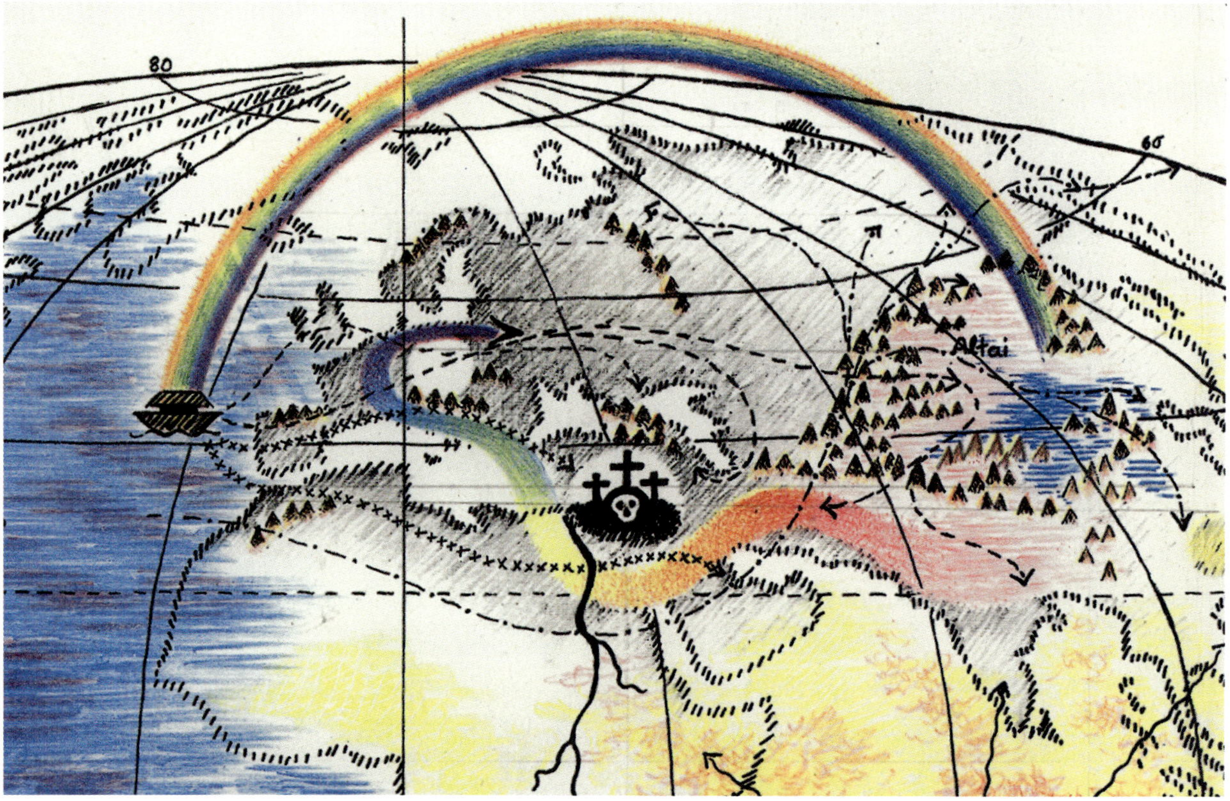

Abb. 325 Die Menschheitsentwicklung unter dem Gesichtspunkt der Farbe, Julius Hebing, 1956

indische bezeichnen.»[80] Der Inder «schwebte … noch ganz in der Meeresfülle eines übersinnlichen Purpur-Pfirsichblüt» – wie das neugeborene Kind, dessen Blick seine irdische Umgebung noch nicht ergreifen kann, sondern noch ganz im ätherischen Umkreis lebt. In der persischen Zeit verdichtete sich das Rot vollends zur schöpferischen Kraft des Zinnober, hellte sich auf in dem sinnlichen Licht des Gelben, wozu sich im Grün die ersten Schatten des Blau gesellten – dem Wendepunkt in Griechenland. Dann trat das Blau als solches in der Neuzeit hervor, das nun in der Zukunft sich den östlichen Ländern zuwendet und sich zum Violett steigern wird.

«Gelb, Goldgelb, Orangerot verdanken ihr Werden einem sich steigernden Prozeß, der als ein Wirken der Finsterniskraft (Trübe) zu bezeichnen ist. Der Weg geht hier also ins Stoffliche hinein. – Blau-Violett ist die führende Kraft des nach innen sich wendenden Menschen; sie schafft am Seelisch-Geistigen des Menschen, bis hin zu seiner abstrakt-intellektuellen Form … Blau-Violett gehört so wesentlich der nachchristlichen Zeit an, wie Rot-Gelb der vorchristlichen, ganz unabhängig davon, ob die blaue Farbe auch schon vorher verwendet wurde oder nicht.» (Julius Hebing)

Nicht unerwähnt soll bleiben, daß auch die Kinder in den ersten Waldorfschulen in Stuttgart, Hamburg und London bei ihrem Heranwachsen von den helfenden Farben ihrer Schulräume umgeben wurden. Rudolf Steiners Angaben waren für die drei Städte nicht genau die gleichen, aber im Aufsteigen von den warmen roten über das Grün zu den kühlen blauen Farbtönen stimmten sie überein; der Klang des Regenbogens lebt in den Klassenräumen, zu denen noch eine Anzahl von Fachräumen hinzukam.[81]

Nur in diesen wenigen Sätzen kann hier angedeutet werden, wie die Farben des Regenbogens im Untergrund das Herabsteigen des Menschen auf die Erde und ein neues Sich-Verbinden mit der geistigen Welt durchdringen und – äußerlich unsichtbar – begleiten.

Die folgende Pastellskizze von Rudolf Steiner (Abb. 326) zeigt diesen «Gang durch den Regenbogen» im Zusammenwirken der Geistwesen mit dem Menschen. Dabei wird deutlich, wie durch die Lichtkraft von oben das dunkle Schwarz unten zum Blauen aufgehellt wird, wie wir es alltäglich im Blau des Himmels erblicken, hinter dem das tiefe reine Schwarz des Kosmos von uns nur selten wahrgenommen werden kann.[82] Die Haltung der Gestalt zeigt, wie sich das Ich im Menschen den Geistwesen öffnet, die sich ihm aus den Bereichen des Ätherischen, des Seelischen und Geistigen zuneigen. «Der umgekehrte Weg muß derjenige der Zukunftsmenschheit werden gegenüber dem, der bis in die Mitte der vierten nachatlantischen Kultur [Griechenland] der Weg der Menschheit war. Dann wird aus dem nachdenklichen Menschen wiederum der geisterkennende Mensch, der in einer anderen Form geist-erkennende Mensch, der von oben angelegt wird. Wir sind hineingewachsen in die Empfänglichkeit für den blauen Teil des Spektrums … Aber indem wir uns in diesen Teil des Spektrums hineinleben, indem wir in einer gewissen Weise immer mehr liebgewinnen die blaue und blau-violette Farbe, müssen sich ja unsere Sinnesorgane völlig ummetamorphosieren, umwandeln.»[83]

Abb. 326
Der Mensch im Geiste, Pastell, Rudolf Steiner, 1923

Aus der gewaltigen Menschheitsevolution der nachatlantischen Kultur, in der wir mitten darinnenstehen, treten wir nun zurück in unseren eigenen Lebenskreis und lenken unseren Blick zu dem Jahreslauf, an dessen Rhythmen wir ununterbrochen bewußt oder unbewußt teilhaben. Auch hier wird uns der Regenbogen begegnen als eine Zusammenfassung all dessen, was wir im Wechsel der Jahreszeiten, des Werdens und Vergehens in der Natur miterleben. Im Dezember 1920 hält Rudolf Steiner in Dornach einen Vortrag, in dem er den ganzen Jahreslauf und das Wesen des Menschen in den drei Grundfarben Rot – Grün – Blau zusammenfaßt wie in einem Grundakkord, der unser ganzes Dasein auf der Erde erfüllt und umschließt.[84]

Rudolf Steiner geht vom Menschen aus, in dem Licht und Finsternis leben als Gedanke und als Willenskraft. Was innerlich Gedanke ist, lebt im Umkreis der Welt als Licht. Der Wille ist, kosmisch gesehen, verdichtete Finsternis, zusammengeballt zum

↑ *Abb. 327*
Abb. 328 →
↓ *Abb. 329*

Abb. 327
Tafelskizze Rudolf Steiners zu seinem Vortrag vom 5.12.1920. Freie Wiedergabe von Michael Martin.

Abb. 328
Das Farbenband (Abb. 327) rundet sich zum Regenbogenspektrum. Nach der Tafelskizze Rudolf Steiners von Michael Martin.

Abb. 329
Das Regenbogenspektrum (Abb. 328) mit zusammenfassenden Begriffen von M. Martin.

Stoff. Dann wendet er sich der Natur zu, in der diese Urkräfte des Daseins in verwandelter Form zu finden sind: «Sie schauen hinaus in die Welt: Sie sind vom Licht umflossen. In dem Lichte erstirbt eine vorzeitige Welt. Sie treten auf den harten Stoff auf – die Stärke der Welt trägt Sie. In dem Lichte erstrahlt gedanklich die Schönheit. In dem Erglänzen der Schönheit erstirbt die vorzeitige Welt. Die Welt geht auf in ihrer Stärke, in ihrer Kraft, in ihrer Gewalt, aber auch in ihrer Finsternis. In Finsternis geht sie auf, die zukünftige Welt, im stofflich-willensartigen Elemente … Wenn Sie hinausgehen und sehen sich an die Bäume in ihrer Blüte, dann leben Sie eigentlich von der Vergangenheit. Also Sie betrachten die Frühlingsnatur der Welt und Sie können sich sagen: Was Götter in vergangenen Zeiten hineingewirkt haben in diese Welt, das offenbart sich in der Blütenpracht des Frühlings. Sie betrachten die fruchtende Welt des Herbstes, und Sie können sagen: Da beginnt eine neue Göttertat, da fällt ab, was aber weiterer Entwicklung fähig ist, was in die Zukunft sich hineinentwickelt … Sieht man die Schönheit der Natur, so ist das gewissermaßen etwas, was noch nicht so weit erstorben ist, was noch nicht so von der Vergangenheit ergriffen ist. Das aber, was nach der Zukunft hinweist, ist dasjenige, was aus dem Finstern, aus dem Dunkeln herauskommt. Da, wo das Grün zum Bläulichen abgestuft ist, da ist das, was sich in der Natur als das Zukünftige erweist.» Inzwischen hat Rudolf Steiner die Farbskizze an die Tafel gezeichnet (Abb. 327), die er als «Regenbogenspektrum» bezeichnet. Dann fährt er fort: «Das wirkliche Spektrum würde man bekommen, wenn man dieses Farbenband kreisförmig biegen würde.» Wenn sich bei dieser Rundung zum Kreis oben Rot und Blau auf schwarzem Hintergrund durchdringen, entsteht das Pfirsichblüt, in dem der Mensch darinnensteht (Abb. 328), der Natur gegenüber, die sich im Grünen auslebt. Faßt man die Gedanken Rudolf Steiners begrifflich zusammen, die er ausführlich bildhaft beschrieben hat, und fügt sie in die Farbenskizze ein, so ergibt das eine Art Meditationsbild von tiefster Weisheit, das man als «Kunstwerk» bezeichnen möchte, das in der Seele dessen entsteht, der es in sich selber schaut und zu einem lebendigen Farbenbilde gestalten kann: Der Mensch steht in der Gegenwart zwischen dem Gewordenen und dem immer neu Werdenden der Jahreszeiten, getragen von der Brücke des Regenbogens, der den Grundklang der Schöpfung als Farbenbogen bildet und Mensch und Welt in Einheit zusammenfaßt.

Nun folgen zwei Erlebnisberichte besonderer Art, weil sie selten, und dazu auch sehr individuell gehalten sind. Es handelt sich zuerst um die Erscheinung eines «vollkreisförmigen Regenbogens». Was wir vorher gehört haben, baut sich Stück für Stück durch die Worte Rudolf Steiners in der Seele als innere Vorstellung zu einem «vollkreisförmigen Regenbogen» auf. Ein solcher kann auch sinnlich sichtbar vor das Auge treten. Aber es müssen ganz bestimmte zeitliche und räumliche Voraussetzungen gegeben sein, die einerseits durch die Natur, andererseits durch den Menschen bedingt sind, der wie zufällig oder schicksalshaft diesem Ereignis begegnet.[85]

«Einen vollkreisförmigen Regenbogen zu sehen ist nur dem Flieger vorbehalten, etwa wenn er an einer Regenwand entlangfliegt. Auf jeder weißen Wolke zeichnet sich dann ein Regenbogen ab, während der Schatten des Flugzeuges oder des Freiballons darüber hinwegzieht. Man hat dies erstmals vom Freiballon aus beobachtet und dieser prächtigen Naturerscheinung den Namen ‹Luftfahrergloriole› gegeben. Der Regenbogen geht in einem vollen Kreis um den Ballonkorb herum, wie man allgemein sagt. Tatsächlich kreist er um den Schatten des Kopfes des Beschauers. So sieht jeder seinen eigenen Regenbogen.

Ich war an einem Spätnachmittag in der Luft, als in der Nähe sich eine Wolke als Nebelschleier auflöste. Da entdeckte ich den Regenbogen in leuchtenden Farben seitlich vor mir. Sofort nahm ich Richtung auf ihn und sah ihn nun als strahlenden Farbenkranz um den Flugzeugschatten herum, als vollständigen Kreis mit sehr stark ausgeprägten Farben, wie man sie kaum sonst sieht. Nun kam mir der Gedanke, durch den Kreismittelpunkt hindurchzufliegen, den ich sofort genau ansteuerte. Immer leuchtender und farbiger wurde ‹mein› Regenbogen, aber mit der Annäherung an die Wolke begann er zusammenzuschrumpfen. Dabei wurden die Farben noch leuchtender und lebhafter, und nun flog ich in einen Farbenzauber hinein, der bald ein

Feuerzauber wurde, da Rot bei so tiefstehender Sonne bei weitem vorherrscht. Schließlich umhüllte mich eine rotgelbe Wolkenrose, die sich plötzlich in eine hellweiße ‹Waschküche› verwandelte. Da der Wolkenschleier keine große Dichte hatte, kam ich schnell auf der anderen Seite wieder heraus. Sofort machte ich kehrt, um das interessante und seltene Schauspiel noch einmal zu genießen; aber es war schon zu spät. Wohl sah ich während des Kurvens noch einen blassen Farbenschein, aber nun war der zarte Regenschleier schon ganz aufgelöst – es war ein warmer Sommertag – und mit den letzten Spuren der Feuchtigkeit in der Luft verschwanden die Farben wie ein Phantom.»

«Am 31. Oktober, meinem Geburtstag, begleitete mich meine Freundin ins Appenzeller Land. In ihrer praktischen und zupackenden Wesensart schlug sie mir diesen Ausflug vor, da sie spürte, daß ich Hilfe brauchte, denn ein Jahr der Prüfung lag hinter mir und meinem sogenannten autistischen Sohn Jan. Das Jahr der Depressionen, der Lebensverweigerung meines Sohnes hat uns beiden viel abverlangt. Kummer und Mitleid mit ihm, auch Mutlosigkeit waren meine Begleiter. Dankbar nahm ich ihren Vorschlag an. Wir fuhren gemeinsam mit der Bergbahn auf den Hohen Kasten. Auf dessen Höhe: Nebel … Nebel … Es ist schon ein besonderes Erlebnis, sich einmal in Nebelwelten auf Bergeshöhen zu bewegen, in das undurchdringliche Grau hineinzulauschen, versuchen wahrzunehmen, was sich dem Auge verbirgt. Wir standen an einer Absperrung, die uns vor dem Abgrund schützen sollte. Steilhänge zur Linken, die der Nebel nur schemenhaft freigab. Dohlen schossen jäh aus verhangener Einsamkeit auf uns zu, um blitzschnell wieder umzukehren, wie zuhause in diesen grauen Landschaften. Wir fühlten uns – wie soll ich es beschreiben – heimatlos, unseres schützenden und einsehbaren Umfeldes beraubt.

Nach geraumer Zeit beschlossen wir, die Welt der Schatten zu verlassen. Zurückgekehrt zur Bahnstation, erwarteten wir die Bahn. In diesem Augenblick riß die Wolkendecke auf! Azurblau stürzte der Himmel in unsere entwöhnten Augen. Ausblicke von überwältigender Schönheit taten sich auf. Voller Freude eroberten wir ‹unseren› Hohen Kasten zurück, liefen wie die Kinder über seinen Rücken und schauten und schauten. Tief unter uns das anmutige, immer noch grüne Appenzeller Land, rechterhand die in der Ferne blinkende Bregenzer Bucht, linkerhand der im Licht gleißende Säntis mit seinen steinernen Gesellen. Dann der Blick in das Rheintal, in der Ferne Liechtenstein. Und immer wieder flossen sonnendurchglühte Nebelschleier durch dieses Panorama.

Unterdessen hatten sich die Wolken wiederum zu einem undurchdringlichen Grau geschlossen. Der Vorhang fiel … Und wiederum wanderten wir auf dem schmalen Weg zur Bergstation zurück. Dieser Weg war eingezäunt, um die Menschen im Nebel vor dem Abgrund zu schützen.

Aus einem plötzlichen Entschluß überstieg ich den Zaun und lief ein paar Schritte über die feuchte Wiese in das undurchdringlich gewordene Nichts hinein. Ich wußte, daß sich nach wenigen Schritten ein Abhang auftun konnte, und verhielt. Ich starrte in das mir verborgene, düstere Panorama. Plötzlich fing sich mein Blick und erstaunt sah ich in der Trübe die Farben des Regenbogens! Die bezaubernde Zartheit kosmischer Farbharmonie malte auf grauer Leinwand! Ein romanischer Torbogen zeigte sich mir, der sich unmerklich in ein gotisches Portal verwandelte! Erst schemenhaft, dann zusehends kräftiger gezeichnet: Seitenpfeiler und Spitzwölbung in der Transparenz und dem leuchtenden Spektrum des Farbenbogens! Dies alles von größter Schönheit der Farben und Klarheit der Form. – Sicher wurden sie durch die Sonne, die sich zwischenzeitlich für Augenblicke hinter meinem Rücken durch die Wolken durchgerungen hatte, aus den Nebeln hervorgerufen. Welch ergreifendes Bild!

Das wunderbar exakt gestaltete Farbentor öffnete sich langsam so weit, daß sich in dessen Mitte ein kompakter dunkler Schatten bilden konnte. Ich stand reglos … Meine Begleiterin, die mich inzwischen vermißt hatte, kehrte zu mir zurück und wunderte sich über mein seltsames Verhalten. Ich forderte sie auf, ebenfalls über den Zaun zu steigen und zu sehen. Sie schaute die gleiche Erscheinung! Still stand sie neben mir …

Aus einem inneren Impuls heraus begann ich, mit meinem Körper zu schaukeln und meine Arme zu heben. Ich bewegte meine Hände; sogleich bewegte sich das Schattenwesen, das in der ätherischen Pforte stand, ebenso mit mir! Voller Erstaunen bewegte ich mich wieder und wieder … Ich zog meine Freundin neben mich in unser imaginäres Tor hinein. Unsere Schatten verdoppelten sich! Nun sahen wir, daß sich hinter dem Schattenriß meines Kopfes eine goldene, zartleuchtende runde Scheibe gebildet hatte! Gleich dem Heiligenschein auf alten, sakralen Bildern. Und ein weiteres geschah: Die Pforte öffnete sich in die Tiefe, legte einen Weg zum Horizont frei gleich einem langen, schmalen Kreuzgang, der in der Ferne auf eine kleine, dunkle Tanne wies. Ich weiß nicht mehr, ob – in Anbetracht der Ferne – diese dunkelgrün war oder schwarz? Nach und nach verblaßten die Bilder mit der Behutsamkeit, mit der sie sich gebildet hatten. Wir standen und staunten.

Später habe ich mich um die symbolische Aussage des immergrünen Bäumleins bemüht: Immergrüne und selbstlose Liebe!»

Der erste Bericht stammt aus der Feder eines Menschen, der wach in der Welt steht und mit offenen Augen deren Erscheinungen beschreibt. Für ihn ist das Regenbogenerlebnis ein «interessantes und seltenes Schauspiel», das er gern ein zweites Mal «genießen» würde, weil er ein Herz dafür hat. – In dem zweiten Bericht ist nicht nur das Auge, sondern auch die Seele, von den erschütternden Erlebnissen ihres Schicksals noch bewegt, über alle diese unerwarteten Ereignisse ergossen und atmet mit in den ihr unerklärlich scheinenden Verwandlungen, in denen das Auge lebt. Ahnungen, innere Bezüge werden wach, fluten durch den Raum und verweben die äußere Wirklichkeit mit der inneren Wirklichkeit der Seele: Der Regenbogen öffnet die Grenze zwischen der sinnlichen und der übersinnlichen Welt – er gehört beiden Welten an.

Jede Begegnung mit dem Regenbogen zwischen der scheidenden Abendsonne und dem dunklen Hintergrund drohender Wolken wird dem Menschen ein ihn ergreifendes, eindrucksvolles Erlebnis bleiben. Durch die vorausgegangenen Gedanken und Wahrnehmungen beginnen wir zu ahnen, daß tief unter der Oberfläche unseres Daseins ein Farbenmeer verborgen ist, das durch den Regenbogen plötzlich für kurze Zeit aus der Dunkelheit emportaucht und zu ehrfürchtiger Besinnung anregt.

Man kann auch selbst die Grenzen zwischen beiden Welten durchlässig machen, wenn man einen Weg beschreitet, den Rudolf Steiner einmal in dem Büchlein «Die Stufen der höheren Erkenntnis»[86] unter Einbeziehung der Farbenerlebnisse beschreibt. Er geht dabei von sinnlichen Farberlebnissen aus und führt von dort aus in die bewegte farbige Welt der Imagination ein, die man sich natürlich nicht wie unsere sinnliche Farbenwelt vorstellen darf. Aber wenn man seelische Stimmungen oder Gedanken als objektive Farbeindrücke erleben kann, betritt man den Beginn eines Weges, der zu wahren Imaginationen als Äußerungen von Geistwesen führen kann: «In dem Aufglänzen und Verlöschen, in der Farbenwandlung der Bilder offenbaren sich Harmonien und Disharmonien, welche die Gefühle, Vorstellungen und Gedanken seelischer und geistiger Wesenheiten enthüllen. Und wie sich der Ton beim physischen Menschen zum Worte steigert, so steigern sich die Harmonien und Disharmonien der geistigen Welt zu Offenbarungen, welche wesenhafte Gedanken selbst sind. Dazu muß es allerdings ‹dunkel werden› in dieser Welt, wenn der Gedanke in seiner Unmittelbarkeit sich offenbaren soll. Das hier auftretende Erlebnis stellt sich so dar: Man sieht die hellen Farbentöne, das Rot, Gelb und Orange, ersterben und nimmt wahr, wie sich die höhere Welt durch Grün hindurch abdunkelt zum Blauen und Violetten; dabei erlebt man in sich selbst eine Steigerung der inneren Willensenergie. Man erlebt eine völlige Freiheit in bezug auf Ort und Zeit; man fühlt sich in Bewegung … Man lernt erkennen, daß man mit seinem bewegten Ich hineingeflochten ist in die schaffenden Weltenkräfte. Die Weltgesetze sind nun dem Ich nicht mehr etwas äußerlich Wahrgenommenes, sondern ein wirkliches Wundergewebe, an dem man spinnt.»

Diese hier nur allzu kurz aus dem Zusammenhang herausgelösten Gedanken müssen genügen, um Andeutungen davon zu geben, wie nach der Beschreibung Rudolf Steiners die Farben des Regenbogens den «Wegsucher» herübertragen von der Imagination zur höheren Erkenntnis der Inspiration, und wie es gerade die dunklen, blauen Farbentöne sind, die den Willen in der Seele anregen, jenseits von Raum und Zeit mittätig zu werden , weil man in den höheren Bereichen nicht als «Zuschauer» stehen bleiben kann, sondern im schaffenden Tätigsein zum Mit-Schöpfer aufgerufen ist.

Rudolf Steiner hat selbst Beispiele dafür gegeben, wie imaginative, seelisch bewegte, farbendurchflutete Erlebnisse künstlerisch-malerisch Ausdruck finden können. Ein solches ist das große Aquarell «Ostern» – das letzte, das er für eine Tagung zu Ostern 1924 geschaffen hat (Abb. 330). Es ist in kräftigen Farben geschichtet und auf dem Grundklang des Regenbogens aufgebaut, der mit dem machtvollen Rot beginnt und von dort aus mit drängender Kraft über das Orange zum Blau, Indigo und Violett herabführt. In der Mitte ist ruhig-bewegt das Grün ausgebreitet, das die drei Kreuze vor dem gelben Hintergrund trägt. Die im Blau webenden Wesen scheinen die vom dunklen Violett eingehüllten Gestalten aufzuwecken, ja, sie nach tiefem Schlaf aufzurichten – und wir fühlen uns an den Karsamstag versetzt, wo Christus die Finsternis der Erde mit seinem Licht durchdrang und die Seelen der Verstorbenen vom ewigen Tode erlöste. Merkwürdig kann uns der Kreis berühren, der das Geschehen einschließt mit Ausnahme der tiefsten Dunkelheit des Indigo, der Gestalten im Violett und des kräftigen Rot im oberen Bereich. Denken wir an die Zeichnung des «Regenbogenspektrums» zurück (Abb. 328), wo Rudolf Steiner in die sich überlagernden Enden des Roten und Violetten das Pfirsichblüt und das Kreuz hineingezeichnet hat als Zeichen dafür, daß sich der Farbenkreis im Menschen erst vollendet. Jetzt erkennen wir auch, wie links an die Kreuze des Osterbildes ein zartes Pfirsichblüt gelegt ist und auch das tragende Grün durchwirkt. So bereitet sich am Karsamstag vor, was durch die Kreuzigung begonnen hat und sich in der Auferstehung vollenden wird. Erst dann wird das Pfirsichblüt in seiner vollen Reinheit aufleuchten und den Farbenkreis schließen.

Wir gehen noch einen Schritt weiter zurück zu dem Werdegang der Menschheit in der nachatlantischen Zeit (s. S. 211): Unsere Kultur ist heute in die Dunkelheit des Regenbogenspektrums eingetreten; es ist Herbst, der Winter steht vor uns. Die Kälte des Materialismus umgibt uns. Wir sind aufgefordert, die Finsternis zu durchlichten, indem wir uns mit unserem Ursprung, der schöpferischen Kraft der Geisteswelt bewußt verbinden. In dem Violetten ruht verborgen die Kraft der Auferweckung des Menschen im Osterlichte. «Dabei erlebt man in sich eine Steigerung der inneren Willensenergie», den Keim, der die Grundlage bilden wird für zukünftige Zeitenkreise, für den Aufstieg zu höheren Erkenntnisstufen.

Man kann beim Anblick des Kreises auch an die Christusworte denken: «Ich bin die Tür. Wer durch mich den Zugang findet, dem wird das Heil zuteil» (Joh. 10, s. S. 183). Er steht wie ein Hüter in der Mitte zwischen den Gegensätzen des Roten und des Indigo und bewahrt den Eingang, die Tür durch die Ausgewogenheit des Grünen, auf dessen rechteckigem Hintergrund das gesamte Bild ruht. So kann man sich immer wieder in ein solches Werk vertiefen und Neues darin entdecken, weil es ein Bild tiefer geistiger Realität ist, die sich, in den Farben sichtbar, vor Augen offenbart – eine Verbindung zwischen geistiger und irdischer Welt, wie es die Kunst sein will.

Abb. 330
Ostern (Drei Kreuze), Aquarell,
Rudolf Steiner, 1924

Nicht um eine vollkommene Maltechnik kann es dabei gehen; Rudolf Steiner hat immer wieder betont, daß es sich um einen Anfang handelt, der weiterentwickelt werden muß. Aber eine Richtung wurde durch ihn gegeben, die es ermöglicht, das Sinnlich-Sichtbare so durchlässig zu machen, daß die darin wirkenden Kräfte und Wesen zur Erscheinung kommen können und der Mensch nicht vor den materiellen Grenzen stehenbleiben muß, die ihn allein auf sein irdisches Dasein zurückweisen.

Dem Leser wird nicht verborgen geblieben sein, wie seine Gedanken unversehens durch die hier beschriebenen Wege immer mehr von der sinnlichen Welt der Renaissance losgelöst und der Welt zugewendet wurden, die sich *hinter* der Sinneswelt unsichtbar befindet. Verlieren wir nicht den Boden unter den Füßen? Werden wir nicht der *Sinneswelt* entfremdet, wenn das Ich des Menschen ein geistiges Wesen in uns selbst ist, das wir in unserem Dasein mehr und mehr ergreifen wollen?

Das Ziel: die Mitte

Wenn wir zurückdenken an den Weg, den wir bis hierher verfolgt haben, werden wir einsehen, wie er sich seit dem «Fußfassen» auf der Erde während der Renaissance in zwei Richtungen weiterentwickelt hat – einerseits mit dem Blick auf die Erde, dann wieder mit der Suche nach dem Ursprung unseres Selbstes in der geistigen Welt. Ein Ich, das sich nur nach *einer* dieser polar erscheinenden Richtungen entwickeln will, verliert sich selbst, weil es sich nur in der Mitte dieser Gegensätze finden kann. Es kann ihm bei dem Ringen um diese Mitte bewußt werden, wie das Geistige in der materiell erscheinenden Natur ebenso lebt, wie in seine Seele der Geist eingebettet ist und in seinem stofflich-materiellen Körper zum äußeren, sinnlichen Dasein erwacht. Rudolf Steiner hat darüber sehr eindrucksvolle Worte gesprochen[87]:

«Wir müssen lernen, nicht immer nur von dem Gegensatz zu sprechen zwischen dem Materiellen und dem Geistigen, sondern wir müssen das Ineinanderspiel des Materiellen und des Geistigen in einer Einheit gerade im sinnlichen Auffassen kennenlernen … Wir haben durch unsere Hauptesorganisation eine unvollständige Naturanschauung, das, was wir die Außenwelt nennen; und wir haben durch unsere Innenorganisation, durch die Organisation des übrigen Menschen, ein unvollständiges Wissen von uns selbst. – Dazwischen bleibt uns dasjenige aus, fällt uns hinweg, in dem wir zugleich einen Prozeß der Welt und einen Prozeß von uns selbst sehen würden. – Nun handelt es sich darum, daß wieder errungen werden muß dasjenige, was verlorengegangen ist. Das heißt, wir müssen wiederum zum Erfassen von etwas kommen, was im Innern des Menschen ist, was zu gleicher Zeit der Außenwelt und dem Inneren angehört, was sich wiederum übergreift. – Das muß das Bestreben des fünften nachatlantischen Zeitraums [unserer heutigen Zeit] sein. Das Bestreben des fünften nachatlantischen Zeitraums muß sein, wiederum etwas im Menscheninneren zu finden, wo sich in dem, was wir in uns finden, zu gleicher Zeit ein äußerer Prozeß abspielt …

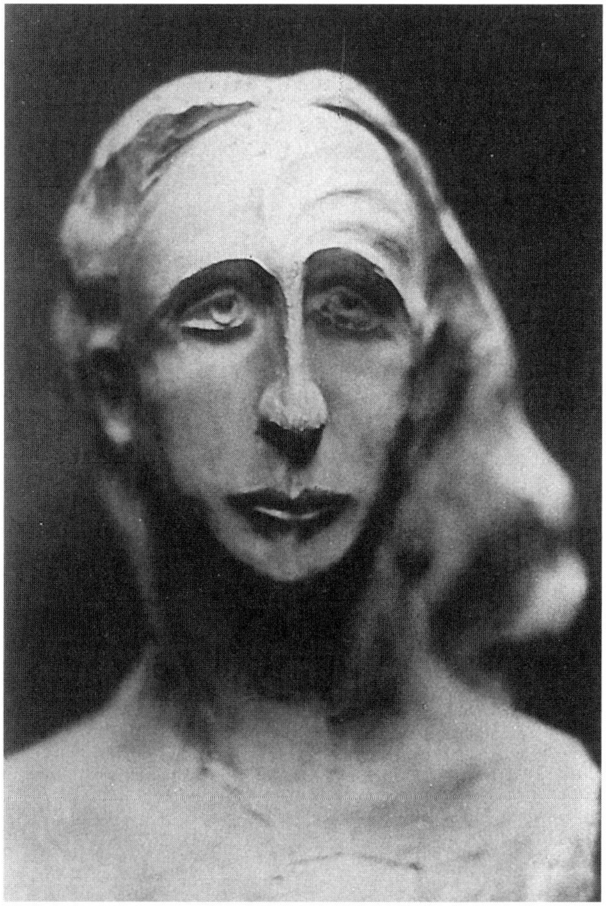

Abb. 331
Kopf des Christus, Plastilinstudie von Rudolf Steiner, 1915, für die Holzplastik des Menschheitsrepräsentanten im ersten Goetheanum

Abb. 332
Kopf der Christusgestalt, von Rudolf Steiner entworfen und ausgearbeitet. Rüsterholz, im Zusammenhang mit der gesamten Holzplastik, 1917–1924

Damit aber ist uns auf zweierlei hingedeutet, dem wir entgegengehen müssen. Zuerst erkennen in der unmittelbaren Sinneswelt, also in der Menschen-, Tier- und Pflanzenwelt das Übersinnliche, das ist der *Michaels-Weg*. Und seine Fortsetzung: in dieser Welt, die wir so selber als eine übersinnliche erkennen, den *Christus-Impuls* drinnen zu finden.»

Diese Gedanken, die richtungsweisenden Charakter haben, werden wesentlich vertieft durch folgende Sätze. Sie stammen aus den «Anthroposophischen Leitsätzen», dem letzten Werk Rudolf Steiners, das er auf dem Krankenlager nicht lange vor seinem Tode (am 30. 3.1925) niedergeschrieben hat[88]:

«Es ist aus dem Geschilderten wohl anschaulich, wie Michael der Führer zu Christus ist. Michael geht mit allem Ernste seines Wesens, seiner Haltung, seines Handelns in Liebe durch die Welt. Wer sich an ihn hält, der pfleget *im Verhältnis zur Außenwelt der Liebe.* Und Liebe muß im Verhältnis zur Außenwelt sich zunächst entfalten, sonst wird sie Selbstliebe. – Ist dann diese Liebe in der Michael-Gesinnung da, dann wird *Liebe zum andern* auch zurückstrahlen können ins eigene Selbst. Dieses wird lieben können, ohne sich selbst zu lieben. Und auf den Wegen solcher Liebe ist Christus durch die Menschenseele zu finden. – Wer sich an Michael hält, der pfleget im Verhältnis zur Außenwelt der Liebe, und er findet dadurch das Verhältnis zur Innenwelt seiner Seele, das ihn mit Christus zusammenführt.»

Beide Wege haben wir in ihren Anfängen kennengelernt. Der Weg, der von der Geistwelt auf die Erde herabgeführt hat, ist durch vielgestaltige Darstellungen in der gesamten bildenden Kunst, in den unerschöpflichen Mythen und Sagen der Urvölker nachgewiesen. Wir werden ihre oft merkwürdig und phantastisch anmutenden Äußerungen erst

Abb. 333
Rudolf Steiner, Pastellskizze für das Mittelmotiv der Malereien in der Kleinen Kuppel des ersten Goetheanum, zur Ausführung durch Arild von Rosenkrantz, 1914

verstehen, wenn wir selbst wieder Schritte auf dem Weg in diese unsichtbaren Welten hinein zu gehen gelernt haben, ohne das errungene Dasein auf der Erde gering zu achten. Beide Welten zu vereinen, das muß unser innerstes Anliegen sein. Aus beiden Wegen wird «ein Weg des Menschen zu sich selbst» werden, wenn sein Ich als geistiges Wesen bereit ist, sich *beiden* Welten hinzugeben. Das Ich wird so selbst zum Kunstwerk, das beide Welten verbindet. Die nachfolgenden Worte Rudolf Steiners sammeln diese Gedanken in höchster Konzentration: «Suchet das wirklich praktische materielle Leben, aber suchet es so, daß es euch nicht betäubt über den Geist, der in ihm wirksam ist. Suchet den Geist, aber suchet ihn nicht in übersinnlicher Wollust, aus übersinnlichem Egoismus, sondern suchet ihn, weil ihr ihn selbstlos im praktischen Leben, in der materiellen Welt anwenden wollt.» (24. 9. 1919)

Von diesen Worten geht eine besondere Stimmung aus. Es sind nicht nur Worte, die eben in einem Vortrag gesprochen wurden, um einen bestimmten Inhalt auf die Zuhörer zu übertragen. Aus ihnen klingt eine hohe Verantwortung mit, die uns wie ein feierlicher Auftrag ins Herz gelegt wird. Wir spüren, wie wir Verantwortung in uns tragen, von deren Verwirklichung die Zukunft unserer Erde abhängt. Sie wird auch von Menschen erkannt, die – mitten in der Welt der Technik stehend – diese Überzeugung aus dem verborgenen Zeitenstrom schöpften, wie Henry Ford (1863–1947), der sich als «Automobilkönig» einen unvergessenen Namen gemacht hat[89]:

> «Der Mensch ist immer noch das höchste Wesen der Erde. Was immer auch geschehen mag, er ist und bleibt der Mensch. Die Zeiten mögen sich verschlechtern – er bleibt der Mensch. Er geht durch den Wechsel der Verhältnisse wie durch den Wechsel der Temperatur – und bleibt der Mensch. Gelingt es ihm, seinen Geist neu zu gebären, so werden sich ihm neue Quellen und Schätze seines Wesens erschließen. Außerhalb seines Selbst ist keine Sicherheit, außerhalb seines Selbst kein Reichtum. Die Beseitigung der Furcht schafft Sicherheit und Fülle.»

Vor uns leuchtet die Gestalt des Christus auf in goldgelbem Gewande und aufgerichteter Haltung, zur Höhe und Tiefe weisend (Abb. 333). Die drei Kreuze sind zurückgetreten in den Hintergrund, wie aufgenommen in die einhüllende Gebärde der Erde. Die feurigen Flammen des Luzifer sprühen nach oben, aber sie werden durch die Form der lichtvollen Aura gehalten – Ahriman liegt machtlos gefesselt im Erdbereich: beide überwunden durch die Liebe des Christus, der sie in ihre Schranken weist.

Das Osterbild (Abb. 330) hat sich verwandelt: Wir sind durch das Tor des Todes geschritten. Christus tritt uns als der Überwinder der Widersacher entgegen, die uns in die beiden Einseitigkeiten zerren wollten. Er zeigt sich uns «als das große menschliche Erdenvorbild» der selbstlosen Liebe, dem wir nachfolgen können, um unser menschliches Ich erst wahrhaft zu verwirklichen.[90] Das gesprochene Wort Rudolf Steiners wird zum Bild – die redenden und die bildenden Künste durchdringen sich, werden eins.

Möge die Kunst ihre ursprüngliche Aufgabe, die Vermittlerin zu sein zwischen dem materiellen und dem geistigen Sein des Menschen, auch in der Zukunft bewahren – als sinnliches Spiegelbild der übersinnlichen Welt.

Anmerkungen

1 Heinz Demisch, «Erhobene Hände», Stuttgart 1984.
2 Nach der Geisteswissenschaft Rudolf Steiners die «Verstandes- oder Gemütsseele».
3 Rudolf Steiner, GA 40, «Wahrspruchworte». Die letzten vier Zeilen aus «Es keimen der Seele Wünsche», vom 10.7.1924.
4 Sophokles, «Elektra», um 413 v. Chr. erstmalig aufgeführt.
5 Eugen Herrigel, «Der Zen-Weg», Weilheim/Obb. 1970.
6 Duden, «Das Fremdwörterbuch», Mannheim 1990.
7 Rudolf Steiner, GA 114, «Das Lukasevangelium», Vortrag vom 29.9.1909.
8 Homer, «Odyssee», 11. Gesang.
9 Alfred Stange über Meister Hans: «... wir kennen ziemlich viele Arbeiten seiner Hand, dazu zahlreiche, die Gehilfen in seiner oder Nachfolger in eigenen Werkstätten ausgeführt haben». Aus: «Deutsche gotische Malerei», Königstein 1964.
10 Rudolf Steiner, GA 59, Vortrag vom 28.10.1909: «Die Mission der Andacht».
11 Ernst Buschor, «Das Porträt», München 1960.
12 Rudolf Steiner, GA 170 Bd. I, «Das Rätsel des Menschen. Die geistigen Hintergründe der menschlichen Geschichte», Vortrag vom 2.9.1916.
13 Willi Aeppli, «Sinnesorganismus, Sinnesverlust, Sinnespflege», Stuttgart 1967, über einen Abschnitt des Vortrags von Rudolf Steiner vom 7.9.1919 in GA 293, «Allgemeine Menschenkunde als Grundlage der Pädagogik».
14 Grundlegende Vortragszyklen Rudolf Steiners über Pädagogik:
GA 293, «Allgemeine Menschenkunde als Grundlage der Pädagogik».
GA 294, «Erziehungskunst/Methodisch-Didaktisches».
GA 295, «Erziehungskunst/Seminarbesprechungen und Lehrplanvorträge».
15 Rudolf Steiner, GA 291, «Das Wesen der Farben», Vortrag vom 10.12.1920.
16 Rudolf Steiner, GA 196, «Geistige und soziale Wandlungen in der Menschheitsentwicklung», Vortrag vom 10.1. 1920.
17 Seine «Proportionslehre» erschien zwischen 1532 und 1690 in lateinischer, französischer, italienischer, portugiesischer, holländischer und englischer Sprache. Dürers Schriften waren damals fast so bekannt wie seine Kunstwerke.
18 Sehr empfehlenswerte, lebendige Lektüre über Nürnbergs Kulturgeschichte findet man in dem Buch von Eugen Kusch, «Nürnberg, Lebensbild einer Stadt», Nürnberg, Neuauflage 1989.
19 Heute wird angezweifelt, ob Peter Henlein wirklich der Erfinder der Taschenuhr gewesen ist. Wahrscheinlich hat er nur wesentliche Verbesserungen vorgenommen und sie in die Öffentlichkeit getragen.
20 Julius Hebing, «Welt, Farbe und Mensch», Selbstverlag 1956.
21 Rudolf Steiner, GA 291, «Das Wesen der Farben», Vortrag vom 5.12.1920.
22 Rudolf Steiner, GA 296, «Die Erziehungsfrage als soziale Frage», Vortrag vom 16.8.1919.
23 Rudolf Steiner, GA 297, «Die Waldorfschule und ihr Geist», Vortrag vom 31.8.1919, «Handfertigkeit» heißt heute «Werkarbeit» oder «Werken».
24 Aus der «Oratio» des Pico della Mirandola (1463–1494).
25 Siehe Anmerkung 22.
26 Louis Charpentier, «Die Geheimnisse der Kathedrale von Chartres», Köln 1972.
27 Rudolf Steiner, GA 26, «Anthroposophische Leitsätze», März 1925.
28 Julius Hebing, «Welt, Farbe und Mensch», Kap. «Entwicklung des Farbensinnes», 1956.
29 Es gibt darunter auch besondere Ausnahmen, z. B. die Menschenaffen, deren Augen beide frontal liegen; sie können aber trotzdem die Augenachsen beim Sehen nicht kreuzen.
30 Bereits die Griechen haben den Grund gelegt für die Darstellung des Raumes durch die «Fluchtlinien», die in die Tiefe eines Bildes führen. Die Gesetze des Fluchtpunktes waren dagegen noch unbekannt.
31 Francesco Petrarca, Dichter und Gelehrter (1304–1374), besteigt den Mont Ventoux in der Nähe von Avignon. Aus einem seiner Briefe. (Aus: «Kulturgeschichte aus erster Hand», Arena-Verlag, Würzburg 1965.)
32 Walter Überwasser, «Von Maß und Macht der Alten Kunst», Leipzig 1933.
33 Bruno Ernst, «Der Zauberspiegel des M. C. Escher», München 1978.
34 Aus dem «Pan»-Aufsatz vom 7. März 1912.
35 Augustin de Coulomb, französischer Physiker und Ingenieur (1736–1806), war von 1804 ab Generalinspektor der Universität Paris.
36 Ada Louise Huxtable, «Pier Luigi Nervi», Ravensburg 1960.
37 Johannes Itten (1888–1967) war Schweizer Maler, Graphiker, Kunsttheoretiker und Kunsterzieher. Von 1919–1923 lehrte er am Bauhaus in Weimar den Grundkurs für Gestaltung und baute danach eine private Schule in Berlin auf (1923–1934), später an verschiedenen Kunstschulen leitend tätig.

38 Charles Darwin, «Autobiographie», Leipzig – Jena 1959.
39 Albert Einstein, «Mein Weltbild», Frankfurt/Main 1980.
40 Alle folgenden Zitate aus: Werner Heisenberg, «Schritte über Grenzen», München 1971. Aus dem Vortrag vom 17.11.1953: «Das Naturbild der heutigen Physik», und vom 13.3.1946: «Wissenschaft als Mittel zur Verständigung unter den Völkern».
41 Bayerische Akademie der Schönen Künste, Jahrbuch 13/Bd. 2, München, Podiumsdiskussion: «Bildung ohne Kunst und Musik?» 1999.
42 Rudolf Steiner, aus einem Notizbuch 1918.
43 Friedrich Schiller, «Über die ästhetische Erziehung des Menschen», 9. Brief.
44 Werner Heisenberg, aus einem Vortrag 1969 in Salzburg.
45 Edward George Bulwer-Lytton (1803–1873) in seinem Roman: «VRIL oder eine Menschheit der Zukunft». Schon als Kind schrieb er Gedichte, später wurde er Parlamentsabgeordneter und Diplomat (Kolonialminister und Vizekönig von Indien).
46 Novalis (1772–1801), «Hymnen an die Nacht», 1797. Herausgegeben von Johannes Hoffmeister, Hameln 1947.
47 Rudolf Steiner, GA 291, «Das Wesen der Farben», Vortrag vom 5.12.1920.
48 Ebenda, Vortrag vom 26.7.1914.
49 «Schöne Hülle mit schwachem Inhalt – Ein Jahr Neues Museum Nürnberg – Eine kritische Bilanz» von Michael Becker, Nürnberger Nachrichten, 12./13.4.2001: «Und vollends aberwitzig ist immer noch Raum 7, wo dem Besucher unter anderem Monika Brandmeiers Werk ‹Ohne Titel› als ‹Junge Skulptur› verhökert wird. Jetzt können wir ganz sicher sein: die an der Wand lehnende grün gestrichene Holzplatte mit ihrem hingekippten Eisenrohrgestell ist kein Utensil, das bei Malerarbeiten vergessen wurde, und es ist auch keine fehlgeleitete Tischtennisplatte. Es ist junge Kunst, wie sie der Museumschef mag.»
50 Rudolf Steiner, GA 291, «Das Wesen der Farben», Vortrag vom 1.1.1915.
51 Die «Schraffur» ist eine bildnerische Technik, die in der Grafik oftmals zum Schattieren verwendet worden ist, aber einen eigenen Ausdruckswert erst durch Rudolf Steiner erhalten hat. Dieser entwickelte in den Jahren 1916 bis 1919 zusammen mit der Malerin Assja Turgenieff die Schrägschraffur für die Gravuren der farbigen Glasfenster des ersten Goetheanum, wo sie damals aber noch keine Anwendung fand. Erst im zweiten Goetheanum konnten die Glasfenster von A. Turgenieff in dieser Technik ausgeführt werden. Ausführliche Darstellung in: Michael Martin, «Hell-Dunkel – Erleben und Gestalten», Dornach, 3. Auflage 2002.
52 Rudolf Steiner, GA 10, «Wie erlangt man Erkenntnisse der höheren Welten?» Erste Buchausgabe Berlin 1909. Nachfolgendes Zitat aus dem Kap. «Die Vorbereitung».
53 Rudolf Steiner entwarf für den 1907 in München stattfindenden Kongreß der Theosophischen Gesellschaft sieben Säulen mit Kapitell-Metamorphosen, die später die Grundlage bildeten für die in Holz ausgeführten Säulen des Großen Saales des ersten Goetheanum (Grundsteinlegung 1913). Ebenso entstanden die ersten fünf der später ergänzten sieben «Planetensiegel». Die ersteren wurden gebildet durch das Verhältnis zwischen Oben und Unten, letztere zwischen Mittelpunkt und Umkreis. Beide bilden die Grundlagen der Metamorphosenlehre von Mensch und Weltall.
54 Wilhelm Reichert, «Skizzen aus seinem Werk 1980–1982», Wien 1993.
55 Siehe «Walther Roggenkamp, Leben und Werk», Stuttgart 1997.
56 Alexander Winter, * 1951. Aus: «Weleda-Kalender 2000», Schwäbisch Gmünd 2000.
57 Die dafür angewendete Technik beruht darauf, die Farben des Aquarells nicht in flüssigem Ineinanderfließen aufzutragen, sondern in Schichten, zwischen denen das Papier wieder trocknen muß, so daß dieses mehr oder weniger als weißer Malgrund durch die transparenten Farbschichten hindurchscheint. Diese Technik wurde von Rudolf Steiner in seinen Aquarellskizzen angewendet und Schulen und Künstlern empfohlen, um die Farben von dem damals zumeist üblichen pastosen Farbauftrag und der damit verbundenen Schwere zu lösen. So konnte die Farbe ihrem ätherisch und seelisch belebten Urgrund wieder zugeführt werden. Viele von den hier dargestellten Künstlern haben sich dieser Technik bedient.
58 Karin Weber, «Gottfried Körner / Malerei, Graphik 1944–1998». Museumskatalog 1998/1999.
59 Peter Hochel in «Albert Hennig», Dresden 1991.
60 Andreas Albert, «Meereslandschaften», Freiburg 1997.
61 Andreas Albert, «Europäische Flußlandschaften – Johannes Schmid», Dresden o. J.
62 Rudolf Steiner: «Anthroposophie ist ein Erkenntnisweg, der das Geistige im Menschenwesen zum Geistigen im Weltenall führen möchte. Sie tritt im Menschen als Herzens- und Gefühlsbedürfnis auf. Sie muß ihre Rechtfertigung dadurch finden, daß sie diesem Bedürfnisse Befriedigung gewähren kann.» (17.2.1924, aus «Anthroposophische Leitsätze».) – Schon aus diesen Sätzen geht hervor, wie die Anthroposophie auch im Künstlerischen einen Ausdruck suchen muß, der über das Sinnlich-Sichtbare hinausführt. Aus diesem Bedürfnis ist auch die neue Maltechnik des transparenten, schichtweisen Farbauftrages besonders im Zusammenhang mit der malerischen Ausgestaltung des ersten Goetheanum-Baues entstanden, für die auch besondere Farben und Grundierungen nach Hinweisen Rudolf Steiners entwickelt wurden.
63 Franz Marc, «Briefe, Aufzeichnungen und Aphorismen», I. Bd. Berlin 1920.
64 Die im Wasser gelöste Farbe ist das älteste uns bekannte Malmittel überhaupt und wurde von Albrecht Dürer neu entdeckt und weiterentwickelt, bis es in der modernen Malerei von den Malern der «Brücke» zur vollberechtigten Maltechnik aufgestiegen ist. (Nach Günter Busch aus «Emil Nolde, Aquarelle», München 1957.)

65 Aus einem Aufsatz von Max Wolffhügel über den künstlerischen Handfertigkeitsunterricht in «Erziehungskunst», Stuttgart, Mai/Juni 1952.
66 Max Wolffhügel, «Bekenntnisse», Bekenntnis 8 vom 5.12. 1956.
67 «Stillung des Sturmes», Matth. 8, Mark. 4, Luk. 8; und «Jesus wandelt auf dem Meer – der sinkende Petrus», Matth. 14, Mark. 6, Joh. 6.
68 Die Grundsteinlegung des ersten Goetheanum war am 20.9.1913. Im weiteren Verlauf wurde zuerst die Kleine Kuppel im Inneren unter Anleitung Rudolf Steiners von einer Malergruppe ausgemalt, in der auch Margarita Woloschin mitwirkte.
69 Margarita Woloschin, «Die grüne Schlange – Lebenserinnerungen», Stuttgart 1954.
70 Nürnberger Nachrichten vom 25.7.1986.
71 Max Wolffhügel, aus einem Brief an Renate Wolffhügel, 16.11.1959. Siehe Anm. 66.
72 Nach einer «Lebens-Skizze» von Hella Krause-Zimmer im «Stil», 1997/98, XIX, Heft 3.
73 Rudolf Steiner, GA 9, «Theosophie», Kap. 6.
74 Rudolf Steiner, GA 183, «Die Wissenschaft vom Werden des Menschen», Vortrag vom 2.9.1918.
75 Rudolf Steiner, GA 194, «Die Sendung Michaels», Vortrag vom 21.11.1919.
76 Ebenda, 2. Vortrag vom 22.11.1919.
77 Rudolf Steiner, GA 26, «Anthroposophische Leitsätze», Kap. «Im Anbruch des Michael-Zeitalters».
78 Dan Lindholm, «Götterschicksal – Menschenwerden», Stuttgart 1965.
79 Dieser Entwicklungsgang ist in der Mappe F von Hebings Studienreihe «Welt, Farbe und Mensch» dargestellt, im Selbstverlag 1956.
80 Ebenda, S. 71.
81 Nach Hedwig Hauck, «Handarbeit und Kunstgewerbe» (heute: «Kunst und Kunstgewerbe»), 6. Auflage, Stuttgart 1993.
82 Etwa vom Gipfel eines alpinen Berges aus (3000 m), wenn die Luft klar ist. Dann kann der Himmel bei strahlender Sonne fast schwarz erscheinen.
83 Rudolf Steiner, GA 198, «Heilfaktoren für den sozialen Organismus», Vortrag vom 20.3.1920.
84 Rudolf Steiner, GA 291, «Farbenerkenntnis», Vortrag vom 5.12.1920.
85 Der erste Bericht stammt von Dr. R. Eisenlohr aus «Orion», Jahrgang 5/Heft 8, 1950: «Flug durch den Regenbogen». – Der zweite Bericht ist eine gekürzte Niederschrift von Frau U. L., die sie dem Verfasser vertrauensvoll überlassen hat.
86 Rudolf Steiner, GA 12, «Die Stufen der höheren Erkenntnis», verfaßt 1905–1908 als Fortsetzung des Buches «Wie erlangt man Erkenntnisse der höheren Welten?». Sehr konkrete Beschreibung der Erkenntnisstufen von Imagination und Inspiration und dem Übergang zur Intuition. Unvollendet.
87 Rudolf Steiner, GA 194, «Die Sendung Michaels», Vortrag vom 23. und 30.11.1919.
88 Rudolf Steiner, GA 26, «Anthroposophische Leitsätze», Kap. «Die Weltgedanken Michaels und im Wirken Ahrimans», 23.11.1924.
89 Henry Ford, «Mein Leben und Werk», Leipzig o. J. (1923).
90 Rudolf Steiner, GA 13, «Die Geheimwissenschaft im Umriß», Kap. «Die Erkenntnis der höheren Welten».

Verzeichnis der Abbildungen

Die beiden Ziffern bedeuten:
Links = fortlaufende Nummer
Rechts = Abbildungsnachweis (Ziffer = Buch-Nr. / F = Foto / K = Kunstkarte / Z = Zeichnung)

256 / 57 Drei Bilder aus der Reihe: Triebkräfte der Erde, Fritz Winter, 1944.
257 / 57 Drei Bilder aus der Reihe: Triebkräfte der Erde, Fritz Winter, 1944.
258 / 26 Herbstlandschaft, Tempera über Monotypie, Gottfried Körner, 1984.
259 / 26 Hügel im Herbst, Tempera/Kreide, Gottfried Körner, 1995.
260 / 26 Berg und Tal, Mischtechnik, Gottfried Körner, 1998.
261 Ohne Titel, Aquarell, Albert Hennig, o. J.
262 Ohne Titel, Aquarell, Albert Hennig, 1976.
263 Ohne Titel, Aquarell, Albert Hennig, 1982.
264 / 1 Landgang, Aquarell, Andreas Albert, Gedicht: Petra Marita König.
265 / 1 In die Nacht, Aquarell, Andreas Albert, Gedicht: Petra Marita König.
266 / 1 Wenn Träumen Segel wachsen, Aquarell, Andreas Albert, 1994, Gedicht: Petra Marita König.
267 / 1 Sturz in die Höhe, Aquarell, Andreas Albert, Gedicht: Petra Marita König.
268 / K Lauterbrunner Tal, Aquarell, Johannes Schmid, 1961.
269 / K Les Baux-de-Provence, Aquarell, Johannes Schmid, 1980.
270 / K Mt. Forbes and the River Crossing, Rocky Mountains – Canada, Aquarell, Johannes Schmid, 1988.
271 / 47 Weiße Elbe, Tschechien, Aquarell, Johannes Schmid, 1992.
272 / K Herbstwald, geschichtetes Aquarell, Johannes Schmid, 1965.
273 / K Pferde am Waldwasser, Öl, Franz Marc, o. J.
274 / K Rehe im Walde, Öl, Franz Marc, 1913.
275 / K Tirol, Öl, Franz Marc, 1913 gemalt, 1914 übermalt.
276 / 37 Paar am Weintisch, Aquarell, Emil Nolde, vermutlich 1907.
277 / 37 Banjospieler, Aquarell, Emil Nolde, vermutlich 1907.
278 / K Engel, Christiane Lesch, 1995.
279 / K Harfe, Pastell, Cornelia Haendler, 1987.
280 / K Die Brücke, Aquarell, Johannes Schmid, 1967.
281 / K Jüngling zu Nain, Wandtafel-Kreidezeichnung, Max Wolffhügel.
282 / K Flucht nach Ägypten, Wandtafel-Kreidezeichnung, Max Wolffhügel.
283 / K Sturm auf dem Meere, Wandtafel-Kreidezeichnung, Max Wolffhügel.
284 / K Christus wandelt auf dem Meere, Aquarell, Margarita Woloschin.
285 / K Wie schwach ist doch dein Herz, Aquarell, Jurij Sennikow, 1997.
286 / K Fußwaschung, Aquarell, Margarita Woloschin.
287 / K Der wunderbare Fischzug, Aquarell, Margarita Woloschin.
288 / K Golgatha – Maria und Johannes, Aquarell, Margarita Woloschin.
289 / K Hosianna – Maria und Simeon im Tempel, Elisabeth Oling-Jellinek.
290 / K Die Geburt des Kindes, Elisabeth Oling-Jellinek.
291 / K Kämpfende Formen, Öl, Franz Marc, 1914.
292 / 46 Heitere Formen, Öl, Franz Marc, 1914.
293 / 3 Von unten und von oben, Gerhard Wendland, 1979.
294 / 3 Im Schwarz, Tempera, Gerhard Wendland, 1973–1976.
295 / 3 Sieben Köpfe, Tempera, Gerhard Wendland, 1979.
296 / K Ohne Titel, Mischtechnik, Giorgi Loria, Tbilissi.
297 / K Neuer Weg für die Argonauten, Mischtechnik, Giorgi Loria, Tbilissi.
298 / K Wachsende Hoffnung, Aquarell, Cornelia Haendler, 1988.
299 / K Wendezeit, Pastell, Cornelia Haendler, 1987.
300 / K Inneres Licht, Cornelia Haendler, Mischtechnik, 1995.
301 / K Schicksalsfrage / Warum verhüllst du dich? Aquarell, Peter Philipp. Die Titel und Untertitel stammen vom Maler. Sie wurden erst nach langer Zeit dem Bild beigegeben.
302 / K Parcival / Laß mich meinen Weg gehen, Aquarell, Peter Philipp, um 1985.
303 / K Undine / Ich träume vom Wind in den Bäumen, Aquarell, Peter Philipp, um 1985.
304 / K Kassandra / Meinen Angstschrei, um mich selbst nicht, Aquarell, Peter Philipp, um 1985.
305 / 65 Eurythmischer 12-Farben-Kreis, Aquarell, Hilde Raske.
306 / 65 Farbstudie nach den «12 Stimmungen»; Stimmung der «Jungfrau», Aquarell, Hilde Raske.
307a–c / 61 Aus den Farbenstudien von Hilde Raske.
307a Rot in Orange / taucht in die Wärme und steigert die in Glut sich ausschüttende Fülle.
307b Rot in Grün / steht sicher, behauptet und bewährt sich.
307c Rot in tiefem Blau / besonnener, ruhiger und geschlossener in der Stärke, an zarten Stellen wie Lebenskräfte aus weiter Ferne hereinholend.
308 / K Begegnung, Aquarell, Fritz Schulte (1889–1973).
309 / K Das Verzeihen, Fiorenza de Angelis, Florenz.
310 / K Licht und Finsternis oder Luzifer und Ahriman, Pastell, Rudolf Steiner, 1923.
311 / Z Farbskizze nach der Zeichnung Abb. 310, Michael Martin.
312 / F Ahriman, nach Foto aus der Kleinen Kuppel des ersten Goetheanum, Rudolf Steiner.
313 / F Luzifer, Foto aus der Kleinen Kuppel des ersten Goetheanum, Rudolf Steiner.
314 / K Michael, Tempera, Jan de Kok, 1992.
315 / K Erzengel Michael, Fiorenza de Angelis, Florenz.
316 / K Michael, Elisabeth Oling-Jellinek.
317 / Z Die Mitte zwischen den Gegensätzen – Michael, Kreidezeichnung, Michael Martin.
318 / Z Die Mitte zwischen den Gegensätzen, Kreidezeichnung, Michael Martin.
319 / K Der Geistkämpfer, Bronze-Modell für das Kieler Ehrenmal, Ernst Barlach, 1928.
320 / K Michael, Aquarell, Johannes Schmid, 1981.

321 / 61 Michael, Aquarell, Hilde Raske.
322 / 64 Lemuris, Teil der Deckenmalerei des zweiten Goetheanum, hergestellt 1998 von einer Malergruppe, Pflanzenfarben. Nach Pastellskizze Rudolf Steiners 1913/14.
323 / 64 Atlantis, Teil der Deckenmalerei des zweiten Goetheanum, hergestellt 1998 von einer Malergruppe, Pflanzenfarben. Nach Pastellskizze Rudolf Steiners 1913/14.
324 / K Regenbogen über der Brücke, Aquarell, David Newbatt, England.
325 / K Die Menschheitsentwicklung unter dem Gesichtspunkt der Farbe, Julius Hebing, 1956.
326 / 63 Der Mensch im Geiste, Pastell, Rudolf Steiner, 1923.
327 / Z Tafelskizze Rudolf Steiners zu seinem Vortrag vom 5.12.1920. Freie Wiedergabe von Michael Martin.
328 / Z Das Farbenband (Abb. 327) rundet sich zum Regenbogenspektrum. Nach der Tafelskizze Rudolf Steiners von Michael Martin.
329 / Z Das Regenbogenspektrum (Abb. 328) mit zusammenfassenden Begriffen von M. Martin.
330 / 63 Ostern (Drei Kreuze), Aquarell, Rudolf Steiner, 1924.
331 / 54 Kopf des Christus, Plastilinstudie von Rudolf Steiner, 1915, für die Holzplastik des Menschheitsrepräsentanten im ersten Goetheanum.
332 / 54 Kopf der Christusgestalt, von Rudolf Steiner entworfen und ausgearbeitet. Rüsterholz, im Zusammenhang mit der gesamten Holzplastik, 1917–1924.
333 / K Rudolf Steiner, Pastellskizze für das Mittelmotiv der Malereien in der Kleinen Kuppel des ersten Goetheanum, zur Ausführung durch Arild von Rosenkrantz, 1914.

Abbildungsnachweis

Buch Nr.

1 Andreas Albert / Petra Marita König, «Meereslandschaften», Freiburg i. Br. 1997: Abb. 264–267.
2 Ausstellung Haus der Kunst, «Götter / Pharaonen», München 1978: Abb. 24.
3 Ausstellungs-Katalog 46/1980, Kunsthalle Nürnberg: Abb. 293–295.
4 E. Battisti, Kunst der Welt, «Hochrenaissance und Manierismus», Baden-Baden 1970: Abb. 177.
5 Bildmappe «Mosaici di Ravenna», Ravenna o. J.: Abb. 33.
6 Albert Boeckler, «Deutsche Buchmalerei vorgotischer Zeit», Königstein/Taunus 1952: Abb. 128.
7 Wolfgang Braunfels, «Die Verkündigung», Düsseldorf 1949: Abb. 41.
8 J. H. Breasted, «Geschichte Ägyptens», Vienna 1936: Abb. 16, 17, 162–164, 166.
9 Leo Bruhns, «Aus alten Bildern», Königstein 1932: Abb. 66.
10 H. Busch und B. Lohse, «Baukunst der Gotik in Europa», Frankfurt 1958: Abb. 82, 83, 157–160.
11 H. Busch und B. Lohse, «Romanische Plastik», Frankfurt 1961: Abb. 38.
12 H. Busch und B. Lohse, «Baukunst des Barock», Frankfurt 1966: Abb. 178–180.
13 E. Buschor, «Das Porträt», München 1960: Abb. 76.
14 Gianfranco Bustaccini, «Ravenna», Ravenna 1984: Abb. 32.
15 H. Dannheimer, «Ausstellungskatalog», Mainz 1985: Abb. 9, 13–15.
16 Heinz Demisch, «Erhobene Hände», Stuttgart 1984: Abb. 26–28, 31.
17 Hubert Faensen, «Albrecht Dürer / Schriftlicher Nachlaß», Darmstadt 1963: Abb. 112, 142, 143.
18 Fischer / Timmers, «Spätgotik», Baden-Baden 1971: Abb. 77.
19 Wilhelm Fraenger, «Grünewald», Dresden 1983: Abb. 150–155.
20 Ernst Heidrich, «Altdeutsche Malerei», Jena 1941: Abb. 55, 68, 73, 78, 79, 81, 121.
21 Albert Hennig, «Museumskatalog», A. R. T. Pont, Dresden 1991: Abb. 261–263.
22 Andrea Hitsch, «Wilhelm Reichert / Gedichte», Ottersberg 1968: Abb. 223, 224a–g.
23 Hilsenbeck, «Die Stuppacher Madonna», Stuppach 1974: Abb. 156.
24 Hirmer, «Elfenbein der Spätantike», München 1962: Abb. 34.
25 Atsuko Kato / Magdalena S. Gmehling, «Botschaft der Stille», Walchum 1997: Abb. 241–246.
26 Gottfried Körner, «Malerei / Graphik 1944–1998», Museumskatalog: Abb. 258–260.
27 Herbert Kühn, «Abstrakte Kunst der Vorzeit», München 1956: Abb. 10, 11.
28 Eugen Kusch, «Nürnberg – Lebensbild einer Stadt», Nürnberg 1950: Abb. 115–117.
29 Kurt Lange, «Lebensbilder aus der Pharaonenzeit», Stollhamm 1952: Abb. 20, 124, 165.
30 Langewiesche, «Maria im Rosenhag», Königstein o. J.: Abb. 54.
31 Eberhard Lutze, «Die Nürnberger Pfarrkirchen St. Sebald und St. Lorenz», Berlin 1939: Abb. 84, 94, 103, 114.
32 E. Merten, «Rembrandt», Ramerding 1978: Abb. 194–196.
33 Peter Metz, «Ottonische Buchmalerei», München 1959: Abb. 35–37, 129.
34 H. Moos Verlag, «M. C. Escher / Graphik und Zeichnungen», München 1971: Abb. 181, 184, 186, 188, 198–201.
35 H. Th. Musper, «Gotische Malerei», Köln 1961: Abb. 42, 45, 60, 67, 75, 134, 136, 147.
36 Christiane D. Noblecourt, «Das Alte Ägypten», München 1960: Abb. 23.
37 Emil Nolde, «Aquarelle», München 1957/1973: Abb. 276, 277.
38 H. H. von Osten, «Die Welt der Perser», Stuttgart 1956: Abb. 12.
39 Sammlung Parthenon, «Kretische Paläste / Mykenische Burgen», Stuttgart 1957: Abb. 125.
40 M. Pawlak Verlag, «Die Welten des M. C. Escher», Herrsching 1971: Abb. 182, 183, 185, 187, 189.
41 Kurt Pfister, «Katakomben-Malerei», Potsdam 1924: Abb. 29, 30.
42 Piper Verlag, «Antike Fresken», München 1943: Abb. 126.
43 Prestel Verlag, «Albrecht Dürer, 1471–1971», München 1971: Abb. 122, 171, 176.
44 Wilhelm Reichert, «Skizzen aus seinem Werk 1980–1982», Wien 1993: Abb. 219–222.
45 «Walther Roggenkamp / Leben und Werk», Stuttgart 1997: Abb. 231–236.
46 Alois Schardt, «Franz Marc», Berlin 1936: Abb. 292.
47 Johannes Schmid, «Europäische Flußlandschaften», Dresden o. J.: Abb. 271.
48 Georg Schmidt, «Konrad Witz», Königstein 1962: Abb. 137–141, 169.
49 Hartmut Schmökel, «Ur, Assur und Babylon», Stuttgart 1955: Abb. 2, 4, 5, 7, 8.
50 Ludwig Schnitzler, «Frühe Plastik im Zweistromland», Stuttgart 1959: Abb. 3.
51 Skira, «Gotische Malerei», Genf 1954: Abb. 61, 133, 135.

52 Alfred Stange, «Deutsche spätgotische Malerei», Königstein 1965: Abb. 52, 62, 130, 131.
53 Alfred Stange, «Deutsche gotische Malerei», Königstein 1964: Abb. 53, 65.
54 Rudolf Steiner, «Kunstgeschichte als Abbild innerer geistiger Impulse», Dornach 1981: Abb. 63, 64, 69, 80, 331, 332.
55 Hanns Swarzenski, «Vorgotische Miniaturen», Königstein 1931: Abb. 39, 40, 127.
56 Wilhelm Waetzold, «Dürer und seine Zeit», London 1938: Abb. 107–111, 173.
57 Fritz Winter, «Triebkräfte der Erde», München 1957: Abb. 255–257.
58 Walther Wolf, «Die Welt der Ägypter», Stuttgart 1954: Abb. 18, 19.
59 Leonard Woolley, «Mesopotamien und Vorderindien», Baden-Baden 1961: Abb. 6.
60 S. Giedion, «Raum, Zeit, Architektur», Ravensburg 1965: Abb. 190–192.
61 Aus: «Stil / Goetheanistisches Bilden und Bauen», Freiburg i. Br. o. J.: Abb. 305–307a–c, 321.
62 Weleda-Kalender 2000, Schwäbisch Gmünd: Abb. 237–240.
63 Rudolf Steiner, «Ein malerischer Schulungsweg», Dornach 1986: Abb. 326, 330.
64 Thorwald Thiersch, «Goetheanum – Die Deckenmalerei im Großen Saal», Dornach 2000: Abb. 322, 323.

Zeichnungen von Michael Martin: Abb. 92, 93, 95, 101, 102, 123, 146, 167, 168, 170, 172, 174, 175, 204–218, 311, 317, 318, 327–329.

Aus einer alten Kunstkartensammlung (1950–1970) und Originale, Kunstdrucke, Prospekte u.a. im Besitz von Michael Martin: Abb. 1, 21, 22, 25, 43, 44, 46–51, 56–59, 70–72, 74, 104–106, 113, 118–120, 132, 144, 145, 161, 193, 197, 202, 203, 225–230, 247–254, 268–270, 272–275, 278–291, 296–304, 308–310, 314–316, 319, 320, 325, 333.

Fotos von Michael Martin: Abb. 85–91, 96–100, 148, 149, 312, 313.